改訂版

御書をひもとく

要文123選

Learning from the Gosho

創価学会 男子部教学室 編

第三文明社

池田先生の和歌

御聖訓《ごせいくん》
胸《むね》に勝ちゆけ
進《すす》みゆけ
王者《おうじゃ》の戦《いくさ》に
不滅《ふめつ》の宝剣《けん》もち

健康第一、生活第一で
青春を生き抜き
大勝利を勝ち取られんことを
祈りつつ
我が愛する門下に贈る

大作

共々に勝利の人生を！　雄渾の指揮を執る池田先生

改訂版　御書をひもとく
――要文１２３選

はじめに（改訂版の発刊にあたって）

第三代会長・池田大作先生は、『日蓮大聖人御書全集　新版』の「序」の冒頭に記された。
「我《われ》ら創価学会は、永遠に『御書根本』の大道《だいどう》を歩む」と。

また、第二代会長・戸田城聖先生は、御書全集の「発刊の辞」に「行学の二道をはげみ候べし、行学た絶《へ》なば仏法はあるべからず、我もいたし人をも教化候へ、行学は信心よりをこるべく候、力あらば一文一句なりともかた談《ら》せ給うべし」（全1361頁・新1793頁）との一節を引用された。

これについて池田先生は、「それは、大聖人の仰《おお》せ通りに、御書を学ぶことはもとより、何よりも行《ぎょう》じ、語り、弘《ひろ》め抜《ぬ》いていくとの宣言にほかならなかった」と綴《つづ》られている。

会員一人一人が分《わ》け隔《へだ》てなく、師と共に御書を拝《はい》しながら、人間革命に挑み、広宣流布に生きる「実践の教学」こそ、初代会長・牧口常三郎先生以来、創価三代の会長のもとで築かれてきた「学会の伝統」である。この創価の師弟による実践があって初めて、鎌倉時代に遺《のこ》された大聖人の仰せは現代に鮮《あざ》やかに蘇《よみがえ》ったのである。

池田先生は、青年に対して教学研鑽《けんさん》の意義を3点にわたって示された。

第一に、「信心を深めゆくための教学」。

第二に、「広布推進の原動力のための教学」。

第三に、「新しき人間主義の哲学を確立するための教学」。

御書を拝することは、全人類の幸福を開かんとされた、日蓮大聖人の偉大な御境涯《ごきょうがい》に触れることである。自分自身の人間革命のみならず、家族や友人たちの幸福、地域・社会の安穏《あんのん》、ひいては世界の平和をもたらすためのものであり、社会に、未来に広がりゆく壮大な実践といえよう。この使命を自覚し、一日一ページでも一行でも御書を拝していきたい。

本書は、２００９年に刊行された『御書をひもとく』の改訂版である。ありがたいことに、同書はこれまで多くの方々が手に取り、さまざまな場面で活用してくださっている。

今回、御書新版の発刊を機に、御聖訓の表記を新版に合わせた。同時に内容の見直しも行い、若い世代にとってより読みやすくなるように、必要と思われる語句に説明を加えたり、表現を改めたりした。

本書が、皆さまにとって、ますます「行学の二道」に励む一助になれば幸いである。

２０２２年10月

創価学会男子部教学室

御書をひもとく　目次

凡例

一、本書は、「創価新報」に連載された「御書を繙く」をもとに加筆・再編集した要文集である。

一、御書の御文は『日蓮大聖人御書全集　新版』（以下、御書新版）に基づき、ページ数を（新〇〇頁）と示した。あわせて『日蓮大聖人御書全集』（創価学会版、第二七八刷）のページ数を（全〇〇頁）と表記した。

一、御文のふりがなは御書新版に基づくが、編集の判断で変更した箇所もある。

一、解説文掲載の関連御書は、その内容に合わせ、原文・通解・趣意のいずれかを太字で示した。

一、御書以外で用いられる（　）や（＝　）内は、研鑽にあたり必要と思われる西暦や年号、用語等に施した編者注である。

1章 師弟の精神

師弟共戦《きょうせん》

戦い続ける人が必《かなら》ず「仏《ほとけ》」に

我《われ》ならびに我《わ》が弟子《でし》、諸難《しょなん》ありとも疑《うたが》う心《こころ》なくば、自然《じねん》に仏界《ぶっかい》にいたるべし。天《てん》の加護《かご》なきことを疑わざれ。現世《げんぜ》の安穏《あんのん》ならざることをな《歎》げかざれ。我が弟子に朝夕《ちょうせき》教《おし》えしかども、疑いをおこして皆《みな》す《捨》てけん。つ《拙》たなき者《もの》のな《習》らいは、約束《やくそく》せし事《こと》をまことの時《とき》はわ《忘》するるなるべし

（開目抄《かいもくしょう》、新１１７頁・全２３４頁）

【通解】私ならびに私の弟子は、いかなる難《なん》があっても疑《うたが》う心がなければ、自《おの》ずから仏界《ぶっかい》に至《いた》ることができる。天《てん》の加護《かご》がないからといって疑ってはならない。現世《げんぜ》が安穏《あんのん》でないことを嘆《なげ》いてはならない。私の弟子に朝《あさ》に夕《ゆう》に教えてきたけれども、疑いを起《お》こして、皆《みな》、法華経《ほけきょう》を捨《す》ててしまったようだ。愚《おろ》かな者の習性として、約束したことをいざという時には忘れてしまうものである。

文永《ぶんえい》８年（１２７１年）11月１日、流罪《るざい》の地・佐渡《さど》に着《つ》かれた日蓮大聖人《にちれんだいしょうにん》は、「開目抄《かいもくしょう》」を書き始められ、翌《よく》９年２月に完成。四条金吾《しじょうきんご》を通して門下一同《もんかいちどう》に与《あた》えられた。大聖人が末法《まっぽう》の御本仏《ごほんぶつ》

であられることを明《あき》らかにされた書《しょ》である。

大聖人は、佐渡で流人《るにん》の身《み》。鎌倉《かまくら》の門下も、投獄《とうごく》や追放《ついほう》、所領没収《しょりょうぼっしゅう》などの厳《きび》しい弾圧《だんあつ》を受け、退転者《たいてんしゃ》が続出《ぞくしゅつ》。師弟共《とも》に大難《だいなん》の真《ま》っただなかであった。

◇

「我《われ》ならびに我《わ》が弟子《でし》」——。師弟共戦《きょうせん》の覚悟《かくご》を弟子に示された、慈愛《じあい》あふれる呼びかけである。

御執筆《ごしっぴつ》当時、門下の多くは〝幸せになるために信心をしたのに、なぜ難に遭《あ》うのか〟と疑《うたが》いを起こし、信心を捨《す》ててしまった。これに対し、大聖人は明快に仰《おお》せである。諸難《しょなん》が起こっても「疑わず」、戦い続ける人が必《かなら》ず「仏《ほとけ》」になるのだと。

法華経《ほけきょう》には、諸天善神《しょてんぜんじん》による法華経の行者《ぎょうじゃ》への守護《しゅご》が厳然《げんぜん》と説《と》かれている。しかし、初めから諸天がすべて護《まも》ってくれるのではない。法のため、友のために懸命《けんめい》に戦う人の心に呼応《こおう》して、諸天は動くのだ。難は正義の証明《しょうめい》でもある。「**賢人《けんじん》や聖人《しょうにん》でも、難を受けることは逃《のが》れられない**」（四条金《しじょうきん》吾殿御返事《ごどのごへんじ》、新1554頁・全1143頁、通解）と仰せである。避《さ》けられない以上、乗り越えるしかない。難が起きた時こそ宿命転換《しゅくめいてんかん》のチャンスであり、「まことの時」なのである。

池田先生は、「開目抄」のこの一節《いっせつ》を「学会精神の根幹《こんかん》である」と言われ、「『まことの時』に、決然《けつぜん》と立ち上がり、迅速《じんそく》に戦えるかどうかが、一切《いっさい》の勝敗《しょうはい》を決《けっ》する」と語られた。師匠の戦う心を受《う》け継《つ》ぎ、何があっても「前へ、前へ」と、師弟共戦の大道《だいどう》を勝ち進んでいきたい。

誓願《せいがん》の師子吼《ししく》

正義の大音声《だいおんじょう》を響《ひび》かせよ

「師《し》」とは師匠《ししょう》授《さず》くるところの妙法《みょうほう》、「子《し》」とは弟子《でし》受《う》くるところの妙法、「吼《く》」とは師弟《してい》共《とも》に唱《とな》うるところの音声《おんじょう》なり。「作《さ》」とは、「おこす」と読むなり。末法《まっぽう》にして南無妙法蓮華経を作《おこ》すなり

（御義口伝《おんぎくでん》、新1043頁・全748頁）

【通解】（法華経《ほけきょう》勧持品《かんじほん》第13の「作師子吼《さししく》」について）師子吼の「師《し》」とは、師匠である仏《ほとけ》が授《さず》ける妙法《みょうほう》であり、「子《し》」とは、弟子が受ける妙法であり、「吼《く》」とは、師匠と弟子が共《とも》に唱《とな》える音声《おんじょう》をいうのである。「作《さ》」とは「おこす」と読む。「師子吼を作《な》す」とは、末法《まっぽう》において、南無妙法蓮華経をおこすことをいうのである。

日蓮大聖人《にちれんだいしょうにん》は、身延《みのぶ》で法華経《ほけきょう》の要文《ようもん》を講義《こうぎ》された。その内容を日興上人《にっこうしょうにん》が綴《つづ》り残され、大聖人の御許可《ごきょか》を得《え》て、「御義口伝《おんぎくでん》」が完成したと伝えられている。

「御義《おんぎ》」とは大聖人の法門《ほうもん》。それを「口伝《くでん》」すなわち、講義の内容を記録《きろく》したものであり、師の正義と真実《しんじつ》を余《あま》すところなく残された〝師弟不二《ふに》〟の重書《じゅうしょ》である。

主《しゅ》として、初めに法華経の経文《きょうもん》を挙《あ》げられ、それに関する天台大師《てんだいだいし》、妙楽《みょうらく》大師らの釈《しゃく》を引《ひ》かれた後、「御義口伝に云《いわ》く」と、大聖人の御立場《おたちば》からの法華経解釈《かいしゃく》が展開《てんかい》されている。ここでは法華経勧持品《かんじほん》第13の「作師子吼《さししく》の事《こと》」について述《の》べられている。

◇

師匠が吼《ほ》え、そして弟子が吼える。師と弟子が共《とも》に吼えてこそ、「師子吼《ししく》」となることを教えられている。「どこまでも師匠と共に」「どこまでも師匠のために」と、弟子が決然《けつぜん》と立ち上がり、広宣流布《こうせんるふ》への闘争《とうそう》を貫《つらぬ》くところに、師弟は脈打《みゃくう》つのである。

大聖人は、「作師子吼」の「作」を、「おこす」と読まれている。「おこす」とは、広宣流布の新しい波《なみ》を起《お》こすことに通じる。〝だれかに言われたから〟という受《う》け身《み》の姿勢《しせい》ではない。〝私がやる〟と、自分から戦いを起こす。その誓願《せいがん》の一人から、広布《こうふ》の万波《ばんぱ》が広がるのである。

戸田先生は、青年に常々訴《つねづねうった》えられていた。「波を起こさずして何の青春か。歴史《れきし》をつくらずして何の人生か。何かをなせ！　何かを残せ！」と。三代会長の精神を受《う》け継《つ》ぐ弟子として、声も惜《お》しまず正義を叫《さけ》ぶ。その大音声《だいおんじょう》は、全人類《ぜんじんるい》を救《すく》いゆく創価の師子吼となるのである。

池田先生は、「師匠は吼えている。あとは、弟子が吼えるかどうかです。それを師匠は、じっと見つめて待っている」と語られている。

広宣流布の未来を決めるのは、弟子の戦いである。師匠と同じ心で師子吼し、勝利の結果を残すことが、真《しん》の弟子の証《あかし》なのである。

師弟の宿縁《しゅくえん》

創価の師弟は三世《さんぜ》に永遠《えいえん》

過去《かこ》の宿縁《しゅくえん》追《お》い来《きた》って、今度《こんど》日蓮《にちれん》が弟子《でし》と成《な》り給《たも》うか。釈迦《しゃか》・多宝《たほう》こそ御存知《ごぞんち》候《そうろう》らめ。「在々諸仏《ざいざいしょぶつ》土《ど》、常与師倶生《じょうよしくしょう》」、よも虚事《そらごと》候《そうら》わじ

（生死一大事血脈抄《しょうじいちだいじけつみゃくしょう》、新1776頁・全1338頁）

【通解】（あなたは）過去《かこ》の宿縁《しゅくえん》に運《はこ》ばれて、今度、日蓮《にちれん》の弟子となられたのであろうか。釈迦仏《しゃかぶつ》・多宝如来《たほうにょらい》こそ、ご存じであると思われる。「いたるところの諸仏《しょぶつ》の国土《こくど》に、常《つね》に師《し》とともに生まれる」（法《ほ》華経化城喩品《けきょうけじょうゆほん》第7）との経文《きょうもん》は、よもや、嘘《うそ》ではあるまい。

日蓮大聖人《にちれんだいしょうにん》は、佐渡流罪中《さどるざいちゅう》の文永《ぶんえい》9年（1272年）2月11日、51歳の時に塚原《つかはら》で本抄を綴《つづ》られ、最蓮房《さいれんぼう》に与《あた》えられた。最蓮房は、大聖人が佐渡流罪になる以前、何らかの理由で佐渡に配流《はいる》されており、同年2月初《はじ》め、大聖人に帰依《きえ》したとされる。本抄は、最蓮房が「生死一大事血脈《しょうじいちだいじけつみゃく》」について質問をしたことへの御返事である。流罪の地で弟子となった最蓮房に対し、大聖人は師弟の深き宿《しゅく》縁《えん》について述《の》べられる。

◇

仏法《ぶっぽう》の師弟は、必《かなら》ず共《とも》に生まれ、生々世々、共に妙法流布《みょうほうるふ》に戦い抜《ぬ》く。法華経化城喩品《ほけきょうけじょうゆほん》第7で説《と》かれた「在在《いたるところ》の諸仏《しょぶつ》の土《ど》に　常《つね》に師《し》と倶《とも》に生《しょう》ず」の法理《ほうり》に照《て》らして、広宣流布《こうせんるふ》に共に戦う創価の師弟は、生命の最極《さいごく》の奥底《おうてい》で連《つら》なる、最《もっと》も深い師弟なのである。

昭和21年（1946年）11月17日。東京・神田で、初代会長・牧口先生の三回忌《かいき》法要《ほうよう》が営《いとな》まれた。戸田先生は、亡《な》き師を追悼《ついとう》し、こう語られた。「あなた（牧口先生）の慈悲《じひ》の広大無辺《こうだいむへん》は、私を牢獄《ろうごく》まで連《つ》れて行ってくださいました。そのおかげで『在在諸仏土《ざいざいしょぶつど》　常与師倶生《じょうよしくしょう》』と、妙法蓮華経《みょうほうれんげきょう》の一《いっ》句《く》を、身《み》をもって読み、その功徳《くどく》で、地涌《じゆ》の菩薩《ぼさつ》の本事《ほんじ》を知り、法華経の意味を、かすかながらも身読《しんどく》することができました。なんたる幸せでございましょうか」

軍部政府《ぐんぶせいふ》の弾圧《だんあつ》により、当時の学会幹部の大半《たいはん》は退転《たいてん》した。そのなか、戸田先生は師匠と共に難《なん》を受けることを誉《ほま》れとし、牢獄に入ったことを「なんたる幸せ」と、深き感謝の思いを述べられたのである。この崇高《すうこう》な魂《たましい》を継承《けいしょう》し、同じく「死身弘法《ししんぐほう》」「不惜身命《ふしゃくしんみょう》」の信心で、ただ一人、恩師《おんし》を護《まも》り抜いたのが池田先生である。

先生はこの戸田先生の言葉を引かれ、「この一言《ひとこと》に私は感動した。それと同じ心で私もまた戸田先生にお仕《つか》えしようと決めた。師に捧《ささ》げた、わが人生に一つの後悔《こうかい》もない」と語られている。

三代会長の筆舌《ひつぜつ》に尽《つ》くせぬ激闘《げきとう》があってこそ、妙法は世界に広がった。生死《しょうじ》を貫《つらぬ》く「師弟の宿縁」を確信し、〝常に師と共に〟広宣流布の勝利の道を開いていきたい。

仏法《ぶっぽう》の根本《こんぽん》は師弟

「弟子の勝利」が「師の勝利」

よき弟子《でし》をも《持》つとき《時》んば、師弟仏果《していぶっか》にいたり、あ《悪》しき弟子をた《蓄》くわいぬれば、師弟地獄《じごく》にお《堕》つといえり。師弟相違《そうい》せば、なに事《ごと》も成《な》すべからず

(華果成就御書《けかじょうじゅごしょ》、新1211頁・全900頁)

【通解】良い弟子をもつならば、師弟は共《とも》に成仏《じょうぶつ》し、悪い弟子を養《やしな》うならば、師弟は共に地獄《じごく》に堕《お》ちると言われている。師匠と弟子の心が違《ちが》えば、何事《なにごと》も成就《じょうじゅ》することはできない。

「師弟相違《していそうい》せば、なに事《ごと》も成《な》すべからず」——師弟不二《ふに》の根本精神《こんぽんせいしん》を示《しめ》された本抄は、弘安《こうあん》元年(1278年)4月、日蓮大聖人《にちれんだいしょうにん》が57歳の時、身延《みのぶ》での御述作《ごじゅっさく》。大聖人が少年時代に清澄寺《せいちょうじ》で修学《しゅうがく》された時の兄弟子《あにでし》で、後《のち》に門下《もんか》となった浄顕房《じょうけんぼう》と義浄房《ぎじょうぼう》に与《あた》えられた。

修学当時の師匠であった道善房《どうぜんぼう》は、心中《しんちゅう》では大聖人に帰依《きえ》しながらも、生涯《しょうがい》、念仏《ねんぶつ》を捨《す》て切《き》れなかった。しかし大聖人は、御自身が妙法《みょうほう》を弘通《ぐつう》された功徳《くどく》が、必《かなら》ず師匠にかえっていくと仰《おお》せられている。

◇

「師と共《とも》に戦う」「師のために勝つ」——この一念《いちねん》の祈《いの》りと戦いに徹《てっ》しゆく時、仏《ほとけ》に等《ひと》しい力《ちから》がわき出《い》でる。広宣流布《こうせんるふ》は、「師弟不二」であってこそ、成《な》し遂《と》げることができる。

今日《こんにち》の、SGI（創価学会インタナショナル）の人間主義の連帯《れんたい》も、牧口先生から戸田先生、そして池田先生へと続く師弟不二の共戦《きょうせん》によって、築《きず》かれたものである。

大聖人は、〝良き弟子をもつならば〟と仰せである。自身が、良き弟子であるか否《いな》か。この一点が重要《じゅうよう》なのである。

師匠がいかに正義であり、偉大《いだい》であっても、その精神を受《う》け継《つ》ぐ弟子が誕生《たんじょう》しなければ、師匠の理想は大きく広がらない。弟子が勝利してこそ、師匠の偉大さを宣揚《せんよう》できる。すべては、後継《こうけい》の弟子で決まるのである。

池田先生は語られた。「師弟とは、弟子の『自覚《じかく》』の問題です。形式ではない。師匠に何回、会ったとか、そばにいるとか、幹部だとか、それは形式です。たとえ師匠から離《はな》れた地《ち》にいようとも、直接《ちょくせつ》話したことがなくても、自分が弟子の『自覚』をもって、『師匠の言う通りに実行するのだ』と戦っていれば、それが師弟相対《そうたい》です。根幹《こんかん》は、師匠対自分です」

師弟の〝一念のギア〟が、しっかりとかみ合えば、無量無辺《むりょうむへん》の「力」が生まれ、必ず勝利できる。

師匠が語った魂《たましい》の一言一言をわが胸《むね》に刻《きざ》み、広宣流布の大道《だいどう》を切り開く「本物の弟子」でありたい。

師子王《ししおう》の心

「百獣《ひゃくじゅう》の王《おう》」に恐《おそ》れなし

各々《おのおの》、師子王《ししおう》の心《こころ》を取《と》り出《い》だして、いかに人《ひと》お《脅》どすともお《怖》ずることなかれ。師子王は百獣《ひゃくじゅう》におじず。師子の子、またかくのごとし。彼《かれ》らは野干《やかん》のほ《吠》うるなり。日蓮《にちれん》が一門《いちもん》は師子の吼《ほ》うるなり

（聖人御難事《しょうにんごなんじ》、新１６２０頁・１１９０頁）

【通解】日蓮門下《にちれんもんか》の一人一人は、師子王《ししおう》の心を取り出して、どのように人が脅《おど》しても、決して恐《おそ》れてはならない。師子王は百獣《ひゃくじゅう》を恐れない。師子の子もまた同じである。正法《しょうほう》を誹謗《ひぼう》する人々は、キツネの類《たぐい》が吠《ほ》えているようなものである。日蓮の一門《いちもん》は師子が吼《ほ》えているようなものである。

「熱原《あつはら》の法難《ほうなん》」の渦中《かちゅう》である弘安《こうあん》２年（１２７９年）10月１日、日蓮大聖人《にちれんだいしょうにん》が58歳の時に身延《みのぶ》で執《しっ》筆《ぴっ》され、全門下《もんか》に与《あた》えられた御書である。

熱原の法難は、富士下方熱原郷《ふじしもかたあつはらごう》（現在の静岡県富士市厚原）で大聖人門下が受けた法難。この弘安２年の９月21日には、農民信徒20人が無実《むじつ》の罪《つみ》で捕《と》らえられ、鎌倉《かまくら》に連行《れんこう》された。10月15日、侍所《さむらいどころ》の所司《しょし》（次官《じかん》）・平左衛門尉頼綱《へいのさえもんのじょうよりつな》は、〝法華経《ほけきょう》の題目《だいもく》を捨《す》てよ〟と脅《おど》し、拷問《ごうもん》。しかし、一人として退転《たいてん》する者はいなかった。神四郎《じんしろう》・弥五郎《やごろう》・弥六郎《やろくろう》の3人が斬首《ざんしゅ》され、殉教《じゅんきょう》した。

◇

戸田先生はこの御文を拝《はい》して、叫《さけ》ばれた。「われら創価学会の折伏《しゃくぶく》は、師子《しし》が吼《ほ》えるのである。邪悪《じゃあく》な輩《やから》が驚《おどろ》き、恐《おそ》れおののくのは、当然である」

さらに、「いかに学会を憎《にく》もうと、いかに学会を陥《おとしい》れようと、誰人《だれびと》が騒《さわ》ごうとも恐れるな！　彼らは犬、野干《やかん》のごとき畜生《ちくしょう》である。われわれは師子王である！」と。百獣《ひゃくじゅう》の王たる「師子」に恐れはない。師子の勇猛《ゆうもう》な一声《ひとこえ》で、臆病《おくびょう》なキツネの類《たぐい》は、すごすごと、なりを潜《ひそ》めてしまうのだ。

大聖人を迫害《はくがい》してきた輩は、陰《かげ》で謀略《ぼうりゃく》を仕《し》掛《か》けては、大嘘《おおうそ》で塗《ぬ》り固《かた》めたデマを流《なが》した。

御書に、「**師子に向かって吠《ほ》える犬は、はらわたが腐《くさ》ってしまう**」(兄弟抄《きょうだいしょう》、新1470頁・全1080頁、通解)と。事実、大聖人及《およ》び門下を弾圧《だんあつ》した平左衛門尉の末路《まつろ》は悲惨《ひさん》なものであった。

また、大聖人は本抄で「各々《おのおの》、師子王の心を取《と》り出《い》だして」と仰《おお》せである。だれにでも、「師子王の心」が具《そな》わっている。この〝最高の勇気〟を取り出すには、正義を大師子吼《だいししく》する師匠と「心を合わせる」ことである。

小さなエゴを打《う》ち破《やぶ》って、師匠と同じ広宣流布《こうせんるふ》の大願《だいがん》に立てば、無限《むげん》の力《ちから》が生まれる。師匠と共《とも》に仏法《ぶっぽう》の正義を叫びゆく闘争《とうそう》こそ、弟子が師匠と一体となり、「師子の子」が「師子王」となる道なのである。

日蓮《にちれん》がごとく

極悪《ごくあく》の正体《しょうたい》を暴《あば》き責《せ》めよ

願《ねが》わくは、我《わ》が弟子《でし》等、師子王《ししおう》の子《こ》となりて、群狐《ぐんこ》に笑《わら》わるることなかれ。過去遠々劫《かこおんのんごう》より已来《このかた》、日蓮《にちれん》がごとく身命《しんみょう》をすて《捨》て強敵《ごうてき》の科《とが》を顕《あらわ》す師《し》には値《あ》いがた《難》かるべし

（閻浮提中御書《えんぶだいちゅうごしょ》、新2048頁・全1589頁）

【通解】願《ねが》わくは日蓮《にちれん》の弟子らは、師子王《ししおう》の子となって、群《む》れたキツネどもに笑《わら》われることがあってはならない。過去遠々《かこおんのん》劫《ごう》よりこのかた、日蓮のように、身命《しんみょう》を捨《す》てて強敵《ごうてき》の過《あやま》ちを顕《あらわ》す師には値《あ》いがたいのである。

本抄で日蓮大聖人《にちれんだいしょうにん》は、御自身を「師子王《ししおう》」に譬《たと》えられ、師子王の子である弟子もまた、「日蓮がごとく」不惜身命《ふしゃくしんみょう》の信心を奮《ふる》い起《お》こし、悪《あく》を糾弾《きゅうだん》せよと厳命《げんめい》されている。

◇

創価学会は「戦う師子」の集《つど》いである。すべてに勝ち抜《ぬ》く王者である。ゆえに、陰険《いんけん》で卑劣《ひれつ》な謀《ぼう》略《りゃく》をめぐらす「群狐《ぐんこ》（群《む》れたキツネの類《たぐい》）」のごとき輩《やから》に屈《くっ》し、嘲笑《ちょうしょう》されるようなことがあっては断《だん》じてならない。

大聖人は、民衆《みんしゅう》を苦《くる》しめる邪悪《じゃあく》な勢力《せいりょく》に対して、間断《かんだん》なく戦われた。ウソやデマをまき散《ち》らす「群狐」の化《ば》けの皮《かわ》を剝《は》ぎ、その醜《みにく》い正体を暴《あば》き出《だ》すために、徹底《てってい》して破折《はしゃく》に次《つ》ぐ破折を加《くわ》えられた。

正邪《せいじゃ》を明《あき》らかにすれば、権力《けんりょく》から迫害《はくがい》を加えられることは必定《ひつじょう》であった。だが大聖人は、あえて「強敵《ごうてき》の科《とが》」を明らかにする闘争《とうそう》を貫《つらぬ》かれた。

もし、波風《なみかぜ》が立つことを恐《おそ》れて臆病《おくびょう》になり、悪に対して沈黙《ちんもく》してしまえば、敵に笑《わら》われるだけではない。自身の成仏《じょうぶつ》への道をも閉《と》ざしてしまうのだ。

池田先生は、「邪悪と戦うことが『信心』である。『師子王の心』で、仏敵《ぶってき》と戦ってこそ『仏《ほとけ》』となる。間断なく謗法《ほうぼう》を責《せ》めてこそ、『仏罰《ぶつばち》の現証《げんしょう》』も相手に厳然《げんぜん》と現《あらわ》れる」と語られた。

御書には、「**師子王の子は師子王となる**」（日妙聖人御書《にちみょうしょうにんごしょ》、新１６８１頁・全１２１６頁）、「**譬《たと》えば、一《ひとつ》の師子に百子《ひゃくし》あり。彼《か》の百子、諸《もろもろ》の禽獣《きんじゅう》に犯《おか》さるるに、一《ひとつ》の師子王吼《ほ》うれば百子力《ちから》を得《え》て、諸の禽獣、皆頭《みなこうべ》七分《しちぶん》にわる《破》**」（千日尼御前御返事《せんにちあまごぜんごへんじ》、新１７４５頁・全１３１６頁）と仰《おお》せである。

師子王である師匠の心をわが心とし、民衆の幸福のために広宣流布《こうせんるふ》を阻《はば》む悪を責め抜いた時、弟子も師子王となるのだ。

「師には値《あ》いがた《難》かるべし」と本抄で仰せのように、会いがたき正義の師匠に巡《めぐ》り会い、弟子となった福運に感謝し、次の50年、１００年の創価勝利の歴史《れきし》を開いていこう。

師《し》への報恩《ほうおん》

大難《だいなん》の時こそ師《し》を護《まも》り抜《ぬ》け

もし恩《おん》を知《し》り心《こころ》有《あ》る人々《ひとびと》は、二《ふた》つ当《あ》たらん杖《つえ》には一《ひと》つは替《か》わるべきことぞかし。さこそ無《な》からめ、還《かえ》って怨《あだ》をなしなんどせらるることは心得《こころえ》ず候《そうろう》

（弥三郎殿御返事《やさぶろうどのごへんじ》、新2084頁・全1450頁）

【通解】もし「恩《おん》」を知り、心ある人々であるならば、（日蓮が）2回、杖《つえ》で打たれることがあれば、そのうち1回は代わって受けるべきではないだろうか。そうしないどころか、かえって（日蓮に）迫害《はくがい》を加《くわ》えるなどというのは、納得《なっとく》できないことである。

建治《けんじ》3年（1277年）8月4日、日蓮大聖人《にちれんだいしょうにん》が56歳の時に身延《みのぶ》で認《したた》められ、弥三郎《やさぶろう》という門下《もんか》に与《あた》えられた御手紙。念仏僧《ねんぶつそう》との法論《ほうろん》に際《さい》して、その内容や心構《こころがま》えを示され、御自身についても、「私のことを、こういうふうに人に話しなさい」と具体的《ぐたいてき》に教えられている。

◇

弟子として、心肝《しんかん》に染《そ》めたい御金言《ごきんげん》である。

大聖人に恩《おん》を感じ、「心」ある人ならば、〝2回の杖《つえ》のうち1回は身代《みが》わりに受けるべきである〟

と仰《おお》せである。師匠の受ける一切《いっさい》の難《なん》を、進んで引き受けてこそ真《しん》の弟子となる。創価の三代の会長は、この仰せ通りに大闘争《だいとうそう》を貫《つらぬ》かれた。その師弟不二《ふに》の崇高《すうこう》な戦いによって、今日《こんにち》の学会の大発《はっ》展《てん》がある。

昭和18年（1943年）7月6日。戸田先生は、師・牧口先生と共《とも》に、軍部政府《ぐんぶせいふ》の弾圧《だんあつ》によって検挙《けんきょ》された。「不敬罪《ふけいざい》」と「治安維持法《ちあんいじほう》」違反《いはん》の容疑《ようぎ》である。当時、臆病《おくびょう》な幹部らが次々と退転《たいてん》していくなか、戸田先生は獄中《ごくちゅう》にあって、ただひたすら祈《いの》り続けた。「私は若《わか》い。師は高齢《こうれい》である。罪《つみ》は我《わ》が身《み》一身《いっしん》に集《あつ》まり、一日も早く師を出獄《しゅつごく》させ給《たま》え！」

池田先生もまた、戦後、戸田先生の事業が破綻《はたん》し、多くの人間が戸田先生を罵《ののし》って去《さ》るなか、師を厳然《げんぜん》と護《まも》り抜《ぬ》いた。給料《きゅうりょう》が何カ月遅配《ちはい》しようとも、夜学《やがく》を断念《だんねん》しようとも、四六時中《しろくじちゅう》、師のために奔走《ほんそう》した。

昭和32年（1957年）7月の大阪事件についても、「絶対に、戸田先生に手出《てだ》しをさせてはならないし、広宣流布《こうせんるふ》の牙城《がじょう》に権力《けんりょく》を土足《どそく》で踏《ふ》みこませるようなことは、断《だん》じて食《く》い止《と》めたかった。私は、自分が矢面《やおもて》に立って、牢《ろう》へ入りたいと祈った。戸田先生を私が盾《たて》となって護りたいと祈った。そうやって、牢へ入ったのです」と述懐《じゅっかい》されている。

難に直面した時に、人間の真価《しんか》が現《あらわ》れる。本物の弟子かどうかが峻別《しゅんべつ》される。青年に期待し、全《ぜん》魂《こん》の励《はげ》ましを送られる師匠への報恩《ほうおん》のために、自身のすべてを懸《か》けて「勝利」をつかみたい。

不惜身命《ふしゃくしんみょう》の精神《せいしん》

「今こそ、戦う時」と決めよ

我《わ》が弟子《でし》等、心《こころ》みに法華経《ほけきょう》のごとく身命《しんみょう》もおし《惜》まず修行《しゅぎょう》して、この度仏法《たびぶっぽう》を心みよ

（撰時抄《せんじしょう》、新210頁・全291頁）

【通解】わが弟子らよ、試《こころ》みに法華経《ほけきょう》に説《と》かれている通り、身命《しんみょう》も惜《お》しまず修行《しゅぎょう》して、このたび仏法《ぶっぽう》が真実《しんじつ》であるか否《いな》かを試みてみなさい。

日蓮大聖人《にちれんだいしょうにん》が54歳の時、身延入山《みのぶにゅうざん》の翌年の建治《けんじ》元年（1275年）に著《あらわ》されたとされる。「立正安国論《りっしょうあんこくろん》」「開目抄《かいもくしょう》」「観心本尊抄《かんじんのほんぞんしょう》」「報恩抄《ほうおんしょう》」と並ぶ「五大部」の一つ。

前年の10月、蒙古《もうこ》（元）軍《ぐん》が北九州に来襲《らいしゅう》（文永《ぶんえい》の役《えき》）。この年の4月にも、蒙古軍の使者が来航《らいこう》した。日本が騒然《そうぜん》としていた危急《ききゅう》の時に、大聖人は本抄の筆《ふで》を執《と》られたのである。

◇

「身命《しんみょう》もおし《惜》まず」――不惜身命《ふしゃくしんみょう》の精神《せいしん》で信心を実践《じっせん》すれば、仏法《ぶっぽう》の偉大《いだい》な功力《くりき》を必《かなら》ず体現《たいげん》できると、弟子に呼びかけられた大確信の御文である。

この短い一節《いっせつ》の中に、「我《わ》が弟子《でし》等、心《こころ》みに……」「……仏法を心みよ」と、繰《く》り返《かえ》し〝試《ため》してみよ〟と仰《おお》せである。

日蓮仏法は、実践が第一である。そしてまた、「証拠《しょうこ》」主義である。「経験《けいけん》に頼《たよ》る前に、御本尊《ごほんぞん》に頼れ！　まず、祈《いの》ることだ。それでこそ、経験も生きてこようというものだ」とは、戸田先生の指導である。

もとより、「不惜身命」といっても、決して生命を軽《かろ》んじたり、粗末《そまつ》にすることではない。広宣《こうせん》流布《るふ》のために、わが身を惜《お》しまずに戦っていく、真剣《しんけん》勝負の生き方を意味するのである。

自分自身の「わがままな心」を捨《す》てて、友の幸福を願い、悩《なや》みや問題《もんだい》をも飛躍《ひやく》へのバネにして前進していく闘争《とうそう》である。

池田先生は、この御文を引かれて、長編詩《ちょうへんし》で謳《うた》われた。

「わが使命の人生において／『此《こ》の度《たび》』とは／いったい何時《いつ》か。／待《ま》っていれば来るのか。／いな！／自分で定《さだ》めるしかない。／弟子が決めるしかない。／それができなければ／永遠《えいえん》に『時《とき》』は来ない。／わが生命の全権《ぜんけん》は／汝自身《なんじじしん》の一念《いちねん》にあるからだ」

仏法は勝負である。勝つか、負けるかである。ゆえに、「今こそ、戦う時」と決め、勝利への一《いっ》歩《ぽ》を力強く踏《ふ》み出《だ》していきたい。

御本仏《ごほんぶつ》の大境涯《だいきょうがい》

愚者《ぐしゃ》の非難《ひなん》など笑《わら》い飛《と》ばせ

> **「日蓮《にちれん》御房《ごぼう》は師匠《ししょう》にてはおわせども余《あま》りにこわ《強》し。我《われ》らはやわらか《柔》に法華経《ほけきょう》を弘《ひろ》むべし」と云《い》わんは、蛍火《ほたるび》が日月《にちがつ》をわらい《笑》、蟻塚《ありづか》が華山《かざん》を下《くだ》し、井江《せいこう》が河海《かかい》をあなずり《侮》、烏鵲《かささぎ》が鸞鳳《らんほう》をわらう《笑》なるべし、わらうなるべし**
>
> （佐渡御書《さどごしょ》、新1291頁・全961頁）

【通解】（愚《おろ》かな者どもが）「日蓮《にちれん》御房《ごぼう》は私たちの師匠ではあられるが、あまりにも強引だ。われわれは柔《やわ》らかに法華経《ほけきょう》を弘《ひろ》めよう」と言うのは、ホタルの光が太陽と月を笑《わら》い、蟻塚《ありづか》が華山《かざん》（約2000メートルの中国の名山）を見下《みくだ》し、井戸や小川が大河《たいが》や大海《たいかい》を軽蔑《けいべつ》し、カササギが偉大《いだい》な鸞鳥《らんちょう》や鳳凰《ほうおう》（聖人《しょうにん》出現の時に現《あらわ》れる伝説の鳥《とり》）を笑うようなものである、笑うようなものである。

日蓮大聖人《にちれんだいしょうにん》が、佐渡《さど》に流罪《るざい》されてから、約5カ月が経《た》った文永《ぶんえい》9年（1272年）3月20日、門《もん》下一同《かいちどう》に与《あた》えられた御手紙。当時、大聖人に対して疑《うたが》いを起《お》こし、退転《たいてん》する門下が続出《ぞくしゅつ》していた。

大聖人は、小賢《こざか》しげに師匠を非難《ひなん》する門下を悠々《ゆうゆう》と見下《みお》ろされている。◇

想像を絶《ぜっ》する大難《だいなん》に遭《あ》いながら、大聖人は佐渡の地で「**喜悦《きえつ》はかり《計》なし《無》**」（諸法実相抄《しょほうじっそうしょう》、新1792頁・全1360頁）、「**当世《とうせい》日本国に第一に富《と》める者《もの》は日蓮なるべし**」（開目抄《かいもくしょう》、新101頁・全223頁）と、堂々《どうどう》たる大境涯《だいきょうがい》であられた。

その大聖人が、これほど哀《あわ》れで愚《おろ》かな者はいないと思われたのが、退転者たちであった。

大聖人に幾度《いくど》となく「難と戦う信心」を教《おそ》わりながら、いざ大難が起きれば、師匠を護《まも》るどころか裏切《うらぎ》り、果《は》ては大慢心《だいまんしん》から大聖人を批判《ひはん》するという、このうえなく浅《あさ》ましい姿《すがた》であった。彼らには結局《けっきょく》、「師弟」がなかったのである。一番大変な時にこそ、その人間の本質《ほんしつ》が現《あらわ》れる。いかなる苦難《くなん》があろうとも、「弟子の道」を生き抜《ぬ》き、信念を貫《つらぬ》き通《とお》す。それが信仰の真髄《しんずい》である。

牧口先生は、ご自身の御書の、この一節《いっせつ》に傍線《ぼうせん》を引かれ、口《くち》ずさんでは大笑いされていたという。

池田先生は語られている。

「牧口先生も、軍部権力《ぐんぶけんりょく》の迫害《はくがい》に妥協《だきょう》しなかったゆえに、弟子にも批判され、宗門《しゅうもん》にも裏切られた。しかし、『日蓮と同意』の信心で、牧口先生はそれらを笑い飛ばしておられた……創価学会は牧口先生以来、『日蓮と同意』の教団《きょうだん》です。

信仰上のこの信念、この行動をば、だれ人《びと》も規制《きせい》することはできません。皆さまも、『日蓮と同意』の信心で、いつも御本仏《ごほんぶつ》とともに生き抜き、ちっぽけな嫉妬《しっと》など一蹴《いっしゅう》して、楽しく、大笑いしながら、堂々と前進していただきたい」

2章 信行学の基本

行学《ぎょうがく》の二道《にどう》

「一文一句《いちもんいっく》なりとも」の心で

行学《ぎょうがく》の二道《にどう》をはげみ《励》候《そうろう》べし。行学たえ《絶》なば仏法《ぶっぽう》はあるべからず。我《われ》もいたし、人《ひと》をも教化《きょうけ》候《そうら》え。行学は信心《しんじん》よりおこる《起》べく候《そうろう》。力《ちから》あらば一文一句《いちもんいっく》なりともかたらせ《語》給《たも》うべし

（諸法実相抄《しょほうじっそうしょう》、新1793頁・全1361頁）

【通解】行学《ぎょうがく》の二道《にどう》を励《はげ》んでいきなさい。行学が絶《た》えてしまえば仏法《ぶっぽう》はない。自身も実践し、人をも教え導《みちび》いていきなさい。行学は信心から起こるのである。力《ちから》があるならば、一文一句《いちもんいっく》であっても人に語っていきなさい。

文永《ぶんえい》10年（1273年）5月17日、日蓮大聖人《にちれんだいしょうにん》が52歳の時、佐渡《さど》・一谷《いちのさわ》で執筆《しっぴつ》され、門下《もんか》の最蓮房《さいれんぼう》に与《あた》えられたとされる。法華経方便品《ほけきょうほうべんぽん》第2に説《と》かれる「諸法実相《しょほうじっそう》」の意義《いぎ》についての質問に答えられ、「信心」を根本《こんぽん》にした「行学《ぎょうがく》の二道《にどう》」の実践《じっせん》を促《うなが》された。

◇

この御金言《ごきんげん》は、戸田先生が広宣流布《こうせんるふ》の闘争《とうそう》において常《つね》に拝《はい》されてきた有名な御文であり、信心の基本を記《しる》された、〝学会活動の羅針盤《らしんばん》〟ともいえる一節《いっせつ》である。

成仏《じょうぶつ》の根本は「信《しん》」、すなわち純粋《じゅんすい》にして強盛《ごうじょう》な「信心」である。「信」の力《ちから》が強いほど一念《いちねん》は定《さだ》まり、祈《いの》りも深まる。

その「信」を深めるために不可欠《ふかけつ》なのが、「行《ぎょう》」「学《がく》」の実践である。「行」は、自《みずか》ら勤行《ごんぎょう》・唱題《しょうだい》に励《はげ》む「自行《じぎょう》」と、友の幸福を願って教え導《みちび》く仏法《ぶっぽう》対話や学会活動を行う「化他行《けたぎょう》」。「学」は日蓮仏法の教学を研鑽《けんさん》すること。「剣豪《けんごう》の修行《しゅぎょう》」のような真剣《しんけん》さで、この行学に励《はげ》み、大聖人の魂《たましい》をわが生命に刻《きざ》んでいく挑戦こそ、創価学会の伝統《でんとう》なのである。

「行」と「学」は、いわば車の両輪《りょうりん》である。どちらが欠《か》けても空転《くうてん》してしまい、仏法の正しい実践にはならない。池田先生は28歳の時の日記に、「研鑽、研鑽。行学の二道を」と綴《つづ》り、激闘《げきとう》の日々《ひび》のなかで御書をひもとかれた。

本抄で大聖人は、最蓮房に対して地涌《じゆ》の菩薩《ぼさつ》の自覚を促された後、結《むす》びに、その具体的《ぐたいてき》な指標《しひょう》として信行学《しんぎょうがく》の実践を明快に示された。「力《ちから》あらば一文一句《いちもんいっく》なりともかたら《語》せ給《たも》うべし」と、「随力《ずいりき》弘通《ぐつう》」の精神《せいしん》こそ、仏道《ぶつどう》修行の〝急所《きゅうしょ》〟であることを鋭《するど》く教《おし》えられたのである。

私たちも、強盛な「信」を根本に、「一文一句なりとも」の姿勢《しせい》で、徹底して仏法を学び、語り、行学の大道《だいどう》を歩み抜《ぬ》きたい。

強盛《ごうじょう》な信心

難局《なんきょく》を切り開く鍵《かぎ》は「勇気」

ただし御信心《ごしんじん》によるべし。つるぎ《剣》なんども、す《進》すまざる人《ひと》のためには用《もち》いることなし。法華経《ほけきょう》の剣《つるぎ》は、信心のけなげ《健気》なる人こそ用《もち》いることなれ。鬼《おに》にかなぼう《金棒》たるべし

（経王殿御返事《きょうおうどのごへんじ》、新1633頁・全1124頁）

【通解】ただし、（祈りが叶《かな》うかどうかは）信心によるのである。剣《つるぎ》なども、前進《ぜんしん》しない（臆病《おくびょう》な）人のためには何《なん》の役《やく》にも立たない。法華経《ほけきょう》（御本尊《ごほんぞん》）という剣は、勇気ある信心の人が用《もち》いてこそ役に立つのであり、これこそ「鬼《おに》に金棒《かなぼう》」なのである。

文永《ぶんえい》10年（1273年）8月15日に認《したた》められ、重病《じゅうびょう》の子（経王御前《きょうおうごぜん》）がいた門下《もんか》に対して指導された御手紙。日蓮大聖人《にちれんだいしょうにん》は「**経王御前のことは、昼夜《ちゅうや》に日月天《にちがってん》に祈《いの》っております。先日差し上げた御本尊《ごほんぞん》は、片時《かたとき》も身《み》から離《はな》すことなく受持《じゅじ》していきなさい**」（新1632頁・全1124頁、通解）と綴《つづ》り、諸天《しょてん》を動かすためには強盛《ごうじょう》な信心しかないと励《はげ》まされる。

◇

たとえ最強《さいきょう》の武器《ぶき》を持っていても、戦う心がなければ、戦《いくさ》に負けてしまう。同様《どうよう》に、どれほどの特技《とくぎ》や能力を持っていたとしても、あきらめや愚痴《ぐち》、消極的《しょうきょくてき》な心があれば、その力《ちから》を十分に発《はっ》揮《き》することはできない。結局は、宝《たから》の持《も》ち腐《ぐさ》れとなってしまう。ゆえに大聖人は、〝けなげ（健気）なる人たれ！〟と、「勇気」の大切さを強調された。健気とは勇敢なことである。どんな苦境《くきょう》をも乗り越える力を持つ「法華経《ほけきょう》の剣《つるぎ》」。その最強の武器を用《もち》いるために必要なのは、「ただし御信心《ごしんじん》によるべし」と仰《おお》せの通り、強盛な「信心」であり、妙法《みょうほう》を信じ抜《ぬ》く「勇気」なのだ。

大聖人は、法華経を信じていないのに仏道修行《ぶつどうしゅぎょう》をする人のことを「**手を用《もち》いずに宝《たから》の山に入り、足を用いずに千里《せんり》の道を行こうとするようなものである**」（法蓮抄《ほうれんしょう》、新1418頁・全1045頁、通解）と仰せられている。妙法への「信」こそ、宝をつかむ「手」であり、千里の道を行く「足」である。信心を貫《つらぬ》く勇気の人にとってこそ、妙法は「鬼《おに》に金棒《かなぼう》」となり、難局《なんきょく》をも切り開く鍵《かぎ》となるのだ。

池田先生は若き日の闘争《とうそう》について綴られている。「私は決意していた。〝御本尊はご存《ぞん》じである。戸田先生はご存じである。恵《めぐ》まれた状況《じょうきょう》のなかでなら、誰《だれ》でも戦える。私は、先生の弟子だ！　師《し》子《し》の子だ！　どんなに苦《くる》しくとも、辛《つら》くとも、必《かなら》ず勝ってみせる！〟」「勇気とは何か。弱い自分に打ち勝ち、環境《かんきょう》に負けないことだ！　学会活動から断《だん》じて逃《に》げないことだ！」

決意は勇気を生む。そして勇気ある信心が、諸天を動かし、いかなる宿命《しゅくめい》をも打破《だは》するのだ。一《いっ》切《さい》は自分の決意から始まるのだ。

苦楽共《くらくとも》に題目《だいもく》を

「強盛《ごうじょう》の信力《しんりき》」で生命を鍛《きた》えよ

苦《く》をば苦とさとり《覚》、楽《らく》をば楽とひらき《開》、苦楽《くらく》ともに思《おも》い合《あ》わせて南無妙法蓮華経とうちとなえ《打唱》い《居》させ給《たま》え。これあに自受法楽《じじゅほうらく》にあらずや。いよいよ強盛《ごうじょう》の信力《しんりき》をいたし《致》給え

（四条金吾殿御返事《しじょうきんごどのごへんじ》、新1554頁・全1143頁）

【通解】苦《く》を苦と悟《さと》り、楽《らく》を楽と開いて、苦《くる》しくても楽《たの》しくても南無妙法蓮華経と唱《とな》え切っていきなさい。これこそ、自受《じじゅ》法楽《ほうらく》（自《みずか》ら法楽《ほうらく》を受《う》ける）ではないか。いよいよ強盛《ごうじょう》な信心を貫《つらぬ》いていきなさい。

建治《けんじ》2年（1276年）6月27日に四条金吾《しじょうきんご》に与《あた》えられ、「衆生所遊楽御書《しゅじょうしょゆうらくごしょ》」との別名《べつめい》がある。

この2年前、金吾は主君《しゅくん》の江間氏《えまし》を折伏《しゃくぶく》。しかし、極楽寺良観《ごくらくじりょうかん》を信奉《しんぽう》する江間氏の反感《はんかん》を買い、同僚《どうりょう》からも迫害《はくがい》を受けるなど、金吾の苦闘《くとう》は実《じつ》に数年にわたって続く。

金吾は日蓮大聖人《にちれんだいしょうにん》に何度も指導を受け、迫害を耐《た》え抜《ぬ》いた。その後、主君は重《おも》い病気にかかったが、金吾が懸命《けんめい》に看病《かんびょう》したおかげで、健康を回復《かいふく》。金吾は信頼を取り戻し、新たな領地《りょうち》を賜《たまわ》るという勝利の実証《じっしょう》を示すのである。

◇

人生は決して順風満帆《じゅんぷうまんぱん》とは限《かぎ》らない。喜々《きき》として前進する時もあれば、壁《かべ》にぶつかる時もある。だからこそ大聖人は「苦楽《くらく》ともに思い合《あ》わせて」と仰《おお》せである。

苦難《くなん》の時には「挑戦《ちょうせん》の唱題《しょうだい》」。楽しい時には「感謝《かんしゃ》の唱題」。「うち《打》とな《唱》へい《居》させ給《たま》え」の「い《居》」の字は「持続《じぞく》」と拝《はい》したい。「苦」の時も「楽」の時も唱題を重《かさ》ね、自身の生命を鍛《きた》えるのである。

「自受法楽《じじゅほうらく》」とは、「自《みずか》ら法楽《ほうらく》を受《う》ける」ということ。永遠《えいえん》の妙法《みょうほう》を味《あじ》わい、その力《ちから》と智慧《ちえ》を楽しみ切っていく「法楽」を、「自分が受ける」のだ。人ではない。自分で、自分の人生の幸福を築《きず》いていくのである。

大聖人は「**今《いま》、末法《まっぽう》に入《はい》ったので、余経《よきょう》も法華経《ほけきょう》も無益《むえき》であり、ただ南無妙法蓮華経のみが肝要《かんよう》なのである**」（上野殿御返事《うえのどのごへんじ》、新1874頁・全1546頁、通解）とも仰せになられた。

池田先生は、「苦《くる》しきにも題目《だいもく》、楽しきにも題目です。題目を唱《とな》えられること自体が、幸福なのです。苦しみも楽しみも、ともに人生です。人生というドラマの、かけがえのないひとコマです。苦しみなしに楽しみはわかりません。苦しみと楽しみの味《あじ》を知らなければ、人生の深さはわからないでしょう」と、苦楽共《とも》に御本尊《ごほんぞん》を拝していくことの大切さを語られている。

大聖人は、強信《ごうしん》の金吾に対してさえ、「いよいよ強盛《ごうじょう》の信力《しんりき》を」と、さらなる決意を促《うなが》された。過去《かこ》ではなく、〝これから〟が大事なのだ。「いよいよ」の決意で、日々前進していきたい。

信心の血脈《けつみゃく》

「師弟の道」に血脈《けつみゃく》が流《なが》れる

相構《あいかま》えて相構えて、強盛《ごうじょう》の大信力《だいしんりき》を致《いた》して、南無妙法蓮華経臨終正念《りんじゅうしょうねん》と祈念《きねん》し給《たま》え。生死一大事《しょうじいちだい》事《じ》の血脈《けつみゃく》、これより外《ほか》に全《まった》く求《もと》むることなかれ。煩悩即菩提《ぼんのうそくぼだい》・生死即涅槃《しょうじそくねはん》とは、これなり。信心《しんじん》の血脈なくんば、法華経《ほけきょう》を持《たも》つとも無益《むやく》なり

（生死一大事血脈抄《しょうじいちだいじけつみゃくしょう》、新1777頁・全1338頁）

【通解】よくよく心して強盛《ごうじょう》の大信力《だいしんりき》を起《お》こして、南無妙法蓮華経と唱え、臨終正念《りんじゅうしょうねん》を確信して祈念《きねん》しなさい。生死《しょうじ》一大事《いちだいじ》の血脈《けつみゃく》をこれよりほかに決して求めてはならない。煩悩即菩提《ぼんのうそくぼだい》・生死即涅槃《しょうじそくねはん》とは、このことである。信心の血脈がなければ、法華経《ほけきょう》を持《たも》っても無益《むえき》である。

日蓮大聖人《にちれんだいしょうにん》が文永《ぶんえい》9年（1272年）2月11日、51歳の時、最蓮房《さいれんぼう》に与《あた》えられたとされる。「強盛《ごうじょう》の大信力《だいしんりき》」を起《お》こして南無妙法蓮華経と唱《とな》える「信心の血脈《けつみゃく》」こそ、「生死一大事《しょうじいちだいじ》の血脈」であると仰《おお》せられている。

◇

日蓮仏法《ぶっぽう》は、全人類《ぜんじんるい》を救《すく》いゆく大法《だいほう》である。だれもが幸福に生きるための宝《たから》の法である。

大聖人は、本抄で「**日本国の一切衆生《いっさいしゅじょう》に法華経《ほけきょう》を信ぜしめて、仏《ほとけ》に成《な》る血脈を継《つ》がしめん**」（新1776頁・全1337頁）と仰せられ、「信心の血脈」が万人《ばんにん》に開かれていることを明《あ》かされた。

「血脈」とは、親から子へ血筋《ちすじ》が受け継がれていることを譬《たと》えたもので、仏法における師匠から弟子へ、法門《ほうもん》が受け継がれていくことを示した言葉である。ゆえに「師弟不二《ふに》」の広宣流布《こうせんるふ》の実践《じっせん》のなかにこそ、「血脈」が流れ通《かよ》うのである。ところが日顕宗《にっけんしゅう》では、〝前の法主《ほっす》から「血脈相承《そうじょう》」を受けた法主だけが、特別な存在《そんざい》である〟〝相承されれば、そのまま仏である〟などと、御書に背《そむ》いた邪義《じゃぎ》を唱《とな》えた。この一事《いちじ》だけを見ても、御本仏《ごほんぶつ》に真《ま》っ向《こう》から反する師敵対《してきたい》であり、もはや大聖人の「信心の血脈」が断絶《だんぜつ》していることは明《あき》らかである。

真《しん》の血脈とは「信心の血脈」であり、「広宣流布の血脈」である。現実のうえで広宣流布を進めてきたのはだれか。不惜身命《ふしゃくしんみょう》の信心であらゆる難《なん》と戦い、世界に妙法《みょうほう》を弘《ひろ》めてきたのはだれか。すべて創価の三代の師弟である。学会こそ大聖人直結《ちょっけつ》の仏意仏勅《ぶついぶっちょく》の団体なのである。

池田先生は語られた。「私は、この絶対《ぜったい》勝利の信心を戸田先生から教《おそ》わりました。戸田先生は、牧口先生から教わりました。牧口先生は、御本尊《ごほんぞん》から、大聖人から、教わりました。ここに創価の師弟の血脈があります」

大聖人直結《ちょっけつ》の誉《ほま》れも高く、広宣流布の大師匠に二陣三陣《にじんさんじん》と続きたい。

生命を磨《みが》き抜《ぬ》く

唱題《しょうだい》で金剛不壊《こんごうふえ》の自身に

一念無明《いちねんむみょう》の迷心《めいしん》は磨《みが》かざる鏡《かがみ》なり。これを磨かば、必《かなら》ず法性真如《ほっしょうしんにょ》の明鏡《みょうきょう》と成《な》るべし。深《ふか》く信心《しんじん》を発《おこ》して、日夜朝暮《にちやちょうぼ》にまた懈《おこた》らず磨くべし。いかようにしてか磨くべき。ただ南無妙法蓮華経と唱《とな》えたてまつるを、これをみがく《磨》とはいうなり

（一生成仏抄《いっしょうじょうぶつしょう》、新317頁・全384頁）

【通解】無明《むみょう》という、根本《こんぽん》の迷《まよ》いに覆《おお》われた生命は、磨《みが》いていない鏡《かがみ》のようなものである。これを磨けば、必《かなら》ず本来のあるべき真実《しんじつ》の姿が輝く明鏡《みょうきょう》となる。深く信心を起《お》こして、日夜《にちや》に、朝《あさ》に夕《ゆう》に、また怠《おこた》ることなく磨いていきなさい。では、どのようにして磨くのか。ただ南無妙法蓮華経と唱《とな》えること、これが磨くということである。

「南無妙法蓮華経」の唱題《しょうだい》の意義《いぎ》を説《と》かれた「一生成仏抄《いっしょうじょうぶつしょう》」。だれもが、この身《み》のままで、この一生のうちに必《かなら》ず仏《ほとけ》になれるという「一生成仏」の深義《じんぎ》が明《あ》かされている。

全世界の同志が行学《ぎょうがく》の指針《ししん》として拝《はい》してきた重書《じゅうしょ》である。立宗《りっしゅう》間《ま》もない建長《けんちょう》7年（1255年）ごろに著《あらわ》され、富木常忍《ときじょうにん》に与《あた》えられたとされる。

◇

祈《いの》った瞬間《しゅんかん》から、生命《せいめい》は磨《みが》かれ、光り輝《かがや》く。どんな逆境《ぎゃっきょう》にあろうとも、必ず良い方向へ向かっていく。逆《ぎゃく》に、途中《とちゅう》で祈りをやめてしまえば、生命は無明《むみょう》の曇《くも》りに覆《おお》われてしまう。人生は一瞬《いっしゅん》一瞬、仏と魔《ま》との闘争《とうそう》である。ゆえに日蓮大聖人《にちれんだいしょうにん》は、「深く信心を発《おこ》して」と、無明に立ち向かう「勇気」を促《うなが》され、「日夜朝暮《にちやちょうぼ》にまた懈《おこた》らず」と、信心の「持続《じぞく》」の重要性《じゅうようせい》を教えられたのである。

大聖人は本抄で、人間の生命を「鏡《かがみ》」に譬《たと》えられた。大聖人御在世《ございせ》当時の鏡は、「銅鏡《どうきょう》」が一般《いっぱん》的《てき》であったため、磨かずに放《ほう》っておくと、曇ってしまう。曇った鏡は役《やく》に立たない。だからといって、曇った鏡を捨《す》てて、別のきれいな鏡と取《と》り換《か》えるのではない。どんなに汚《よご》れ、曇った鏡でも、磨けば必ず玉《たま》のような「明鏡《みょうきょう》」になる。

同じく私たちの生命も本来、光り輝く明鏡なのである。御本尊を信じて題目《だいもく》を唱《とな》えていけば、生命が磨かれる。仏界《ぶっかい》の生命が顕《あらわ》れ、福徳《ふくとく》が輝いていく。

池田先生は語られた。「信心の根本《こんぽん》は『祈り』である。自身のこと、友のことを、具体的《ぐたいてき》に祈っていくことである。『慈悲《じひ》』の根本も祈りである。『指導』の根本も祈りである。『指揮《しき》』をとる根本も祈りである。その根本を忘れると、すべて御本尊から外《はず》れた〝策《さく》〟になってしまう」

たゆまぬ唱題で、自身の生命をダイヤモンドのごとく金剛不壊《こんごうふえ》に鍛《きた》え上《あ》げ、あの友、この友の〝生命の鏡〟をも輝かせていくことが、わが青春の誉《ほま》れなのである。

胸中《きょうちゅう》の仏界《ぶっかい》を涌現《ゆげん》

真剣《しんけん》な唱題《しょうだい》が仏性《ぶっしょう》を呼《よ》び起《お》こす

> **我《わ》が己心《こしん》の妙法蓮華経を本尊《ほんぞん》とあがめ奉《たてまつ》って、我が己心中《こしんちゅう》の仏性《ぶっしょう》、南無妙法蓮華経とよ《呼》びよ《呼》ばれて顕《あらわ》れ給《たも》うところを仏《ほとけ》とは云《い》うなり。譬《たと》えば、籠《かご》の中の鳥《とり》な《鳴》けば、空《そら》とぶ鳥のよばれて集《あつ》まるがごとし。空とぶ鳥の集まれば、籠の中の鳥も出《い》でんとするがごとし**
>
> (法華初心成仏抄《ほっけしょしんじょうぶつしょう》、新704頁・全557頁)

【通解】わが己心《こしん》の妙法蓮華経を本尊《ほんぞん》と崇《あが》めたてまつって、わが己心の中の仏性《ぶっしょう》を南無妙法蓮華経と呼び呼ばれて顕《あらわ》れるところを仏《ほとけ》というのである。たとえばカゴの中の鳥《とり》が鳴《な》けば、空《そら》を飛ぶ鳥が呼《よ》ばれて集《あつ》まるようなものである。空を飛ぶ鳥が集まれば、カゴの中の鳥も出ようとするようなものである。

本抄で日蓮大聖人《にちれんだいしょうにん》は、巧《たく》みな譬喩《ひゆ》を通して成仏《じょうぶつ》の原理《げんり》を示され、仏法実践《ぶっぽうじっせん》の無限《むげん》の功徳《くどく》を明《あ》かされている。

◇

「よ《呼》びよ《呼》ばれて」とは、唱題《しょうだい》し、仏性《ぶっしょう》を呼び出すのも自分であり、呼ばれて顕《あらわ》れる仏性も自身の生《せい》命《めい》にある、ということである。内《うち》なる妙法《みょうほう》を確信して題目《だいもく》を唱《とな》えることで、鳥《とり》の声が他の鳥の共鳴《きょうめい》を誘《さそ》うように、わが生命の仏界《ぶっかい》を涌現《ゆげん》することができるのである。

この御文に続けて大聖人は、「**口《くち》に妙法を呼びたてまつれば、わが身の仏性も呼ばれて必《かなら》ず顕れる**」（新７０４頁・全５５７頁、通解）と仰《おお》せである。日々の唱題は、自身の仏界への呼びかけなのだ。

池田先生は、「外《そと》にある御本尊《ごほんぞん》も『妙法蓮華経』。内《うち》なる我《わ》が一心《いっしん》も『妙法蓮華経』。御本尊を〝信ずる〟ことが、同時に、我が身の諸法実相《しょほうじっそう》を悟《さと》る〝智慧《ちえ》〟になっている。『以信代慧《いしんだいえ》（信《しん》を以《もっ》て智慧に代《か》える）』の法門《ほうもん》です」と語られている。

本抄では、さらに唱題の功徳が具体的に説《と》かれる。まず自身の仏性が顕れる。さらに、大梵天《だいぼんてん》王《のう》・帝釈《たいしゃく》天王の仏性も呼び起こされる。三世《さんぜ》の諸仏《しょぶつ》の仏性も呼び起こされる。唱題が諸天《しょてん》も仏菩《ぶつぼ》薩《さつ》をもゆり動かし、私たちを厳然《げんぜん》と護《まも》るのだ。

そして「**仏《ほとけ》にな《成》る道には、我慢《がまん》・偏執《へんしゅう》の心なく南無妙法蓮華経と唱《とな》へ奉《たてまつ》るべきものなり**」（新７０４頁・全５５７頁）と結《むす》ばれている。偏《かたよ》った考えに執着《しゅうちゃく》する心を捨《す》てて、広宣流布《こうせんるふ》のために真剣《しんけん》に題目を唱えていく人は、必ず無量無辺《むりょうむへん》の功徳を受けていけるのである。

日々、題目を勢《いきお》いよく響《ひび》かせ、わが生命に脈打《みゃくう》つ仏の生命を奮《ふる》い起《お》こし、使命の道を勝ち進んでいきたい。

弘教《ぐきょう》の喜《よろこ》び

折伏《しゃくぶく》こそ「最高の思い出」

願《ねが》わくは、「現世《げんぜ》安穏《あんのん》、後生《ごしょう》善処《ぜんしょ》」の妙法《みょうほう》を持《たも》つのみこそ、ただ今生《こんじょう》の名聞《みょうもん》、後世《ごせ》の弄引《ろういん》なるべけれ。すべからく、心《こころ》を一《いつ》にして南無妙法蓮華経と我《われ》も唱《とな》え他《た》をも勧《すす》めんのみこそ、今生人界《こんじょうにんかい》の思《おも》い出《で》なるべき

（持妙法華問答抄《じみょうほっけもんどうしょう》、新519頁・全467頁）

【通解】願《ねが》わくは「現世《げんぜ》は安穏《あんのん》であり、後《のち》には善処《ぜんしょ》に生まれる」と仰《おお》せの妙法《みょうほう》を持《たも》つことのみが、この人生の真《しん》の名誉《めいよ》であり、後《のち》の世《よ》では成仏《じょうぶつ》の手引《てび》きとなるのである。すべからく心を一《ひと》つにして、南無妙法蓮華経と自身も唱《とな》え、他人にも勧《すす》めることこそが、人間として生《う》まれてきた今生《こんじょう》の思い出になるのである。

弘長《こうちょう》3年（1263年）3月、伊豆流罪《いずるざい》から赦免《しゃめん》された直後に著《あらわ》されたと伝えられている。本抄で日蓮大聖人《にちれんだいしょうにん》は、「**あなたが仏《ほとけ》になろうと思うならば、慢心《まんしん》のはたほこ**（軍《ぐん》の指揮《しき》に用《もち》いる旗《はた》）**を倒《たお》し、怒《いか》りの杖《つえ》を捨《す》てて、ひとえに一乗《いちじょう》の法華経《ほけきょう》に帰依《きえ》しなさい**」（新513頁・全463頁、通解）と、縁《えん》に紛動《ふんどう》されることのない純真《じゅんしん》な信心の重要性《じゅうようせい》を教えておられる。

悔《く》いなき人生のために、何をすべきか。大聖人は「南無妙法蓮華経」の題目《だいもく》を「我《われ》も唱《とな》え他《た》をも勧《すす》めん」——すなわち「自行化他《じぎょうけた》」の修行《しゅぎょう》こそ、生涯《しょうがい》の「思い出」になると仰《おお》せである。

◇

人間は、人との「かかわり」のなかで生きている。一人だけで生きられる人はいない。人間の幸・不幸は、出会った人と、どんな関係を築《きず》くかで決まるといっても過言《かごん》ではない。

では、幸福の基盤《きばん》となる人間関係とは何か。それは、共《とも》に成長していける関係であろう。自分の殻《から》に閉《と》じこもっていれば、成長はできない。人生は開けない。

この妙法《みょうほう》を人生の根本《こんぽん》として、真剣《しんけん》に祈《いの》り(=我も唱え)、勇気をもって折伏《しゃくぶく》・弘教《ぐきょう》に挑戦《ちょうせん》する(=他をも勧めん)ことによって、狭《せま》いエゴを打《う》ち破《やぶ》り、自分のみならず、縁《えん》する人々をも幸福へと導《みちび》くことができるのである。

地位《ちい》や名声《めいせい》を得《え》ること自体を目的にして生きる人もいる。だが、結局「**名聞名利《みょうもんみょうり》は今生《こんじょう》だけの飾《かざ》り**」(新513頁・全463頁、通解)に過《す》ぎない。

池田先生は、「この世《よ》に生まれて、一体《いったい》、何人の人を幸福にしたか。何人の人に『あなたのおかげで私は救《すく》われた』と言われる貢献《こうけん》ができたか。人生、最後に残るのは、最後の生命を飾《かざ》るのは、それではないだろうか」と語られている。

きょうもまた、明日もまた、〝最高の思い出〟をつくりゆく日々でありたい。

実践《じっせん》の教学

御書を「身《み》で読む」挑戦《ちょうせん》を

法華経《ほけきょう》を余人《よにん》のよみ《読》候《そうろう》は、口《くち》ばかりことば《言葉》ばかりはよめども心《こころ》はよまず。心はよめども身《み》によまず。色心《しきしん》二法《にほう》共《とも》にあそばされたるこそ貴《たっと》く候《そうら》え

（土籠御書《つちろうごしょ》、新1639頁・全1213頁）

【通解】法華経《ほけきょう》を、他の人が読むのは、口《くち》ばかり、言葉のうえだけでは読んでも、心では読まない。また、心では読んでも、身《み》では読まない。（あなたはこのように難《なん》に遭《あ》って）身と心と共《とも》に読まれたことは、尊《とうと》いことである。

文永《ぶんえい》8年（1271年）10月9日、日蓮大聖人《にちれんだいしょうにん》が50歳の時、相模国《さがみのくに》（現在の神奈川県）依智《えち》の本間《ほんま》邸《てい》から、幕府《ばくふ》の弾圧《だんあつ》によって土牢《つちろう》に閉《と》じこめられた日朗《にちろう》に与《あた》えられた書。

「日蓮は、明日《あす》、佐渡国《さどのくに》へまかる《罷》なり」（新1639頁・全1213頁）――「竜《たつ》の口《くち》の法難《ほうなん》」を経《へ》て、大聖人の佐渡流罪《るざい》が決定する。本抄は、佐渡へ出発される前日に送られたものだが、御自身のことよりも弟子の安否《あんぴ》を気遣《きづか》われる、大聖人の深い慈悲《じひ》が拝《はい》せられる。◇

私たちが御書を研鑽《けんさん》する際《さい》の、根本《こんぽん》の姿勢《しせい》を教えられた一節《いっせつ》として拝したい。

「立正安国論《りっしょうあんこくろん》」御提出《ごていしゅつ》以来、大聖人は、五濁悪世《ごじょくあくせ》の末法《まっぽう》において、法華経《ほけきょう》に説《と》かれる通りの実《じっ》践《せん》を貫《つらぬ》き、法華経に説かれる通りの法難《ほうなん》を受けられた。まさに「色心二法共《しきしんにほうとも》に」仏《ほとけ》の生命を体現《たいげん》されたのである。

本抄の4日前に著《あらわ》された「転重軽受法門《てんじゅうきょうじゅほうもん》」には、**〝紙に書かれた法華経を声に出して読んだとしても、その経文《きょうもん》通りに振《ふ》る舞《ま》うことは難《むずか》しい。**（難に遭《あ》った）**不軽菩薩《ふきょうぼさつ》、覚徳比丘《かくとくびく》らこそ、法華経をわが身《み》に当てて読まれたのだろうと察《さっ》せられる。末法で法華経を身読《しんどく》したのは、日蓮一人である〟**（新1357頁・全1001頁、趣意）と記《しる》されている。

戸田先生は、教学研鑽の姿勢について、「訓詁注釈《くんこちゅうしゃく》のやから（＝字句《じく》の解説のみに没頭《ぼっとう》する人）は私の読み方を笑うかもしれないが、私はまた訓詁注釈を事《こと》とし、ただ暗記《あんき》するのみの者の、大聖人様の熱烈《ねつれつ》なる大精神《だいせいしん》にふれえないことをつねに悲《かな》しむものである」と語られた。

「口《くち》ばかりことば《言葉》ばかり」では生命を変革《へんかく》することはできない。「大聖人の熱烈なる大精神にふれ」、人間革命するためには、わが身を使い、広宣《こうせん》流布《るふ》の行動のなかで御書を読む、すなわち「身《み》で読む」以外にない。

「御書根本」の伝統《でんとう》を継承《けいしょう》し、実践の教学を貫いていきたい。

3章 信心即生活

人生の目的

広布《こうふ》に生《い》き抜《ぬ》く宝《たから》の日々を

世間《せけん》の浅《あさ》きことには身命《しんみょう》を失《うしな》えども、大事《だいじ》の仏法《ぶっぽう》なんどには捨《す》つること難《かた》し。故《ゆえ》に仏《ほとけ》に成《な》る人もなかるべし

（佐渡御書《さどごしょ》、新1285頁・全956頁）

【通解】世間《せけん》の浅《あさ》いことのために身命《しんみょう》を失《うしな》うことはあっても、大事な仏法《ぶっぽう》のために命を捨《す》てることは難《むずか》しい。それゆえ、仏《ほとけ》になる人もいないのである。

日蓮大聖人《にちれんだいしょうにん》が、厳寒《げんかん》の流刑地《るけいち》・佐渡《さど》の塚原《つかはら》から、門下一同《もんかいちどう》に与《あた》えられた御手紙である。文永《ぶんえい》9年（1272年）3月20日、51歳の時の御執筆《ごしっぴつ》。この前月の「開目抄《かいもくしょう》」の内容を簡潔《かんけつ》にまとめられた御書であるともされる。

何ものも恐《おそ》れない「不惜身命《ふしゃくしんみょう》」の信心、勇気ある実践《じっせん》こそ、信仰の真髄《しんずい》であることを教えられた重書《じゅうしょ》である。

◇

人生、いかに生きるべきか。人生、何に命《いのち》を懸《か》けるべきか――。

大聖人は一貫《いっかん》して、法を惜《お》しんで身《み》を惜しまぬ信心、すなわち「不惜身命」の信心を強調《きょうちょう》されている。

この一節《いっせつ》の前には、「**身命にまさるほど惜《お》しいものはないので、この身を布施《ふせ》として仏法《ぶっぽう》を学べば、必《かなら》ず仏《ほとけ》になるのである**」（新1284頁・全956頁、通解）と仰《おお》せである。

もちろん、不惜身命といっても、命を粗末《そまつ》にすることではない。限《かぎ》られた人生の時間を、仏法のため、広宣流布《こうせんるふ》のために使うことである。

同じ一生である。どうせ悩《なや》むのであれば、広宣流布という大目的のために悩みたい。

眼前《がんぜん》の楽しみや欲得《よくとく》ばかりに心を奪《うば》われ、浅い生き方をしてしまえば、振《ふ》り返《かえ》った時に、ちっぽけな、後悔《こうかい》の人生となってしまうにちがいない。大いなる理想に燃《も》えて、自他共《じたとも》の幸福を目指《めざ》す以上の幸福はない。それこそが最高の人生である。

池田先生は語られている。

「一個の人間として、また、一人の信仰者として、どう生《い》き抜《ぬ》くのか。最極《さいごく》の法に生き抜き、不惜身命で戦い抜く信心のなかにこそ、生命が鍛《きた》えられ、金剛不滅《こんごうふめつ》の成仏《じょうぶつ》の境涯《きょうがい》を確立《かくりつ》できる」

今世《こんぜ》の命には限りがある。しかし、その命を「師弟不二《ふに》」の信心で永遠《えいえん》の妙法《みょうほう》に捧《ささ》げ抜けば、三《さん》世《ぜ》永遠に成仏の境涯を確立できるのだ。

価値《かち》ある人生

きょうも意義《いぎ》ある一日を

人身《じんしん》は受《う》けがたし、爪《つめ》の上《うえ》の土《つち》。人身は持《たも》ちがたし、草《くさ》の上の露《つゆ》。百二十まで持《も》って名《な》をく《腐》たして死《し》せんよりは、生《い》きて一日なりとも名《な》をあ《上》げんことこそ大切《たいせつ》なれ

（崇峻天皇御書《すしゅんてんのうごしょ》、新1596頁・全1173頁）

【通解】人間に生まれることは難《むずか》しく、爪《つめ》の上の土《つち》のようにまれである。人間として命を持《たも》つことは難しく、草《くさ》の上の露《つゆ》のようにはかない。120歳まで生きて、悪い評判《ひょうばん》を残《のこ》して一生《いっしょう》を終わるよりは、生きて一日でも名をあげることこそ大切《たいせつ》である。

建治《けんじ》3年（1277年）9月11日、四条金吾《しじょうきんご》に与《あた》えられた御消息《ごしょうそく》である。金吾は当時、周囲《しゅうい》の妬《ねた》みによって、身《み》の危険《きけん》にさらされている苦境《くきょう》にあった。

日蓮大聖人《にちれんだいしょうにん》は、崇峻天皇《すしゅんてんのう》が短気《たんき》によって身を滅《ほろ》ぼした故事《こじ》を示《しめ》され、金吾自身が短気な性格《せいかく》を自覚《じかく》し、一日一日を賢明《けんめい》に振《ふ》る舞《ま》うよう指導された。

◇

人生には、八方《はっぽう》ふさがりのように思える時がある。本抄をいただいた時の金吾が、まさにそうだった。大聖人は、決して信仰を捨《す》てることなく、〝今こそ名をあげよ〟と励《はげ》まされた。愛弟子《まなでし》に、使命の地で勝利の旗《はた》を打ち立てることを願《ねが》われたのである。

「**極楽《ごくらく》百年の修行《しゅぎょう》は穢土《えど》の一日の功《く》に及《およ》ばず**」（報恩抄《ほうおんしょう》、新261頁・全329頁）とも仰《おお》せのように、この現実生活における毎日の善行（仏道修行）が生む功徳《くどく》は計《はか》り知れない。きょう、広宣流布《こうせんるふ》のために何ができたのか。明日《あす》、何ができるのか。仏法《ぶっぽう》の偉大《いだい》さを知りながら、広宣流布のために思う存分《ぞんぶん》戦わなければ、悔《く》いを残《のこ》す。日々、価値《かち》を創造《そうぞう》せよ――池田先生は、ご自身の心情《しんじょう》を語られた。

「『一日』が宝《たから》である。いな、『一瞬《いっしゅん》一瞬』が、かけがえのない宝なのだ。

今、1時間があれば、どんなに多くの友を励《はげ》ませるだろうか。遺言《ゆいごん》の思いでスピーチも残せる。今、30分があれば、どれだけ有意義《ゆういぎ》な語らいができるだろうか。

この5分があれば、必死《ひっし》のあの同志、この同志に揮毫《きごう》を残してあげられる。この1分があれば、苦闘《くとう》のあの友に伝言《でんごん》を託《たく》すことができる。この1秒があれば、目であいさつできる。

だから、私は決めたのだ！

意義《いぎ》ある一日一日を生きるのだ！　『今』を生き抜《ぬ》き、断《だん》じて勝つのだ！」

人生の価値は「どれだけ生きたか」ではなく、「どう生きたか」で決まる。この一瞬一瞬を勝ち、最高の価値ある人生を生きていきたい。

仏法《ぶっぽう》は「生命《せいめい》の哲学《てつがく》」

教学《きょうがく》が人生の「骨格《こっかく》」をつくる

八万四千の法蔵《ほうぞう》は我《わ》が身《み》一人《いちにん》の日記文書《にっきもんじょ》なり
（三世諸仏総勘文教相廃立《さんぜしょぶつそうかんもんきょうそうはいりゅう》、新713頁・全563頁）

【通解】八万四千の法蔵《ほうぞう》（仏の説いた教え。経典）は、わが身《み》一人の日記の文書《ぶんしょ》である。

釈尊《しゃくそん》の説《と》いた膨大《ぼうだい》な経典《きょうてん》は、すべて「我《わ》が身《み》一人《いちにん》の日記文書《にっきもんじょ》なり」と言われ、仏法《ぶっぽう》は、一人の人間の生命に宿《やど》る、苦悩《くのう》のすべてを解決する生命論《せいめいろん》であることを教えられている。

◇

「生老病死《しょうろうびょうし》」の四苦《しく》をはじめ、人生にはさまざまな苦《くる》しみがある。その苦悩や煩悩《ぼんのう》との、たゆまざる闘争《とうそう》のなかで生《い》き抜《ぬ》き、勝ち抜いてこそ、自身の夢《ゆめ》が実現し、幸福も確立《かくりつ》できる。

日蓮大聖人《にちれんだいしょうにん》は、仏教の一代聖教《いちだいしょうぎょう》（八万四千の法蔵《ほうぞう》）は〝**すべてことごとく、一人の人間の身中《しんちゅう》について説かれた法門《ほうもん》である**〟（新713頁・全563頁、趣意）とされ、ゆえに〝私自身の日記である〟と仰《おお》せになられた。

つまり、仏法はだれにでも例外《れいがい》なく当てはまる真理《しんり》であり、必然的《ひつぜんてき》に〝仏法は全部、あなたのために説かれた教えなのですよ〟という生命の真実《しんじつ》を教えておられるのだ。

勝利の人生譜《じんせいふ》を綴《つづ》るのも、敗北《はいぼく》の自分史《じぶんし》を刻《きざ》んでしまうのも、結局は自分自身の一念《いちねん》の集積《しゅうせき》にほかならない。

仏法という最高峰《さいこうほう》の生命哲学《せいめいてつがく》を根本《こんぽん》にして、宿命《しゅくめい》に立ち向かう時、強固《きょうこ》な信心の「骨格《こっかく》」ができ上がる。そして、この現実の人生そのものが、わが生命の勝利を綴る「最高の日記」となるのだ。

「苦しい時こそ御書を拝《はい》せ」と言われるのは、自分自身に内在《ないざい》する偉大《いだい》な力《ちから》を〝再確認《さいかくにん》〟できるからである。深い悩《なや》みを抱《かか》えた人ほど、御書を深く拝することができる。

池田先生は指導された。

「戸田先生は、よく言われていた。『わかる』ことより『かわる』ことだと。たとえ八万法蔵《はちまんほうぞう》が『わかった』としても、自分が人間革命しなければ、何にもならない。人間革命するための教学《きょうがく》です。信心を強くするための教学です」

病気、家庭の不和《ふわ》、仕事、経済苦《けいざいく》――どんな宿命の嵐《あらし》にも、怯《ひる》まずに立ち向かい、祈《いの》り、学び、動く――これこそが、創価の師弟を貫《つらぬ》く「戦《たたか》う教学」であり、自分自身の生命を輝《かがや》かせる「実践《じっせん》の教学」である。

月々日々《つきづきひび》に前進

一日一日が成長のチャンス

月々日々《つきづきひび》につより（強）給《たま》え。すこしもたゆむ（弛）心《こころ》あらば、魔《ま》たより（便）をうべし（得）

（聖人御難事《しょうにんごなんじ》、新1620頁・全1190頁）

【通解】月々日々《つきづきひび》に信心を奮《ふる》い起《お》こしていきなさい。少しでもたゆむ心があれば、魔《ま》がそれをたより（＝きっかけ）にして襲《おそ》ってくるであろう。

日蓮大聖人《にちれんだいしょうにん》の門下《もんか》を襲《おそ》った「熱原《あつはら》の法難《ほうなん》」の渦中《かちゅう》に著《あらわ》された御手紙で、弘安《こうあん》2年（1279年）10月1日、58歳の時の御執筆《ごしっぴつ》。

だれもが胸中《きょうちゅう》に持っている「師子王《ししおう》の心」を取り出し、日々《ひび》、恐《おそ》れることなく戦うよう、門下一《いち》同《どう》を励《はげ》まされている。

◇

「日々前進《ぜんしん》」こそ、日蓮仏法《ぶっぽう》の魂《たましい》である。過去《かこ》にとらわれ、前に進まなければ、何も変わらない。未来を恐れて足踏《あしぶ》みしてしまえば、成長はない。

牧口先生の座右《ざゆう》の銘《めい》も、「苟《まこと》に日《ひ》に新《あら》たに、日日《ひび》に新たに、又《また》日に新たなれ」（『大学・中庸』金谷《かなや》治《おさむ》訳注《やくちゅう》、岩波文庫）であった。中国の古典『大学《だいがく》』に出てくるこの言葉は、殷王朝《いんおうちょう》を開いた湯王《とうおう》の故事《こじ》に由来《ゆらい》する。湯王は、毎日、沐浴《もくよく》の時に使う器《うつわ》に、自《みずか》らを戒《いまし》める思いでこの言葉を刻《きざ》んだという。この創立《そうりつ》の心を忘れた時、殷王朝は滅亡《めつぼう》した。

「もう、これくらいでいいだろう」という「たゆむ《弛》心」があれば、その心の隙《すき》を突《つ》いて、魔《ま》は容《よう》赦《しゃ》なく襲《おそ》いかかってくる。「三障四魔《さんしょうしま》」とあるように、魔は、さまざまな形で現《あらわ》れ、信心を妨《さまた》げる。油断《ゆだん》は大敵《たいてき》である。

池田先生は、この御文《ごもん》を拝《はい》し、「この一句《いっく》こそ、『信心』の精髄《せいずい》です」と言われた。

さらに、「昨日《きのう》よりも今日《きょう》、今日よりも明日《あす》。瞬間《しゅんかん》瞬間、今が戦う時です。今、この時が、魔との闘争《とうそう》だからこそ、『つよる心』を忘れたら、魔が付け込《こ》んでくるのです」とも。

一瞬《いっしゅん》一瞬が、仏《ほとけ》と魔との戦いである。「月々日々《つきづきひび》につよる《強》」信心を奮《ふる》い起《お》こして進む一歩《いっぽ》一歩が、勝利への道を大きく開く。

人と比《くら》べてどうかではない。毎日が自分自身との戦いだ。一日一日が、成長のチャンスなのである。

きょう一日の前進は、明日の勝利へと続く。たとえ一歩でも、1ミリでも、前へ、前へと進む人が勝つ。「日々前進」「生涯《しょうがい》前進」を胸《むね》に刻みたい。

成仏《じょうぶつ》は持《たも》つにあり

苦難《くなん》の時こそ信心を貫《つらぬ》け

この経《きょう》をきき《聞》う《受》くる人《ひと》は多《おお》し。まことに聞《き》き受《う》くるごとくに大難来《だいなんきた》れども憶持不忘《おくじふもう》の人は希《まれ》なるなり。受《う》くるはやすく《易》、持《たも》つはかたし《難》。さるあいだ、成仏《じょうぶつ》は持つにあり。この経を持たん人は難《なん》に値《あ》うべしと心得《こころえ》て持つなり

（四条金吾殿御返事《しじょうきんごどののごへんじ》、新1544頁・全1136頁）

【通解】法華経《ほけきょう》を聞いて受持《じゅじ》する人は多い。しかし、聞き受けた通りに、実際《じっさい》に大難《だいなん》が来ても、法華経を常に憶《おも》い持《たも》って忘れない人は、まれである。受けることはやさしいが、持ち続けることは難《むずか》しい。しかしながら、成仏《じょうぶつ》は持ち続けることにある。この法華経（御本尊《ごほんぞん》）を持つ人は、必《かなら》ず難《なん》に遭《あ》うのだと心得《こころえ》て持つべきである。

「此経難持《しきょうなんじ》の事《こと》」との別名のように、法華経《ほけきょう》を受持《じゅじ》する人は難《なん》に遭《あ》うので、信心を貫《つらぬ》けば必《かなら》ず成《じょう》仏《ぶつ》できるとの原理を示された御手紙。文永《ぶんえい》12年（1275年）3月6日、日蓮大聖人《にちれんだいしょうにん》が54歳の時に身延《みのぶ》で著《あらわ》された。当時、四条金吾《しじょうきんご》は主君《しゅくん》や同僚《どうりょう》から怨《あだ》まれるなど、苦難《くなん》に直面《ちょくめん》していた。

◇

剛毅《ごうき》な金吾が、つい弱音《よわね》を吐《は》いた。

「**法華経を持《たも》つ者は『現世《げんぜ》は安穏《あんのん》で後《のち》には善《よ》い処《ところ》に生まれる』と聞いて信心をしてきたのに、どうして自分には、大難《だいなん》が雨のように降《ふ》りかかってくるのだろうか**」（新1544頁・全1136頁、通解）と。

大聖人は、金吾に対し、「求羅《ぐら》」の譬《たと》えなどを引かれる。求羅は想像上の虫《むし》で、その身《み》は極《きわ》めて小さいが、風《かぜ》を受けると非常に大きくなり、一切《いっさい》を飲《の》み込《こ》むという。大聖人はこの御手紙の中で「**大風《おおかぜ》吹《ふ》けば求羅は倍増《ばいぞう》するなり**」（新1545頁・全1136頁）と仰《おお》せになり、法華経の行者《ぎょうじゃ》にとって、「大難」こそ「求羅」にとっての自分自身を倍増させる「大風」であると示されている。

法華経の行者は、大難と戦えば戦うほど、ますます生命力が増《ま》し、強くなる。福運《ふくうん》も増す。一切を変毒為薬《へんどくいやく》しながら、自身を大きくし、大境涯《だいきょうがい》を開いていける。だからこそ大聖人は、「難に値《あ》うべしと心得《こころえ》て持《たも》つなり」と、金吾に覚悟《かくご》の信心を促《うなが》された。

「金吾は、『大聖人に直結《ちょっけつ》』していたからこそ、信心を貫き、勝利することができた。苦難のたびに、いただいた御書を拝《はい》しては、勇気と確信を新《あら》たにしたであろう。そして仰せの通りに実践《じっせん》することによって、自身の大難をも乗り越えた。他の門下《もんか》も同様《どうよう》であろう」と、池田先生は語られている。

「成仏は持つにあり」である。難を乗り越えて、信心を貫いていくところに成仏がある。いかなる難が競《きそ》い起《お》ころうとも、師匠に直結して祈《いの》り、戦えば、恐《おそ》れるものは何もないのだ。

持続《じぞく》の信心

「日々《ひび》挑戦《ちょうせん》」「日々発心《ほっしん》」

法華経《ほけきょう》の信心《しんじん》をとおし（通）給《たま》え。火《ひ》をきる（切）に、やす（休）みぬれば火をえ（得）ず

（四条金吾殿御返事《しじょうきんごどのごへんじ》、新1522頁・全1117頁）

【通解】法華経《ほけきょう》の信心を貫《つらぬ》き通《とお》しなさい。火《ひ》を起《お》こすのに、途中《とちゅう》で休《やす》んでしまえば火は得《え》られない。

日蓮大聖人一門《にちれんだいしょうにんいちもん》への厳《きび》しい弾圧《だんあつ》が続くなか、門下《もんか》の中心的存在として、矢面《やおもて》に立って戦う四条《しじょう》金吾《きんご》は、佐渡《さど》の大聖人のもとを訪《おとず》れた。大聖人は、法華経《ほけきょう》の行者《ぎょうじゃ》として折伏《しゃくぶく》の闘争《とうそう》を繰《く》り広げる金吾を心から称賛《しょうさん》されている。

◇

当時、人々は「火鑽《ひき》り」といわれる方法で火を起《お》こしていた。これは、よく乾燥《かんそう》したスギなどを台木《だいぎ》とし、木の棒《ぼう》を当てて激《はげ》しくもみ合わせて火を起こすのである。

御文《ごもん》の「火をきる」との表現は、ここから来ている。この作業《さぎょう》は、発火《はっか》するまで手を休めることはできない。途中《とちゅう》でやめてしまえば、最初からやり直しである。

何事《なにごと》も途中で手を抜《ぬ》いたり、「自分は、もうこれ以上できない」と、あきらめてしまったら、目標《もくひょう》を達成《たっせい》することはできない。

信心も同じだ。いかなる苦難《くなん》にも退《しりぞ》かず、粘《ねば》り強く行学《ぎょうがく》の二道《にどう》に励《はげ》んでこそ、一生成仏《いっしょうじょうぶつ》と広宣《こうせん》流布《るふ》という私たちの究極《きゅうきょく》の目標を達成できる。「持続《じぞく》」こそ、勝利の要諦《ようてい》である。

四条金吾に宛《あ》てられた別の御手紙には、「**始《はじ》めも、途中も、最後も、一貫《いっかん》して妙法《みょうほう》を捨《す》てず、大難《だいなん》にも信仰を貫《つらぬ》く人は、如来《にょらい》の使《つか》いである**」（新１６１６頁・全１１８２頁、通解）とある。大聖人は、生涯《しょうがい》にわたって信心を貫き通すことの重要性《じゅうようせい》を、繰《く》り返《かえ》し教《おし》えられているのである。

池田先生は、「持続の信心」について次のように綴《つづ》られている。

「持続というのは、ただ、昨日《きのう》と同じことをしていればよいのではありません。『日々挑戦《ひびちょうせん》』『日々発心《ほっしん》』ということです。

信心とは、間断《かんだん》なき魔《ま》との闘争であり、仏《ほとけ》とは戦い続ける人のことです。その戦いのなかにこそ、自身《じしん》の生命の輝《かがや》きがあり、黄金《おうごん》の人生があることを知っていただきたい」

競《きそ》い起《お》こる魔との連続闘争――「日々挑戦」「日々発心」の持続の信心が、自身の境涯《きょうがい》を無限《むげん》に開きゆくのだ。

最後の勝利へ

わが人生の完勝《かんしょう》へ戦い抜《ぬ》け

> **始《はじ》めより終《お》わりまで、いよいよ信心《しんじん》をいたすべし。さなくして、後悔《こうかい》やあらんずらん。譬《たと》えば、鎌《かま》倉《くら》より京《きょう》へは十二日の道《みち》なり。それを十一日余《あま》り歩《あゆ》みをはこび《運》て、今《いま》一日に成《な》って歩みをさし《差》おき《置》ては、何《なん》として都《みやこ》の月《つき》をば詠《なが》め候《そうろう》べき**
>
> （新池《にいけ》御書《ごしょ》、新２０６３頁・全１４４０頁）

【通解】始《はじ》めから終《お》わりまで、いよいよ信心を貫《つらぬ》くべきである。そうでなければ後悔《こうかい》するであろう。たとえば、鎌倉《かまくら》から京都《きょうと》へは12日を要《よう》する道のりである。それを11日あまり歩いて、あと1日になって歩くのをやめてしまったならば、どうして都《みやこ》の月を詠《えい》ずることができようか。

「始《はじ》めより終《お》わりまで」強盛《ごうじょう》の信心を貫《つらぬ》くよう強調《きょうちょう》された本抄の一節《いっせつ》は、広宣流布《こうせんるふ》の幾多《いくた》の実践《じっせん》で、同志が心に刻《きざ》んできた御金言《ごきんげん》である。弘安《こうあん》3年（１２８０年）2月、日蓮大聖人《にちれんだいしょうにん》が59歳の時、身延《みのぶ》で著《あらわ》され、新池《にいけ》殿に与《あた》えられたとされる。

◇

信心は一生をかけた勝負である。ゆえに、何があろうとも最後の勝利を目指《めざ》して、「さあ、これからだ！」と、常《つね》にはつらつと前進していくことである。

大聖人の御在世《ございせ》当時、鎌倉《かまくら》から京都《きょうと》へは約12日の道のりであった。11日間、いくら懸命《けんめい》に歩いてきても、そこで止《と》まってしまえば、すべてが水の泡《あわ》である。ただ後悔《こうかい》だけが残る。人生も同じだ。いかに頑張《がんば》ったとしても、過去《かこ》の実績《じっせき》を誇《ほこ》って慢心《まんしん》に陥《おちい》ったり、逆《ぎゃく》に自分の努力が報《むく》われないと不満《ふまん》を抱《いだ》き、途中で前進するのをやめてしまえば、結局は敗北《はいぼく》である。大聖人御自身、53歳で身延に入られた後も、8年4カ月の間に、残されているだけでも約300編《へん》にのぼる御書を執筆《しっぴつ》され、門下《もんか》一人一人を激励《げきれい》。御入滅《ごにゅうめつ》の前にも「立正安国論《りっしょうあんこくろん》」を講義《こうぎ》されるなど、生涯《しょうがい》、広宣流布の闘争《とうそう》を続けられた。

池田先生は、小説『新・人間革命』で烈々《れつれつ》たる決意を次のように綴《つづ》られている。

「牧口先生は、高齢《こうれい》の身《み》で、牢獄《ろうごく》にあっても戦い続け、仏法《ぶっぽう》の正義を叫《さけ》び抜《ぬ》かれました。私も、牧口先生のように、70になろうが、80になろうが、命《いのち》ある限《かぎ》り、動きに動きます。語りに語ります。書きに書き、叫びに叫びます。足腰《あしこし》が立たなくなっても、正義を書きつづる手《て》があります。手が動かなくなっても、仏法を語る口《くち》があります。また、御本尊《ごほんぞん》を見つめ、御書を拝《はい》する目《め》があります。命の尽《つ》きる瞬間《しゅんかん》まで、這《は》ってでも、戦って、戦って、戦って、戦い抜いていきます。私は、その決意です。見ていてください。そこに、仏道《ぶつどう》が、わが人生の完勝《かんしょう》があるからです」

「戦い続ける人」が仏《ほとけ》である。師匠と共《とも》に、生涯、広宣流布の大道《だいどう》を歩み抜きたい。

水《みず》の信心

沸騰《ふっとう》する〝熱湯《ねっとう》の信心〟で進め

あるいは火《ひ》のごとく信《しん》ずる人《ひと》もあり、あるいは水《みず》のごとく信ずる人もあり。聴聞《ちょうもん》する時《とき》はもえ《燃》たつばかりおも《思》えども、とお《遠》ざかりぬればす《捨》つる心《こころ》あり。水のごとくと申《もう》すは、いつもたい《退》せず信ずるなり

（上野殿御返事《うえのどのごへんじ》、新1871頁・全1544頁）

【通解】火《ひ》が燃《も》えるように信ずる人もあり、あるいは水《みず》が流れるように信ずる人もいる。仏法《ぶっぽう》の話を聞いた時には、火が燃え上がるように信心をしようと思っても、遠《とお》ざかると信心を捨《す》てようとする心が起《お》きてしまうものである。水のような信心というのは、水の流れが絶《た》えないのと同じように、常《つね》に後退《こうたい》することなく信心に励《はげ》むことをいうのである。

建治《けんじ》4年（1278年）2月25日、日蓮大聖人《にちれんだいしょうにん》が57歳の時、身延《みのぶ》で著《あらわ》され、20歳の青年門下《もんか》・南《なん》条時光《じょうときみつ》に与《あた》えられたとされる。里芋《さといも》や串柿《くしがき》等を供養《くよう》した時光に対し、法華経《ほけきょう》に供養した功徳《くどく》の偉大《いだい》さを述《の》べられ、さらなる前進と勝利を願《ねが》い、励《はげ》まされている。

◇

南条時光は、「熱原《あつはら》の法難《ほうなん》」や、さまざまな弾圧《だんあつ》にも屈《くつ》することなく、清《きよ》らかな信仰と勇敢《ゆうかん》な実《じつ》践《せん》を貫《つらぬ》いた〝本物の弟子〟である。大聖人の御入滅後《ごにゅうめつご》も、日興上人《にっこうしょうにん》を護《まも》り抜《ぬ》き、広宣流布《こうせんるふ》のために戦い抜いた。その原点の一つが、青年時代に受けた「水《みず》のごとく」との指針《ししん》であっただろう。

「火《ひ》の信心」「水の信心」という言葉がある。

どんなに燃《も》えるような熱い決意をしたとしても、時が経《た》つと火が消えるように退転《たいてん》してしまったのでは意味がない。「火の信心」という、一時的には強盛《ごうじょう》にみえても、ともすれば縁《えん》に紛動《ふんどう》されてしまう弱い信心では、魔《ま》に負けてしまうのだ。

これに対して「水の信心」とは、縁に紛動されない不断《ふだん》の前進、持続《じぞく》を貫く姿勢《しせい》である。滔々《とうとう》と流れる川の流れが、次第《しだい》に大河《たいが》となり、そして大海《たいかい》へと続いていくように、何があっても前進し続ける「持続の信心」のことである。

悩《なや》みや問題を解決するには、長い時間がかかる場合もある。ゆえに、粘《ねば》り強く、最後に勝つまで戦い続ける「水の信心」が肝要《かんよう》である。生涯《しょうがい》にわたる信心の土台《どだい》を青年時代に盤石《ばんじゃく》にし、何があっても微動《びどう》だにしない、富士のごとき自己を築《きず》き上げたい。

戸田先生は語られた。

「水の信心というけれども、水も、時と条件によっては、沸騰《ふっとう》することもあるのだ。革命児《かくめいじ》は、ただの平穏《へいおん》な、ゆっくりした生活を夢《ゆめ》見るようでは、成長できなくなるだろう」と。

熱き信心の情熱を、絶《た》え間《ま》なくたぎらせる〝熱湯《ねっとう》の信心〟こそ、創価の革命児の闘魂《とうこん》である。

創価の誇《ほこ》り

自分の信心に傷《きず》をつけるな

一生《いっしょう》はゆめ《夢》の上《うえ》、明日《あす》をご《期》せず。いかなる乞食《こつじき》にはなるとも、法華経《ほけきょう》にきず《瑕》をつけ給《たも》うべからず
（四条金吾殿御返事《しじょうきんごどのごへんじ》、新1583頁・全1163頁）

【通解】人間の一生は夢《ゆめ》の上の出来事《できごと》のように、はかないもので、明日の命《いのち》もわからないものである。たとえ、どんな乞《こ》食《じき》になったとしても、法華経《ほけきょう》に傷《きず》をつけてはならない。

建治《けんじ》3年（1277年）7月、四条金吾《しじょうきんご》は最大の苦難《くなん》に直面《ちょくめん》していた。ある法論《ほうろん》に同席《どうせき》した後《あと》、〝金吾が説法《せっぽう》の場《ば》に押しかけ、暴力《ぼうりょく》をふるった〟という事実無根《じじつむこん》のデマを流され、それを理由に、主君《しゅくん》の江間氏《えまし》から〝法華経《ほけきょう》の信仰を捨《す》てよ〟と起請文《きしょうもん》（＝誓約書《せいやくしょ》）を書くよう命令《めいれい》されたのである。しかし金吾はこれを拒否《きょひ》。所領没収《しょりょうぼっしゅう》の危険《きけん》もあるなか、日蓮大聖人《にちれんだいしょうにん》の弟子として信仰を貫《つらぬ》く。

大聖人は金吾のこの決意を喜《よろこ》ばれ、「**日蓮の道**（法華弘通《ほっけぐつう》の道）**を助けようとして、上行菩薩《じょうぎょうぼさつ》があなたの御身《おんみ》に入りかわられたのだろうか**」（新1583頁・全1163頁、通解）等と讃嘆《さんたん》された。

◇

「いかなる乞食《こつじき》には……」の御文の意義《いぎ》について池田先生は、「今でいえば、何があろうと、自分の『信心』に傷《きず》をつけてはならない、学会員としての『誇り』をもち、『襟度《きんど》』をもって、立派《りっぱ》に生きよ、理想に生きよ、広宣流布《こうせんるふ》に生きよ、ということになろう」と指導されている。

大聖人は、続けて金吾を励《はげ》まされた。「**少しもへつらわずに振《ふ》る舞《ま》い、語っていきなさい。へつらうようなことがあれば、かえって**（状況《じょうきょう》は）**悪《わる》くなるであろう。たとえ所領を没収され、**（主君に）**追い出されても、それは十羅刹女《じゅうらせつにょ》**（諸天善神《しょてんぜんじん》）**の御計《おんはか》らいであろうと思って、深く信をとり、諸天《しょてん》にゆだねていきなさい**」（新1583頁・全1164頁、通解）

信心を貫いたゆえに起きた難《なん》に対しては、絶対に卑屈《ひくつ》な態度《たいど》をとってはならない。不屈《ふくつ》の信念で、毅然《きぜん》と振る舞うのだと教えられたのである。

その後、金吾は正義が証明《しょうめい》され、信頼を回復。新たに領地《りょうち》が増《ま》すという功徳《くどく》の実証《じっしょう》を示した。

池田先生は、この金吾の戦いを通し、「信心の途上《とじょう》で起こってくる苦難は、すべて意味がある。時がたち、長い目で見ていけば『なるほどそうだったのか』『このためにあったのか』と、必《かなら》ずわかるものである。ゆえに目先《めさき》の出来事《できごと》に一喜一憂《いっきいちゆう》する必要はない。永遠《えいえん》に続く嵐《あらし》はないように、永遠に続く苦難はない」と指導された。

私たちもまた金吾のごとく、どんな苦難に直面しても、「自分の信心はすこしも傷つけてなるものか」と、わが人生を堂々《どうどう》と、誇り高く生きたい。

心こそ大切《たいせつ》

「信心」の深さが人生を決める

ただ心《こころ》こそ大切《たいせつ》なれ。いかに日蓮《にちれん》いのり《祈》申《もう》すとも、不信《ふしん》ならば、ぬれ《濡》たるほくち《火口》に火《ひ》をうちかく《打掛》るがごとくなるべし。はげみ《励》をなして強盛《ごうじょう》に信力《しんりき》をいだ《出》し給《たも》うべし

（四条金吾殿御返事《しじょうきんごどののごへんじ》、新1623頁・全1192頁）

【通解】ただ心こそ大切《たいせつ》である。どれほど日蓮があなたのことを祈《いの》っても、あなた自身にこの仏法《ぶっぽう》への不信《ふしん》があれば、濡《ぬ》れている火口《ほくち》（火を移《うつ》し取《と》る材料《ざいりょう》）に火をつけようとするようなものである（結局《けっきょく》、無駄《むだ》になる）。自分自身を励《はげ》まして、強盛《ごうじょう》に信力《しんりき》を出していきなさい。

四条金吾《しじょうきんご》は、長年《ながねん》の苦闘《くとう》を経《へ》て主君《しゅくん》の信頼を回復《かいふく》。領地《りょうち》も新たに増やされた。しかし何者《なにもの》かに襲《おそ》われる事件《じけん》が起《お》こった――。危《あや》うく難《なん》を切り抜《ぬ》けられたものの、いまだ命《いのち》を狙《ねら》われている金吾に対して、日蓮大聖人《にちれんだいしょうにん》が送られた御消息《ごしょうそく》である。

◇

この一節《いっせつ》に続けて〝強敵《ごうてき》に遭《あ》いながら命を永《なが》らえたのは、全《まった》く御本尊《ごほんぞん》の不思議《ふしぎ》な功力《くりき》と思いなさ

い〟（新1623頁・全1192頁、趣意）と仰《おお》せである。「信」の深さが人生の深さを決める。御本尊の仏力《ぶつりき》・法力《ほうりき》も、自身の信力《しんりき》・行力《ぎょうりき》によって顕《あらわ》れる。

また、私たちは、「心こそ大切《たいせつ》」の一節から、「師弟不二《ふに》の信心」の重要性《じゅうようせい》を学びたい。

大聖人は、夫《おっと》の阿仏房《あぶつぼう》を大聖人のもとに送り出した高齢《こうれい》の千日尼《せんにちあま》に対して、「**お顔《かお》を見たからといって、何になるでしょう。心こそ大切なのです**」（千日尼御前御返事《せんにちあまごぜんごへんじ》、新1746頁・全1316頁、通解）と仰せである。千日尼の姿《すがた》こそ見えないが、心は大聖人のもとに来ているのと同じであると、その志《こころざし》を讃《たた》え、温《あたた》かく励《はげ》まされている。

大聖人にお会いしたかどうか、直接、指導をうかがったかどうか、そのような形式《けいしき》で、「信心」は決まらない。大聖人の側近《そっきん》だった五老僧《ごろうそう》は、大聖人に違背《いはい》した。たとえ師と遠く離《はな》れていたとしても、千日尼のような清《きよ》らかで強盛《ごうじょう》な信心を貫《つらぬ》いた門下《もんか》のほうが、「心」はどれほど師に近かったか。心は、なかんずく信心の「一念《いちねん》」は、悠々《ゆうゆう》と〝距離《きょり》〟を超《こ》え、〝時間〟をも超えるのである。

師がいくら祈《いの》っても、弟子が師に心を合わせなければ意味がない――この根本《こんぽん》の法則《ほうそく》について大聖人は、「**願いが叶《かな》うか叶わないかは、**（あなたの）**御信心によるのです。全く日蓮のせいではない**」（日厳尼御前御返事《にちごんあまごぜんごへんじ》、新2135頁・全1262頁、通解）等々、繰《く》り返《かえ》し厳愛《げんあい》の指導を綴《つづ》られている。

師匠は、常に弟子のために心を砕《くだ》いている。その心に、弟子がどう応《こた》えるかだ。広宣流布《こうせんるふ》に邁進《まいしん》する「師弟一体の祈り」は、弟子の真剣《しんけん》な一念と行動によって初めて成就《じょうじゅ》することを、胸に刻《きざ》みたい。

地域広布《ちいきこうふ》

自分のいる場所を「宝土《ほうど》」に

その国《くに》の仏法《ぶっぽう》は貴辺《きへん》にまか《任》せたてまつり候《そうろう》ぞ。「仏種《ぶっしゅ》は縁《えん》より起《お》こる。この故《ゆえ》に一乗《いちじょう》を説《と》く」なるべし

（高橋殿御返事《たかはしどのごへんじ》、新1953頁・全1467頁）

【通解】その国の仏法流布《ぶっぽうるふ》は、あなたにお任《まか》せする。仏種《ぶっしゅ》は縁《えん》によって起《お》こる。このゆえに、一乗《いちじょう》（法華経《ほけきょう》）の法を説《と》くのである。

日蓮大聖人《にちれんだいしょうにん》は、この御書を送られた門下《もんか》に対して、その国、その地域《ちいき》の広宣流布《こうせんるふ》の推進《すいしん》を託《たく》されている。仏種《ぶっしゅ》は縁《えん》によって起《お》こるとあるように、一人一人の地道な対話によって、地域広布《こうふ》は着《ちゃく》実《じつ》に進められていくのである。

◇

「広宣流布」の基盤《きばん》は、「地域広布」である。今いる地域で一人立ち、一人また一人と信頼を広げる挑戦である。日蓮大聖人は一門下に、その指揮《しき》を〝あなたにお任《まか》せする〟と託された。大聖人は佐渡《さど》の阿仏房《あぶつぼう》に対しても「（あなたは）**北国《ほっこく》の導師《どうし》ともいうべきである**」（阿仏房御書《あぶつぼうごしょ》、新1733頁・

全1304頁、通解）と励《はげ》まされた。一人一人の弟子に「地域広布の主体者《しゅたいしゃ》」との自覚《じかく》を促《うなが》されたのである。

また本抄では、「仏種《ぶっしゅ》（＝成仏《じょうぶつ》の種子《しゅし》）は〈妙法を語るという〉縁《えん》より起《お》こる」と仰《おお》せである。仏種はだれ人も持っているが、その仏種を育《はぐく》むきっかけとなる「縁」の働《はたら》きこそが重要《じゅうよう》となってくる。法を語り、弘《ひろ》める人々の活躍があって、初《はじ》めて地域は変革《へんかく》され、輝《かがや》いてくる。

ゆえに、「**心の一法《いっぽう》より国土世間《こくどせけん》も出来《しゅったい》することなり**」（三世諸仏総勘文教相廃立《さんぜしょぶつそうかんもんきょうそうはいりゅう》、新713頁・全563頁）との方程式《ほうていしき》通り、どこまでも一人の真剣《しんけん》な祈《いの》りと行動によって、今いる場所を宝土《ほうど》としていくことができるのである。

池田先生は、「広宣流布を進める一念《いちねん》」の重要性について、烈々《れつれつ》と語られた。

「例《たと》えば、わが地域に人材《じんざい》がいないと嘆《なげ》く前に、まず祈るのです。広宣流布は御仏意《ごぶっち》です。仏事《ぶつじ》です。仏《ほとけ》の業《ぎょう》です。ならば、どの地にも『地涌《じゆ》の菩薩《ぼさつ》』を大聖人が派遣《はけん》してくださらないわけがない。人材がいないのではなく、『見えない』だけです。本気になって祈るのです。また『自分が全責任《ぜんせきにん》を担《にな》っていくのだ』と一人立つことです。その一念に呼応《こおう》して、人材が現れてくるのです」

すべての地域にそれぞれの特性《とくせい》がある。どの組織《そしき》にも、ほかにはない使命がある。「師匠から任せられた大切《たいせつ》な地域だ！」との決意で、日々祈り、勇気をもって語り、仏縁《ぶつえん》を拡大していきたい。

小さな勝利こそ大勝利の因《いん》

一丈《いちじょう》のほり《堀》をこえ《越》ぬもの、十丈二十丈のほりをこう《越》べきか

（種々御振舞御書《しゅじゅおんふるまいごしょ》、新1229頁・全912頁）

【通解】一丈《いちじょう》（約3メートル）の幅《はば》の堀《ほり》を越《こ》えられない者が、どうして十丈や二十丈もある堀を越えられるだろうか。

「種々御振舞御書《しゅじゅおんふるまいごしょ》」は、文永《ぶんえい》5年（1268年）から建治《けんじ》2年（1276年）までの9年間の日蓮大《にちれんだい》聖人《しょうにん》の御振《おふ》る舞《ま》いを綴《つづ》られている。

この一節《いっせつ》では、文永8年（1271年）の干《かん》ばつの際《さい》、どんなに祈《いの》っても雨を降《ふ》らすことができなかった真言律宗《しんごんりっしゅう》の僧《そう》・極楽寺良観《ごくらくじりょうかん》に対して、大聖人が〝雨を降らすという簡単《かんたん》なことさえできないのに、ましてや、難《むずか》しい成仏《じょうぶつ》など叶《かな》うわけがない〟と、痛烈《つうれつ》に批判《ひはん》されている。

◇

目指《めざ》すべき山がどれだけ高くとも、登攀《とうはん》への〝第一歩《だいいっぽ》〟は足元《あしもと》にある。

地涌《じゆ》の菩薩《ぼさつ》の誓願《せいがん》という壮大《そうだい》な使命の遂行《すいこう》も、自身が掲《かか》げた人生の目標《もくひょう》の達成《たっせい》も、まず〝目の前の一歩〟から、すべてが始まるのだ。

「小事《しょうじ》」こそ「大事《だいじ》」である。

大聖人は、「**露《つゆ》が集《あつ》まって河《かわ》となり、河が集まって大海《たいかい》となるように、塵《ちり》が積《つ》もって山となり、山が重《かさ》なって須弥山《しゅみせん》となるように、小事が積もって大事となるのである**」（衆生身心御書《しゅじょうしんしんごしょ》、新2046頁・全1595頁、通解）と仰《おお》せである。

また、池田先生は「小さな挑戦、小さな勝利の繰《く》り返《かえ》しが、やがて偉大《いだい》な勝利、偉大な凱歌《がいか》の人生へと花開いていくことを忘れてはならない」と語られている。

人生の途上《とじょう》で直面《ちょくめん》する悩《なや》みや苦難《くなん》は、すべて、自分自身を大きく成長させゆくための〝試練《しれん》の坂〟だ。その坂を一歩一歩登《のぼ》ってこそ足腰《あしこし》が鍛《きた》えられる。人間として強くなる。

戸田先生は、多くの悩みを抱《かか》えながら、広宣流布《こうせんるふ》のために戦い抜《ぬ》く弟子の雄飛《ゆうひ》を願って励《はげ》まされた。「理想は天下国家を救《すく》うにあり、身近《みぢか》なものは足もとを固《かた》めていくと、こういう生活をする立派《りっぱ》な青年であってほしい」と。

勇猛心《ゆうみょうしん》を奮《ふる》い起《お》こし、目の前の「一丈《いちじょう》の堀《ほり》」を着実《ちゃくじつ》に越《こ》え、次の堀へ、そしてまた次へと歩みを運《はこ》ぶ――それが人生勝利の道である。「十丈二十丈の堀」をも敢然《かんぜん》と越えゆく人間王者へと成長していきたい。

陰徳《いんとく》と陽報《ようほう》

努力《どりょく》は決して嘘《うそ》をつかない

陰徳《いんとく》あれば陽報《ようほう》あり

（陰徳陽報御書《いんとくようほうごしょ》、新1613頁・全1178頁）

【通解】人の目に見えないところで積《つ》んだ徳《とく》は、必《かなら》ず目に見える報《むく》いを受けることができる。

四条金吾《しじょうきんご》は文永《ぶんえい》11年（1274年）に主君《しゅくん》の江間氏《えまし》を折伏《しゃくぶく》して以降、同僚《どうりょう》の妬《ねた》みの讒言《ざんげん》などによって、主君から遠《とお》ざけられていた。その難《なん》を金吾は、健気《けなげ》な信心と、誠実の行動で見事に乗り越え、信頼を勝ち取っていく。

本抄は、門下《もんか》の勝利の姿《すがた》をこよなく喜《よろこ》ばれた日蓮大聖人《にちれんだいしょうにん》が、四条金吾を激励《げきれい》された御手紙である。

◇

法のための労苦《ろうく》は、すべて功徳《くどく》となって、わが身《み》を飾《かざ》る。目には見えない陰《かげ》の献身《けんしん》の行動が、目に見える結果となって、汲《く》めども尽《つ》きない泉《いずみ》のように、福徳《ふくとく》がぐんぐんと満《み》ちてくる。

大聖人は「**かく《隠》れたることのあらわ《顕》れたる徳となり候《そうろう》なり**」（崇峻天皇御書《すしゅんてんのうごしょ》、新1592頁・全

1171頁)、「かくれての信あれば、あらわれての徳あるなり」(上野殿御消息《うえのどのごしょうそく》、新1850頁・全1527頁)とも仰《おお》せであられる。

いかなる事業であれ、成功の陰には、必《かなら》ず〝縁《えん》の下の力《ちから》もち〟がいるものだ。そして成否《せいひ》を分《わ》かつのは、目には見えない陰の努力《どりょく》である。努力は決して嘘《うそ》をつかない。まして、人類史上未聞《みもん》の広《こう》宣流布《せんるふ》の運動は、偉大《いだい》なる陰の力があって進む。そして、その陰の労苦にこそ、偉大な功徳がある。

池田先生は語られた。

「私は青春時代、すべてをなげうって、戸田先生のもとで働《はたら》いた。戦後の混乱《こんらん》のなか、先生の事業が苦境《くきょう》に陥《おちい》り、周囲《しゅうい》の人々が次々と去《さ》っても、私は一人残り、耐《た》えて戦った。それが陰徳《いんとく》となって、今日《こんにち》の学会の大興隆《だいこうりゅう》を、同志とともに築《きず》いてきたのである」

師匠のために陰で戦い抜《ぬ》かれた、池田先生の大闘争《とうそう》があってこそ、妙法《みょうほう》は全世界に弘《ひろ》まった。

また先生は、「私は、陰で学会に尽くしてくださった方々《かたがた》を絶対に忘れません。特別の著名人《ちょめいじん》でもない、社会的に〝偉《えら》い人〟でもない。しかし自分自身が大変ななかで、広宣流布のため、同志のために、黙々《もくもく》と学会を支えてきてくださった。仏法《ぶっぽう》の眼《まなこ》から見て、この無名《むめい》の庶民《しょみん》ほど尊《たっと》い方々は絶対にいないのです」と、繰《く》り返《かえ》し語られている。

陰の人を最大に讃嘆《さんたん》するのが、真《しん》のリーダーだ。自身が広布《こうふ》の陰の力となり、また、陰で奮闘《ふんとう》する人を護《まも》り讃《たた》える力を鍛《きた》えたい。

同苦《どうく》する心

共《とも》に悩《なや》み、戦ってこそ同志

一切衆生《いっさいしゅじょう》の異《い》の苦《く》を受《う》くるは、ことごとくこれ日蓮一人《にちれんいちにん》の苦なるべし

（御義口伝《おんぎくでん》、新1056頁・全758頁）

【通解】一切衆生《いっさいしゅじょう》の種々《しゅじゅ》さまざまな苦悩《くのう》は、ことごとく日蓮《にちれん》一人の苦《く》である。

涅槃経《ねはんぎょう》に説《と》かれる「一切衆生《いっさいしゅじょう》の異《い》の苦《く》を受《う》くるは悉《ことごと》く是《こ》れ如来一人《にょらいいちにん》の苦」について、日蓮大聖人《にちれんだいしょうにん》の御境涯《ごきょうがい》から記《しる》された「御義口伝《おんぎくでん》」の一節《いっせつ》である。

◇

人々の苦しみを、わが苦しみとして「同苦《どうく》する心」こそ、仏《ほとけ》の慈悲《じひ》の発露《はつろ》である。そして、同苦するからこそ、その人を救《すく》うための無限《むげん》の智慧《ちえ》がわくのである。

大聖人は、四条金吾《しじょうきんご》が主君《しゅくん》から迫害《はくがい》され、窮地《きゅうち》に立たされた時、「たとえ、あなたの罪《つみ》が深くて地獄《じごく》に堕《お》ちたならば、日蓮はどんなに釈迦仏《しゃかぶつ》から〝仏になれ〟と誘《さそ》われても、従《したが》うことはない。あ

なたと同じく私も地獄に入りましょう。日蓮とあなたが、共《とも》に地獄に入るならば、釈迦仏も法華経《ほけきょう》も、地獄にこそおられるにちがいない」（崇峻天皇御書《すしゅんてんのうごしょ》、新1595頁・全1173頁、通解）とまで仰《おお》せになられた。共に悩《なや》み、共に戦う――熱い「師弟の絆《きずな》」「同志の絆」が日蓮仏法《ぶっぽう》には脈打《みゃくう》っている。

池田先生は、この「同苦」こそ学会精神の柱であり、仏法の真髄《しんずい》であると語られている。

「病苦《びょうく》と経済苦《けいざいく》に疲《つか》れ切った人。人間関係に押《お》しつぶされ、人生に絶望《ぜつぼう》した人。家族がバラバラで、すさんだ心の荒野《こうや》をさまよう人。光の当たらない、あらゆる苦悩《くのう》をかかえた民衆《みんしゅう》に手を差し伸べ、ともに同苦し、ともに立ち上がってきたのが創価学会です」

「もっとも苦しんでいる民衆のなかに分《わ》け入《い》って、人々の苦しさ、悲しさに同苦し、救っていく。それが『仏』です。しかも、民衆を救わんと戦うゆえに、傲慢《ごうまん》な権力者《けんりょくしゃ》からは弾圧《だんあつ》され、僧侶《そうりょ》をはじめ悪い指導者に迫害され、当の民衆からさえ憎《にく》まれる。『悪口罵詈《あっくめり》』であり、『杖木瓦石《じょうもくがしゃく》』です。その大難《だいなん》のなかにこそ、『仏』はいらっしゃるのです。どこか安楽《あんらく》な別世界《べつせかい》で、悟《さと》りすましているのが『仏』ではない」

同苦できる人が、「尊《とうと》い人」「強い人」だ。どれほどの地位《ちい》や権力があろうと、人の苦しみに無関心であれば、「卑《いや》しい人」「弱い人」となってしまう。

同苦する仏の勢力《せいりょく》を、現代に築《きず》き上《あ》げたのが創価の三代の師弟である。その直系《ちょっけい》の弟子である自覚をもって、真心《まごころ》通《かよ》う「一対一の対話」に励《はげ》みたい。

難即安楽《なんそくあんらく》

仏法者《ぶっぽうしゃ》は「難《なん》こそ誉《ほま》れ」

末法《まっぽう》において、今《いま》、日蓮《にちれん》等の類《たぐ》いの修行《しゅぎょう》は、妙法蓮華経を修行するに、難来《なんきた》るをもって安楽《あんらく》と意《こころ》得《う》べきなり

（御義口伝《おんぎくでん》、新１０４５頁・全７５０頁）

【通解】末法《まっぽう》において、いま日蓮大聖人《にちれんだいしょうにん》及《およ》びその門下《もんか》が妙法蓮華経を修行《しゅぎょう》するのに、難《なん》が襲《おそ》ってくることをもって、安楽《あんらく》であると心得《こころえ》るべきである。

法華経安楽行品《ほけきょうあんらくぎょうほん》第14について述《の》べられた「御義口伝《おんぎくでん》」の一節《いっせつ》。「難《なん》」と戦い、わが生命を鍛《きた》え、「金剛不壊《こんごうふえ》」の自己をつくり上げてこそ、真《しん》の「安楽《あんらく》」の境涯《きょうがい》を確立《かくりつ》できることを教えられた。

◇

真の幸福とは何か。日蓮仏法《にちれんぶっぽう》における幸福観が端的《たんてき》に示された一節である。

嫉妬《しっと》の讒言《ざんげん》。無知《むち》の輩《やから》の悪口《あっこう》。命《いのち》に及《およ》ぶ法難《ほうなん》。日蓮大聖人《だいしょうにん》の御生涯《ごしょうがい》には、迫害《はくがい》の嵐《あらし》が止《や》む時はなかった。しかし大聖人は、大難《だいなん》に遭《あ》うたびに「**経文《きょうもん》に我《わ》が身符合《みふごう》せり。御勘気《ごかんき》をかぼ《被》れば、いよいよ悦《よろこ》びをます《増》べし**」（開目抄《かいもくしょう》、新７４頁・全２０３頁）と、ますます勇《いさ》んで戦われた。

御書には「**日蓮悦んで云《い》わく、本《もと》より存知《ぞんち》の旨《むね》なり**」（種々御振舞御書《しゅじゅおんふるまいごしょ》、新1226頁・全910頁）、「**これほどの悦びをばわら《笑》えかし**」（同、新1231頁・全914頁）、「**流人《るにん》なれども喜悦《きえつ》はかり《計》な《無》し**」（諸法実相抄《ほうじっそうしょう》、新1792頁・全1360頁）、「**大難来《きた》りなば、強盛《ごうじょう》の信心いよいよ悦びをなすべし**」（椎地四郎殿御書《しいじのしろうどのごしょ》、新1720頁・全1448頁）等々、随所《ずいしょ》に御本仏《ごほんぶつ》の悠然《ゆうぜん》たる御境涯が迸《ほとばし》っている。その気迫《きはく》と大確信こそ、信仰者の誉《ほま》れである。

正義の拡大を、障魔《しょうま》は全力で阻《はば》もうとする。ゆえに、迫害の激《はげ》しさは、仏《ほとけ》の勢力《せいりょく》が大きく前進している証《あかし》ともいえよう。池田先生は指導された。「大事なことは、悪口を言われるたびに、自分自身の生命が浄化《じょうか》されていくということです。だから戸田先生も『折伏《しゃくぶく》のためにせらるる悪口は、心から感謝《かんしゃ》しなくてはならない』と言われていた。『悪口せらるることによって、われわれの身体《からだ》の罪障《ざいしょう》が消《き》えて、幸福生活へと驀進《ばくしん》することができるからである』と」

さらに「『難即安楽《なんそくあんらく》』と言っても、指導者に『全同志を必《かなら》ず安楽の境地《きょうち》に導《みちび》いてみせる』との一《いち》念《ねん》がなければ観念論《かんねんろん》です」と。創価の三代の師弟が、まさに「難こそ誉れ」と、大聖人直結の闘争《とうそう》を貫《つらぬ》いたことによって、今日《こんにち》の学会が築《きず》かれた。

難がないことが安楽なのではない。「どんな苦難が競《きそ》い起ころうとも、断《だん》じて勝つ！」との強盛な信心と挑戦こそが、安楽の境涯を築くのだ。

いかなる時も師と共《とも》に、勝利の大道《だいどう》を前進していきたい。

病《やまい》に打ち勝つ

一切《いっさい》の障魔《しょうま》を破《やぶ》る「師子吼《ししく》」の祈《いの》りを

この曼荼羅《まんだら》能《よ》く能《よ》く信《しん》ぜさせ給《たも》うべし。南無妙法蓮華経は師子《しし》吼《く》のごとし、いかなる病《やまい》さわり《障》をなすべきや
（経王殿御返事《きょうおうどのごへんじ》、新１６３３頁・全１１２４頁）

【通解】この曼荼羅《まんだら》（御本尊《ごほんぞん》）をよくよく信じなさい。南無妙法蓮華経は、師子吼《ししく》のようなものである。どのような病《やまい》も、成仏《じょうぶつ》の妨《さまた》げとなることはない。

文永《ぶんえい》10年（1273年）8月15日、病気の子を持つ門下《もんか》に与《あた》えられた御消息《ごしょうそく》。まだ幼《おさな》い経王御前《きょうおうごぜん》の病《やまい》を知られた日蓮大聖人《にちれんだいしょうにん》は、流罪《るざい》の地・佐渡《さど》から渾身《こんしん》の激励《げきれい》を綴《つづ》られた。

大聖人が顕《あらわ》された御本尊《ごほんぞん》への祈《いの》りによって、法華経《ほけきょう》に説《と》かれる「師子奮迅之力《ししふんじんしりき》」を出すことができるのであり、諸天善神《しょてんぜんじん》をゆり動かす真剣《しんけん》な題目《だいもく》を唱《とな》えるよう、励《はげ》まされている。

◇

親《おや》にとって、わが子の病気ほど辛《つら》いものはない。また、大切《たいせつ》な人が苦しんでいることを知れば、何とかしてあげたいと願うものである。

本抄で大聖人は、「**あい《相》かま《構》えて御信心《ごしんじん》を出《い》だし、この御本尊に祈念《きねん》せしめ給《たま》え。何事か成就《じょうじゅ》せざるべき**」（新1633頁・全1124頁）と、大確信の言葉を綴られ、どこまでも信心根本《こんぽん》で臨《のぞ》むよう教えておられる。

もちろん病気を「信心だけで治《なお》す」ということではない。当然、病院等で必要な診断《しんだん》、治療《ちりょう》を受け、そのうえで御本尊に強盛《ごうじょう》に祈り、「絶対に治す」と一念《いちねん》を定《さだ》めるのだ。

御本尊の功力《くりき》は、「祈りとして叶《かな》わざるなく、罪《つみ》として滅《めっ》せざるなく、福《ふく》として来《きた》らざるなく、理《り》として顕《あらわ》れざるなきなり」（日寛上人《にちかんしょうにん》、「観心本尊抄文段《かんじんのほんぞんしょうもんだん》」）である。ただし、疑《うたが》いの心を持ってしまえば、どれほど偉大《いだい》な妙法《みょうほう》であっても、その力用《りきゆう》を引き出すことはできない。あくまでも「**御信心によるべし**」（新1633頁・全1124頁）なのである。

学会員が信心によって病魔《びょうま》を克服《こくふく》した蘇生《そせい》のドラマは、数限《かずかぎ》りない。病気になることが不幸なのではない。病は四苦《しく》（生老病死《しょうろうびょうし》）の一つであり、人間は病から逃《のが》れることはできない。しかし、信心を貫《つらぬ》く人は決して病苦に負けない。病に広宣流布《こうせんるふ》の戦いを妨《さまた》げられることもない。

大聖人は「**日蓮、守護《しゅご》たるところの御本尊をしたため《認》参らせ候《そうろう》ことも、師子王《ししおう》におと《劣》るべからず。経《きょう》に云《いわ》く『師子奮迅《ししふんじん》の力《ちから》』とは、これなり**」（新1632頁・全1124頁）とも仰《おお》せである。

御本仏が「師子奮迅の力」を込《こ》めて、仏の生命を顕された御本尊に、真剣に祈り抜《ぬ》く。その瞬間《しゅんかん》瞬間のわが生命に、いかなる障魔《しょうま》も吹《ふ》き飛《と》ばす「師子王の心」が躍動《やくどう》するのだ。

病魔《びょうま》との闘《たたか》い

何があっても負けない信心を

鬼神《きじん》めら《奴》め、この人《ひと》をなやま《悩》すは、剣《つるぎ》をさかさ《逆》まにのむ《呑》か、また大火《たいか》をいだく《抱》か、三世十方《さんぜじっぽう》の仏《ほとけ》の大怨敵《だいおんてき》となるか。あなかしこ、あなかしこ。この人のやまい《病》をたちまちになおし《治》て、かえりてまぼ《守》りとなりて、鬼道《きどう》の大苦《だいく》をぬく《抜》べきか

（法華証明抄《ほっけしょうみょうしょう》、新1931頁・全1587頁）

【通解】鬼神《きじん》の奴《やつ》どもよ！　この人《ひと》（南《なん》条時光《じょうときみつ》）を悩《なや》ますとは、剣《つるぎ》を逆《さか》さに飲《の》むのか！　自ら大火《たいか》を抱《いだ》くのか！　過去世・現在世・未来世の全宇宙の仏《ほとけ》の大怨《だいおん》敵《てき》となるのか！　恐れるべきである。恐れるべきである。この人の病《やまい》をたちまちに治《なお》して、反対に、この人の護《まも》りとなって、餓鬼道《がきどう》の大きな苦《くる》しみから免《まぬか》れるべきではないか。

弘安《こうあん》5年（1282年）2月28日、南条時光《なんじょうときみつ》に与《あた》えられた。「熱原《あつはら》の法難《ほうなん》」の時には、自邸《じてい》に門《もん》下《か》をかくまうなど、同志を護《まも》った時光。その後、病《やまい》に倒《たお》れる。一度は回復《かいふく》したが再び悪化《あっか》。当時、日蓮大聖人《にちれんだいしょうにん》も持病《じびょう》を患《わずら》っておられたが、病身《びょうしん》をおして愛する弟子のために筆《ふで》を執《と》られた。

◇

難《なん》に屈《くっ》しなかった時光の信心を讃《たた》え、大聖人は、この御文の直前で、「（時光が）**必《かなら》ず仏《ほとけ》になるだろうと思えたので、天魔《てんま》・外道《げどう》が病気にさせて脅《おど》そうと試《こころ》みているのであろうか。命《いのち》は限《かぎ》りあるものであるから、少しも驚《おどろ》いてはならない**」（新1931頁・全1587頁、通解）と激励《げきれい》。そのうえで、健気《けなげ》な愛弟子《まなでし》を襲《おそ》っている病魔《びょうま》を、〝鬼神《きじん》の奴《やつ》らめ！〟と厳《きび》しく叱責《しっせき》された。

確信の言葉は、友に勇気を与える。大聖人のこの一言に、時光はどれほど勇気づけられたことであろうか。〝病魔に苦しむ大切《たいせつ》な弟子を、救《すく》わずにおくものか！〟との大聖人の御心《おこころ》に、時光は〝師の激励に必ずお応《こた》えしてみせる！〟と奮《ふる》い立《た》ち、病魔をはね返したのである。

病と闘《たたか》う同志に対しては、周囲《しゅうい》の励《はげ》ましが大切である。池田先生は「病気の友の報告が入れば、すぐに手を打つ。希望と勇気を直《ただ》ちに送る。祈《いの》る。それが広布《こうふ》のリーダーである。その電光石火《でんこうせっか》の励ましに、友も奮い立つのである」と指導された。

また、大聖人は「**病がある人は仏になると説《と》かれている。病によって仏道《ぶつどう》を求める心は起こるものである**」（妙心尼御前御返事《みょうしんあまごぜんごへんじ》、新1963頁・全1480頁、通解）とも仰《おお》せだ。

信心しているからといって、病気にならなくなるわけではない。むしろ、三障四魔《さんしょうしま》が競《きそ》い起こるからこそ仏になれるのである。ゆえに、苦難《くなん》を「仏の境涯《きょうがい》を開くチャンス」ととらえ、「必ず、信心で乗り越えてみせる！」と覚悟《かくご》を決めることが大切である。何があっても「負けない信心」を貫《つらぬ》く。その決定《けつじょう》した実践《じっせん》が、嵐《あらし》に揺《ゆ》るがぬ不動《ふどう》の自己《じこ》をつくるのである。

宿命転換《しゅくめいてんかん》

「自分自身との戦い」に勝つ

各々《おのおの》随分《ずいぶん》に法華経《ほけきょう》を信《しん》ぜられつるゆえに、過去《かこ》の重罪《じゅうざい》をせめ《責》いだ《出》し給《たま》いて候《そうろう》。たとえば、鉄《くろがね》をよくきた《鍛》えばきず《傷》のあらわ《現》るるがごとし

（兄弟抄《きょうだいしょう》、新1474頁・全1083頁）

【通解】あなたがた兄弟は、それぞれ強盛《ごうじょう》に法華経《ほけきょう》を信じてきたので、過去世《かこせ》の重い罪《つみ》を現世《げんぜ》に責め出されているのである。それは、たとえば、鉄《てつ》を念入《ねんい》りに鍛《きた》え打《う》てば、内部の疵《きず》が表面に現れてくるようなものである。

池上宗仲《いけがみむねなか》・宗長《むねなが》の兄弟に与《あた》えられた「兄弟抄《きょうだいしょう》」の一節《いっせつ》。兄・宗仲が、極楽寺良観《ごくらくじりょうかん》の熱心な信者である父親から勘当《かんどう》されたことを受けて認《したた》められた。

日蓮大聖人《にちれんだいしょうにん》は、〝**今こそ本当の信心があらわれて、諸天《しょてん》も必《かなら》ず守護《しゅご》するに違《ちが》いありません**〟（新1474頁・全1083頁、趣意）と述《の》べ、兄弟二人のうち、どちらも欠《か》けてはならないと強く励《はげ》まされた。

◇

宿業《しゅくごう》のない人など、一人もいない。

病《やまい》と闘《たたか》う人。仕事を得《え》られず悩《なや》む人。職場などで人間関係がうまくいかず、人知れず苦しむ人――宿業の暴風雨《ぼうふうう》が吹《ふ》き荒《あ》れた時こそ、信心の真価《しんか》が問われる。「**石は焼《や》けば灰《はい》となるが、金《こがね》は焼けば真金《しんきん》となる**」（新1474頁・全1083頁、通解）と仰《おお》せの通りである。

悪僧《あくそう》・良観の陰謀《いんぼう》もあり、池上兄弟には家族が引き裂《さ》かれるかたちで宿業が現《あらわ》れた。しかし、兄弟は、度重《たびかさ》なる大聖人の御指導を胸に、怯《ひる》むことなく進んだ。団結し、魔《ま》の蠢動《しゅんどう》を鋭《するど》く見極《みきわ》め、ついには父を入信へと導《みちび》いたのである。

大聖人は〝**地に倒《たお》れた人は、かえって地より立ち上がる**〟（法華証明抄《ほっけしょうみょうしょう》、新1931頁・全1586頁、趣意）と仰せられている。宿命《しゅくめい》に対しては〝その場で立ち上がる〟以外にない。眼前《がんぜん》の課題に、正面から挑《いど》むしかないのだ。

池田先生は、この御文を拝《はい》して宿命転換について、こう指導されている。

「広布《こうふ》のために戦い抜《ぬ》いた人は、過去世《かこせ》の罪《つみ》を責《せ》め出し、消して、わが生命を金剛《こんごう》の剣《つるぎ》のごとく、光り輝《かがや》かせていくことができる」「磨《みが》かなくては人材《じんざい》は光ってこない。鍛《きた》えなければ本物は育たない」と。

「宿命転換の闘争《とうそう》」は、壮絶《そうぜつ》な「自分自身との戦い」である。ゆえに、師弟の魂《たましい》を燃《も》やし、信心根《こん》本《ぽん》で挑むことが重要《じゅうよう》である。強盛《ごうじょう》な祈りがあれば、必ず打ち勝つことができる。

「うんと悩んだ日々こそ、一番不幸だと思った日こそ、あとから振《ふ》り返《かえ》ると、一番かけがえのない日々だったとわかるものだ」――この池田先生の確信を胸に、勇気の一歩《いっぽ》を踏《ふ》み出したい。

転重軽受《てんじゅうきょうじゅ》

「宿命《しゅくめい》」を「使命《しめい》」に変《か》える信心

涅槃経《ねはんぎょう》に転重軽受《てんじゅうきょうじゅ》と申《もう》す法門《ほうもん》あり。先業《せんごう》の重《おも》き今生《こんじょう》につき《尽》ずして、未来《みらい》に地獄《じごく》の苦《く》を受《う》くべきが、今生にかかる重苦《じゅうく》に値《あ》い候《そうら》えば、地獄の苦《くる》しみぱっときえ《消》て死《し》に候えば、人天《にんてん》・三乗《さんじょう》・一乗《いちじょう》の益《やく》をう《得》ること候《そうろう》

（転重軽受法門《てんじゅうきょうじゅほうもん》、新1356頁・全1000頁）

【通解】涅槃経《ねはんぎょう》に「転重軽受《てんじゅうきょうじゅ》（重《おも》きを転《てん》じて軽《かる》く受《う》く）」という法門《ほうもん》がある。それは過去《かこ》の重《おも》い悪業《あくごう》が今世《こんぜ》だけでは消滅《しょうめつ》せず、未来にも地獄《じごく》の苦《くる》しみを受けるはずであったが、今の一生において、このような（法華経《ほけきょう》ゆえの大難《だいなん》という）重い苦しみにあったので、地獄の苦しみもたちまちに消えて、死んでからは人・天乗の利益、声聞《しょうもん》・縁覚《えんがく》・菩薩《ぼさつ》の三乗《さんじょう》の利益、一《いち》仏乗《ぶつじょう》の利益である成仏《じょうぶつ》の功徳《くどく》を得《え》ることができる。

文永《ぶんえい》8年（1271年）10月5日、大田乗明《じょうみょう》・曽谷《そや》教信《きょうしん》・金原法橋《かなばらほっきょう》に与《あた》えられた御消息《ごしょうそく》。同年9月に「竜《たつ》の口《くち》の法難《ほうなん》」に遭《あ》われた日蓮大聖人《にちれんだいしょうにん》は、佐渡《さど》へ流罪《るざい》となるまで、相模国《さがみのくに》（現在の神奈川県）依智《えち》に身《み》を置《お》かれた。本抄では〝過去世《かこせ》〟の謗法《ほうぼう》によって未来に重《おも》く受けるべき罪《つみ》を、法華経《ほけきょう》を持《たも》つ

ことによって今、軽《かる》く受けて消滅《しょうめつ》できる〟という「転重軽受《てんじゅうきょうじゅ》」の法門《ほうもん》を教えられた。

◇

信心に励《はげ》んでいくなかでも、病気や、家庭、仕事の問題など、さまざまな苦難《くなん》が起《お》こる。私たちは、自分が、どんな宿業《しゅくごう》をもっているかわからない。大聖人御自身も、私たちのために「**日蓮がこのように迫害《はくがい》される原因も、過去世からの業《ごう》がないわけではない**」（佐渡御書《さどごしょ》、新1287頁・全958頁、通解）と仰《おお》せである。たとえ私たちに過去遠々劫《おんのんごう》以来の無量《むりょう》の宿業があったとしても、それを転換《てんかん》する力《ちから》が妙法《みょうほう》にはある。それが日蓮大聖人の宿命《しゅくめい》転換の仏法《ぶっぽう》である。私たちに起こる宿業は、その転換のための過程《かてい》であり、広宣流布《こうせんるふ》に戦ったゆえに出たのだから、むしろ喜《よろこ》ぶべきことである。

苦難と真正面《ましょうめん》から向き合い、〝マイナス〟を大いなる〝プラス〟へと転換していく信心である。その時は苦しくとも、一気に仏《ほとけ》の大境涯《だいきょうがい》を開ける。地獄《じごく》の苦《くる》しみは、「ぱっと」消《き》えるのである。

そしてまた、苦しみ、悩んでいる友を救《すく》っていくためには、自分自身が苦しみながら宿命転換に挑戦している姿《すがた》をありのままに示し、〝この信心で一緒に幸せになろう〟と、身をもって「幸福の軌道《きどう》」を示していく以外にない。この「同苦」の心で、創価の幸《さち》の連帯《れんたい》は世界に広がったのである。

池田先生は「いかなる宿命も自身の人生を深めるためのものである。そして、宿命と戦う自分の姿が、万人《ばんにん》の人生の鏡《かがみ》となっていく」と語られている。宿命に打ち勝つ信心である。「宿命」を「使命」に変えゆく信心である。自分が今いる場所で、勝利の姿を示し切っていきたい。

冬は必《かなら》ず春となる

試練《しれん》の冬は　幸福の春への鍛《きた》え

法華経《ほけきょう》を信《しん》ずる人《ひと》は冬《ふゆ》のごとし。冬は必《かなら》ず春《はる》となる。いまだ昔《むかし》よりき《聞》かずみ《見》ず、冬の秋《あき》とか《返》えれることを。いまだき《聞》かず、法華経を信ずる人の凡《ぼん》夫《ぷ》となることを

(妙一尼御前御消息《みょういちあまごぜんごしょうそく》、新1696頁・全1253頁)

【通解】法華経《ほけきょう》を信ずる人は冬のようなものである。冬は必《かなら》ず春となる。いまだかつて冬が春とならずに、秋に戻《もど》ったなどということは、聞いたことも見たこともない。(同じように)いまだかつて、法華経を信ずる人が凡夫《ぼんぷ》のままで終わってしまったなどということも聞いたことがない。

建治《けんじ》元年(1275年)5月、54歳の時に身延《みのぶ》で著《あらわ》され、夫《おっと》を亡《な》くしながらも健気《けなげ》に信心を貫《つらぬ》く妙《みょう》一尼《いちあま》を励《はげ》まされた御手紙である。生活の助《たす》けにと、日蓮大聖人《にちれんだいしょうにん》のいる佐渡《さど》、身延へ従者《じゅうしゃ》を送った妙一尼の真心《まごころ》に対し、「**この御恩《ごおん》には次の世でも報《むく》いていくつもりです**」(新1696頁・全1254頁、通解)とまで仰《おお》せになり、本抄を結《むす》ばれている。

◇

妙一尼の夫は、信仰によって厳《きび》しい迫害《はくがい》を受け、所領没収《しょりょうぼっしゅう》などの難《なん》に遭《あ》ったが屈《くっ》することなく、大聖人の佐渡流罪中《るざいちゅう》に亡くなった。妙一尼は、幼《おさな》い病弱《びょうじゃく》な子を抱《かか》えながら、強盛《ごうじょう》に信心を貫いた。

大聖人は〝**法華経《ほけきょう》のために迫害された故聖霊《こしょうりょう》**（＝亡くなった夫）**には、仏法《ぶっぽう》のために命を懸《か》けた雪山童子《せっせんどうじ》や薬王菩薩《やくおうぼさつ》と同じ功徳《くどく》があるのですよ**〟（新1696頁・全1253頁、趣意）と、真心を込《こ》めて、夫の成仏《じょうぶつ》は間違いないと断言《だんげん》された。

「冬は必《かなら》ず春となる」――この御聖訓《ごせいくん》を支《ささ》えに、どれほど多くの友が蘇生《そせい》の春を迎《むか》え、人生の勝利を切り開いてきたことだろうか。現在も、健康、経済、家庭などさまざまな課題《かだい》や宿業《しゅくごう》と戦いながら、凍《こご》えるような「真冬」のなかで苦闘《くとう》している友がいる。

池田先生は語られた。

「〝冬〟の間にこそ、どう戦い、どれほど充実《じゅうじつ》した時を過ごすか。必ず来る〝春〟を確信し、どう深く生きるかである。時いたれば、自然界には花咲《さ》く春が間違いなく訪れる。それが生命と宇宙のリズムである。しかし、現実の社会にあっては、〝冬〟のままで人生を終える人があまりに多い。そうならないために、〝春〟を呼ぶ宇宙のリズムに生命が合致《がっち》しなければならない。そのための妙法《みょうほう》の仏道修行《ぶつどうしゅぎょう》なのである」

仏法の眼《まなこ》で見れば、試練《しれん》の冬こそ、来《きた》るべき勝利の春のために必要な「忍耐《にんたい》」の時であり、真剣《しんけん》勝負に徹《てっ》する「鍛《きた》え」の時なのである。

4章 民衆仏法の英知

生命《せいめい》の尊厳《そんげん》

命《いのち》より大切《たいせつ》なものはない

命《いのち》と申《もう》す物《もの》は一身第一《いっしんだいいち》の珍宝《ちんぽう》なり。一日《いちにち》なりともこれをのぶ《延》るならば、千万両《せんまんりょう》の金《こがね》にもすぎ《過》たり

（可延定業書《かえんじょうごうしょ》、新1308頁・全986頁）

【通解】命《いのち》というものは、わが身《み》にとって第一の貴重な宝《たから》である。たとえ一日であっても、寿命《じゅみょう》を延《の》ばすならば、千万《せんまん》両《りょう》の金にもまさるのである。

富木常忍《ときじょうにん》の妻・富木尼御前《あまごぜん》に送られた御消息《ごしょうそく》。病《やまい》に悩《なや》む富木尼御前に対して日蓮大聖人《にちれんだいしょうにん》は、御自身の母親の寿命《じゅみょう》を延《の》ばされたことにも触《ふ》れられ、「信心によって宿業《しゅくごう》は変えられる」ことを説《と》かれた。〝**業《ごう》には定業《じょうごう》と不定業の二つがある。**（寿命など、既《すで》に定《さだ》まっている）**定業でさえ、よくよく祈《いの》っていけば必《かなら》ず消滅《しょうめつ》できる。まして不定業であれば、必ず消滅できる**〟（新1307頁・全985頁、趣意）と、慈愛《じあい》を込《こ》めて励《はげ》まされたのである。

◇

大聖人は、「生命の尊厳《そんげん》」を高らかに訴《うった》えられた。「**一日の命《いのち》は全宇宙の財宝《ざいほう》よりも尊《とうと》い**」（新

1309頁・全986頁、通解）、**「命というのは全宇宙の財宝をもってしても買《か》うことができないと、仏《ほとけ》は説かれている」**（曽谷殿御返事《そやどのごへんじ》、新1439頁・全1059頁、通解）、**「命というのは一切《いっさい》の宝《たから》の中の第一の宝である」**（白米一俵御書《はくまいいっぴょうごしょ》、新2052頁・全1596頁、通解）等々、「命より大切《たいせつ》なものはない」ことを繰《く》り返《かえ》し説かれている。

どんな才能《さいのう》や知識《ちしき》も、命があってこそ生かせる。ゆえに、生命を最高に輝《かがや》かせ、一日一日を充実させる人生にこそ、最高の幸福があるのだ。

池田先生は「妙法《みょうほう》を持《たも》ち、一日を生きることほど尊いものはない。すべてを価値創造《かちそうぞう》に生かしていける。無意味な、悔《く》いの残る一日を送っては、もったいない。朝起きて、きょうも一日、なすべき仕事がある。果《は》たすべき使命がある。この人が一番、幸せである。それは学会員である」と指導された。広宣流布《こうせんるふ》に戦う時、わが生命は、仏のエネルギーが縦横無尽《じゅうおうむじん》に活躍する舞台《ぶたい》となるのである。

生命には無上《むじょう》の価値がある。ゆえに、他人の生命を傷《きず》つけるのはもちろん、自分の生命を軽《かろ》んずる行為《こうい》は、仏界《ぶっかい》の可能性そのものを否定《ひてい》する行為となる。

最高の宝である生命を懸《か》けて戦い、自他共《じたとも》の仏界を開くために人生はあり、仏法《ぶっぽう》はある。広布《こうふ》に生き抜《ぬ》き、生命の真価《しんか》を存分《ぞんぶん》に発揮《はっき》しゆく、悔いなき人生を飾《かざ》りたい。

生命《せいめい》は「宝塔《ほうとう》」

あなた自身が尊極《そんごく》の宝《たから》

末法《まっぽう》に入《い》って法華経《ほけきょう》を持《たも》つ男女《なんにょ》のすがた《姿》より外《ほか》には宝塔《ほうとう》なきなり。もししからば、貴賤上下《きせんじょうげ》をえらば《選》ず、南無妙法蓮華経ととなう《唱》るものは、我《わ》が身《み》宝塔にして我が身また多宝如来《たほうにょらい》なり

（阿仏房御書《あぶつぼうごしょ》、新1732頁・全1304頁）

【通解】末法《まっぽう》に入《はい》って法華経《ほけきょう》（御本尊《ごほんぞん》）を持《たも》つ男女の姿《すがた》よりほかには宝塔《ほうとう》はない。もし、そうであるならば、（立場が）貴《とうと》いとか賤《いや》しいとか、上とか下とかの差別《さべつ》なく、南無妙法蓮華経と唱《とな》える者は、そのままわが身《み》が宝塔であり、わが身がまた多宝如来《たほうにょらい》である。

建治《けんじ》2年（1276年）3月13日、阿仏房《あぶつぼう》に与《あた》えられた（御執筆は文永12年〈1275年〉説もある）。念仏《ねんぶつ》の信者だった阿仏房は、日蓮大聖人《にちれんだいしょうにん》が佐渡《さど》に流罪《るざい》されていた時に、妻の千日尼《せんにちあま》と共《とも》に帰依《きえ》した。阿仏房は、法華経見宝塔品《ほけきょうけんほうとうほん》第11で説《と》かれる「宝塔の涌現《ゆげん》」について、大聖人に質問する。

◇

「宝塔」とは、法華経の「虚空会《こくうえ》」の儀式《ぎしき》に登場する壮大《そうだい》な塔であり、私たちの生命に具《そな》わる「仏《ぶつ》界《かい》の偉大《いだい》さ」を表現したものと拝《はい》することができる。
題目《だいもく》を唱《とな》える人は「貴賤上下《きせんじょうげ》をえら《選》ばず」、すなわち多様な性差、社会的立場、民族など一切《いっさい》の「違《ちが》い」「差別《さべつ》」を超《こ》えて仏界を涌現することができる。生命という根本《こんぽん》の次元《じげん》に光を当てて「すべての人間の尊厳《そんげん》」を説く日蓮仏法《ぶっぽう》こそ、「真《しん》の平等《びょうどう》思想」である。

この御文に続けて大聖人は、「**阿仏房さながら宝塔、宝塔さながら阿仏房、これより外《ほか》の才覚《さいかく》無益《やく》なり**」（新1733頁・全1304頁）――〝御本尊を拝する時、ほかならぬ、あなた自身が尊極《そんごく》なる宝塔と輝《かがや》くのですよ〟と教えられている。そして〝このこと以外の知識《ちしき》や理屈《りくつ》は「無益《むえき》」です〟とまで仰《おお》せである。わが生命が宝塔として輝けば、生きる世界も宝土《ほうど》となっていく。一人の一念《いちねん》の変革《へんかく》から、国土をも変革することができるのである。

また大聖人は、この宝塔は「**聞《もん》・信《しん》・戒《かい》・定《じょう》・進《しん》・捨《しゃ》・慚《ざん》の七宝《しっぽう》**」（同頁）によって飾《かざ》られていると仰せである。これは仏道修行《ぶつどうしゅぎょう》の七つの条件ともいえる。この筆頭《ひっとう》には「聞《もん》」が挙《あ》げられている。仏法の法理を求めて聞く。友の悩《なや》みに耳を傾《かたむ》ける――仏道修行の第一歩《だいいっぽ》は、「聞く」ことから始まることを忘れてはならない。

池田先生は「広宣流布《こうせんるふ》の『宝の塔』を、我《わ》が地域に立てることです。私はこれだけやったと『永《えい》遠《えん》の金字塔《きんじとう》』を残すことです。『我が塔は、ここに立つ』と人生を飾ることです」と指導された。
私たちの日々の学会活動こそ、自他《じた》の生命の宝塔を輝かせゆく、未曾有《みぞう》の民衆《みんしゅう》運動なのだ。

蘇生《そせい》の義《ぎ》

苦悩《くのう》の生命《せいめい》を蘇《よみがえ》らせる題目《だいもく》の力《ちから》

妙《みょう》とは蘇生《そせい》の義《ぎ》なり。蘇生と申《もう》すは、よみがえ《蘇》る義なり

（法華《ほけ》経題目抄《きょうだいもくしょう》、新５４１頁・全９４７頁）

【通解】妙《みょう》とは蘇生《そせい》の意味である。蘇生とは、蘇《よみがえ》るということである。

文永《ぶんえい》３年（１２６６年）１月６日、日蓮大聖人《にちれんだいしょうにん》が45歳の時に認《したた》められた御手紙で、「妙法《みょうほう》」の意《い》義《ぎ》について詳《くわ》しく綴《つづ》られている。

本抄で大聖人は、「**妙《みょう》と申《もう》すことは、開《かい》ということなり**」（新５３６頁・全９４３頁）と述《の》べられた。諸仏《しょぶつ》の一切《いっさい》の教えも、すべて妙法によって「開会《かいえ》」――生かしていくことができる。また、「**妙とは具《ぐ》の義《ぎ》なり**」（新５３７頁・全９４４頁）とも仰《おお》せである。法華経《ほけきょう》の一つ一つの文字に、膨大《ぼうだい》な仏《ほとけ》の徳《とく》が具《そな》わっているのである。

そして、「妙の一字の徳」によって、法華経の「女人成仏《にょにんじょうぶつ》」も実現したのであり、「妙法」には生命《せいめい》を蘇生《そせい》させる力《ちから》があることが説《と》かれ、題目《だいもく》を唱《とな》えて成仏の道を歩むよう教えておられる。

◇

人生に悩《なや》みや挫折《ざせつ》は、つきものだ。宿業《しゅくごう》の嵐《あらし》に翻弄《ほんろう》され、〝あきらめの心〟〝強《こわ》ばった心〟で生き続ける人もいる。しかし、自分の人生を幸福の軌道《きどう》に乗《の》せていく「因《いん》」は、自分自身にある。そして、この妙法こそ、自《みずか》らの尊極《そんごく》な仏界《ぶっかい》の生命を開《ひら》いていく鍵《かぎ》なのである。

大聖人の仏法《ぶっぽう》では、成仏とは仏に「成《な》る」のではなくて、わが身《み》を仏と「成《ひら》く」、仏の生命を「成《ひら》く」ことである。成仏とは〝自分とは別の何か〟になるのではない。自分自身に「具《そな》」わっている可能性を「開《ひら》」き、生命を日々「蘇生」させゆく実践《じっせん》が仏道修行《ぶつどうしゅぎょう》なのである。

だれの生命にも本来、蘇生する力がある。だが現実には、苦悩《くのう》に沈《しず》んだ人が立ち上がることは難《むずか》しい。そういう時こそ、善《よ》き友の支《ささ》えや励《はげ》ましが必要である。

池田先生は語られている。

「『生死《しょうじ》』の問題は、『こうなっています。こういう理屈《りくつ》です』と言うだけでは、解決しない。悲嘆《ひたん》にくれている、涙《なみだ》にむせんでいる、固《かた》く心を閉《と》ざしている——その人のために、身を粉《こ》にし、誠実《せいじつ》を尽《つ》くしてこそ、心を『蘇生』させられる。『妙とは蘇生の義なり』の実証《じっしょう》が出るのです」

誠実な祈りと真心《まごころ》の対話によって、自身の生命も、友の生命も生き生きと蘇生させながら、幸福の大道《だいどう》を歩みたい。

歓喜《かんき》の中《なか》の大歓喜

胸中《きょうちゅう》の仏界《ぶっかい》を呼《よ》び覚《さ》ます唱題《しょうだい》を

始《はじ》めて我《わ》が心本来《こころほんらい》の仏《ほとけ》なりと知《し》るを、即《すなわ》ち「大《だい》歓喜《かんぎ》」と名《な》づく。いわゆる、南無妙法蓮華経は歓《かん》喜《き》の中《なか》の大歓喜なり

（御義口伝《おんぎくでん》、新1097頁・全788頁）

【通解】初《はじ》めて自分の心が本来《ほんらい》の仏《ほとけ》であると知ることを、すなわち大歓喜と名づける。いわゆる南無妙法蓮華経は、歓喜の中《なか》の大歓喜である。

法華経《ほけきょう》五百弟子受記品《ごひゃくでしじゅきほん》第8の「其《そ》の心大《こころおおい》に歓喜《かんぎ》す」との経文についての「御義口伝《おんぎくでん》」であり、幾多《いくた》の学会員が、わが身《み》で体験し、実感してきた有名な一節《いっせつ》である。

◇

「人生の最高の喜《よろこ》び」は、どこにあるか。それは、自分自身の仏界《ぶっかい》を呼《よ》び覚《さ》ます「信心」のなかにある。日蓮大聖人《にちれんだいしょうにん》は、「**詮ずるところ、今《いま》、日蓮等の類《たぐ》い、南無妙法蓮華経と唱《とな》え奉《たてまつ》る時、必《かなら》ず無作《むさ》の三身《さんじん》の仏《ほとけ》に成《な》るを、『喜《き》』とは云《い》うなり**」（新1061頁・全761頁）と仰《おお》せになられた。その「大歓喜」の境涯《きょうがい》を、万人《ばんにん》に開くために説《と》かれたのが日蓮仏法《ぶっぽう》である。

この大歓喜の境涯に至《いた》るには、「難《なん》と戦い、乗り越える」ことだ。

大聖人は、「**大難来《だいなんきた》りなば、強盛《ごうじょう》の信心いよいよ悦《よろこ》びをなすべし**」（椎地四郎殿御書《しいじのしろうどのごしょ》、新1720頁・全1448頁）、「**これほどの悦びをばわら《笑》えかし**」（種々御振舞御書《しゅじゅおんふるまいごしょ》、新1231頁・全914頁）等々、〝難こそ誉《ほま》れ〟と喜び勇《いさ》んで難と戦い続けられた。この、たゆみなき不惜身命《ふしゃくしんみょう》の実践《じっせん》を貫《つらぬ》いてこそ、わが胸中《きょうちゅう》に「歓喜の中の大歓喜」の太陽が昇《のぼ》るのである。

そして「自他共《じたとも》の幸福のために戦う」ことだ。大聖人は「**『喜』とは、自他共に喜ぶことなり**」「**自他共に智慧《ちえ》と慈悲《じひ》と有《あ》るを、『喜』とは云《い》うなり**」（新1061頁・全761頁）と仰せである。

戸田先生は「自分が幸福になるぐらいは、なんでもない。簡単《かんたん》なことです。他人《ひと》まで幸福にしていこうというのが信心の根底《こんてい》です」と指導された。自《みずか》ら妙法《みょうほう》を実践し、縁《えん》する人々にも語り抜《ぬ》く功徳《くどく》によって、信心の喜びは幾重《いくえ》にも増していくのだ。

池田先生は「『大歓喜の境涯』と言っても、自分をいじめ抜くような苦闘《くとう》の果《は》てに得《え》られるのです。とくに青年は『今でなければ、いつ』自分を鍛《きた》えるのか」と言われた。

本抄で「我《わが》心《こころ》本来《ほんらい》の仏《ほとけ》なり」と仰せのごとく、一切《いっさい》の勝利の因《いん》は、わが胸中にあることを確信して前進していきたい。

受持即観心《じゅじそくかんじん》

「御本尊根本《こんぽん》」で生《い》き抜《ぬ》け

釈尊《しゃくそん》の因行《いんぎょう》果徳《かとく》の二法《にほう》は妙法蓮華経の五字《ごじ》に具足《ぐそく》す、我《われ》らこの五字を受持《じゅじ》すれば、自然《じねん》に彼《か》の因果《いんが》の功徳《くどく》を譲《ゆず》り与《あた》えたもう

（観心本尊抄《かんじんのほんぞんしょう》、新134頁・全246頁）

【通解】釈尊《しゃくそん》の因行《いんぎょう》（成仏《じょうぶつ》の因となる菩薩《ぼさつ》の修行《しゅぎょう》）と果徳《かとく》（因行の結果、成仏することによってそなわる徳）の二法《にほう》は、妙法蓮華経の五字に具足《ぐそく》している。われらがこの五字を受持《じゅじ》すれば、おのずと釈尊の因果《いんが》の功徳《くどく》を譲《ゆず》り与《あた》えられるのである。

文永《ぶんえい》10年（1273年）4月25日、日蓮大聖人《にちれんだいしょうにん》が52歳の時、佐渡《さど》の一谷《いちのさわ》で認《したた》められた。御本尊《ごほんぞん》を信じ、受持《じゅじ》することそれ自体によって功徳《くどく》を得《え》て、成仏《じょうぶつ》できる法理《ほうり》——「受持即観心《じゅじそくかんじん》」を明《あ》かされた重書中《じゅうしょちゅう》の重書である。

◇

「観心」とは「己心《こしん》を観《かん》ずる」という意味で、自分の心に「十界《じっかい》」が具《そな》わっていることを見る修《しゅ》行《ぎょう》である。天台仏法《てんだいぶっぽう》では、特別《とくべつ》な力《ちから》をもった人でも困難《こんなん》な修行とされた。

しかし、日蓮仏法では、御本仏《ごほんぶつ》・大聖人の当体《とうたい》である御本尊を受持することによって、釈尊《しゃくそん》が過《か》去《こ》に長遠《ちょうおん》な時間をかけて積《つ》み重《かさ》ねた因行《いんぎょう》（成仏の因《いん》となる修行）と、その結果得《え》られた果徳《かとく》（仏《ほとけ》としての徳《とく》）を、そのまま譲《ゆず》り与《あた》えられると説《と》くのである。この御文は、その根拠《こんきょ》を示された、大聖人の仏法の根幹《こんかん》をなす重要《じゅうよう》な一節《いっせつ》である。

御本仏の大慈悲《だいじひ》の結晶《けっしょう》ともいうべき御本尊を受持する真剣《しんけん》な「信《しん》」「行《ぎょう》」によって、わが己心《こしん》に仏界《ぶっかい》を涌現《ゆげん》することができる。

大聖人は「**本門寿量《ほんもんじゅりょう》の当体蓮華《とうたいれんげ》の仏とは、日蓮が弟子檀那《でしだんな》等の中のことなり**」（当体義抄《とうたいぎしょう》、新617頁・全512頁）とも仰《おお》せである。「**釈尊程《しゃくそんほど》の仏にやす《易》やす《々》と成《な》り候《そうろう》なり**」（新池御書《にいけごしょ》、新2068頁・全1443頁）と示された通りに、大境涯《だいきょうがい》を開くことができるのである。

戸田先生は、「自行化他《じぎょうけた》にわたらなければならない。これが末法《まっぽう》の題目《だいもく》である。（御本尊を）ただかざっておくだけでは、信じているとはいえ、それはいまだ真《しん》の受持にはならない」と指導された。

また池田先生は「受持」の修行の意味について、「仏の心を生きるのです。『すべての人を救《すく》いたい』『一切《いっさい》の衆生《しゅじょう》を仏に』という仏の誓願《せいがん》に生きるのです」と強調されている。

大聖人が、全民衆《ぜんみんしゅう》の成仏のために顕《あらわ》された御本尊であり、私たち自身が幸福になるための御本尊である。どこまでも御本尊を「受持」し抜《ぬ》き、社会に信心の実証《じっしょう》を示していきたい。

人法《にんぽう》ともに尊《とうと》し

「法《ほう》を弘《ひろ》める人《ひと》」こそ尊《とうと》い

法自《ほうおの》ずから弘《ひろ》まらず、人法《にん》を弘むるが故《ゆえ》に、人《にん》法《ぼう》ともに尊《たっと》し

(百六箇抄《ひゃくろっかしょう》、新2200頁・全856頁)

【通解】法《ほう》は自然《しぜん》に弘《ひろ》まるものではない。人《ひと》が法を弘めるのであり、だからこそ弘める人も弘まる法も、共《とも》に尊《とうと》いのである。

「百六箇抄《ひゃくろっかしょう》」では、日蓮大聖人《にちれんだいしょうにん》の下種仏法《げしゅぶっぽう》が示《しめ》されている。この一節《いっせつ》では、「法を弘《ひろ》める人」の尊《とうと》さを示《しめ》されている。

◇

「法」が重要《じゅうよう》であるゆえに、「法」を弘める「人」もまた大切《たいせつ》である。また、どこまでも現実の生きた人間の行動のなかに、法は脈動《みゃくどう》する。

釈尊《しゃくそん》の滅後《めつご》、インドで仏法が廃《すた》れたのは、人間・釈尊を神格化《しんかくか》、神秘化《しんぴか》したところから始まったとも指摘《してき》されている。仏《ほとけ》の存在《そんざい》を、現実と切《き》り離《はな》して、超越的《ちょうえつてき》な存在とした瞬間《しゅんかん》から、弟子たちは、仏が説《と》いた法をも見失《みうしな》ってしまったのである。

また、「法」は尊いと言いながら、その法を弘める「人」を侮《あなど》る者がいる。広宣流布《こうせんるふ》に励《はげ》む学会員を見下《みくだ》した日顕宗《にっけんしゅう》などが、その典型《てんけい》である。

大聖人は、そうした転倒《てんとう》の輩《やから》に対して、「**あなたは、よくよく法の源《みなもと》に迷《まよ》ってしまった。なぜかといえば、一切《いっさい》の草木は大地から生《しょう》ずる。このことから考えると、一切の仏法もまた、人によって弘まるのである。……それゆえ、持《たも》たれる法さえ第一ならば、持つ人も、それにしたがって第一となる。ゆえに、その『人』を謗《そし》るのは、その『法』を謗ることである**」（持妙法華問答抄《じみょうほっけもんどうしょう》、新516頁・全465頁、通解）と厳《きび》しく断《だん》じられた。広宣流布においては、「人」こそ大地なのだ、源なのだとまで仰《おお》せなのである。

また、「**忘れても法華経《ほけきょう》を持《たも》つ者をば互《たが》いに毀《そし》るべからざるか**」（松野殿御返事《まつのどのごへんじ》、新1988頁・全1382頁）とも戒《いまし》められている。

池田先生は「『法』といっても『人《にん》（仏《ほとけ》）』を離《はな》れた法は、『理《り》』だけの存在です。実際には――『事《じ》』の上では――仏の智慧《ちえ》を離れた法というのはない」と指導されている。この「仏の智慧」を、絶《た》えずわが生命にわき立たせていく努力こそ、日々の学会活動なのだ。

どれだけ偉大《いだい》な「法」も、実践《じっせん》する「人」がいなければ弘まらない。死身弘法《ししんぐほう》で戦う人がいてこそ、広宣流布は進むのだ。地道《じみち》に、誠実に、法を弘める同志を讃《たた》え合い、人も法も尊い創価の城を、いやまして荘厳《そうごん》していきたい。

桜梅桃李《おうばいとうり》

「ありのままの自分」で輝《かがや》け

桜梅桃李《おうばいとうり》の己々《ここ》の当体《とうたい》を改《あらた》めずして無作《むさ》の三《さん》身《じん》と開見《かいけん》すれば、これ即《すなわ》ち「量《りょう》」の義《ぎ》なり

（御義口伝《おんぎくでん》、新1090頁・全784頁）

【通解】桜《さくら》は桜、梅《うめ》は梅、桃《もも》は桃、李《すもも》は李と、おのおのの姿《すがた》を改《あらた》めずに、無作三身《むささんじん》（そのままの姿で、三身〈法身《ほっしん》・報身《ほうしん》・応身《おうじん》〉の特質を顕《あらわ》していく仏《ほとけ》の生命）を開いていくことが、無量義《むりょうぎ》の「量」の意義《いぎ》である。

無量義経《むりょうぎきょう》についての「御義口伝《おんぎくでん》」の一節《いっせつ》。花々は、それぞれの個性に従《したが》って咲《さ》き誇《ほこ》る。同じように、一切衆生《いっさいしゅじょう》が例外《れいがい》なく、日蓮大聖人《にちれんだいしょうにん》の仏法《ぶっぽう》によって、自分本来の特性《とくせい》を発揮《はっき》して生きることができる原理を「桜梅桃李《おうばいとうり》」という。

◇

人にはだれしも「長所」もあれば、「短所《たんしょ》（欠点《けってん》）」もある。だが、自分の性格を変えることは難《むずか》しい。人《ひと》に指摘《してき》をされて、自信をなくしてしまったり、自己嫌悪《じこけんお》に陥《おちい》ることもある。

しかし大聖人は〝おのおのの姿《すがた》を改《あらた》めずに仏《ほとけ》の生命を開いていくのだ〟と説《と》かれた。個性を無理に変える必要はないのである。

池田先生は「私どもは『ありのまま』でいいのです。凡夫《ぼんぷ》そのままの『無作《むさ》』でいくのです。久《く》遠《おん》の凡夫のまま『**つくろわず、もとのまま**』（御義口伝、新１０５８頁・全７５９頁）で、自体顕照《じたいけんしょう》（ありのままの姿《すがた》を顕《あらわ》し照《て》らしていくこと）していけばよい」と語られている。

もちろんこれは、自分を磨《みが》く努力をしなくてもいいという意味ではない。「**無作の三身《さんじん》とは、末《まっ》法《ぽう》の法華経《ほけきょう》の行者《ぎょうじゃ》なり**」（同、新１０４８頁・全７５２頁）、「**この無作の三身をば、一字をもって得《え》たり。いわゆる『信』の一字なり**」（同、新１０４９頁・全７５３頁）等と仰《おお》せのように、御本尊を強盛《ごうじょう》に信じ、悪世《あくせ》の末法で法華経を行《ぎょう》じ抜《ぬ》いてこそ、ありのままの自分の生命に仏の力《ちから》が漲《みなぎ》る。信心を根本《こんぽん》にした自行化他《じぎょうけた》の実践《じっせん》があってこそ、自己の豊《ゆた》かな個性も存分に花開くのだ。

さらに池田先生は、こう教えられている。

「本当の仏法者は、飾《かざ》りません。ありのままの姿でいくのです。信心の世界に、学歴《がくれき》とかそんなことは何の関係もない。そんなものにこだわる慢心《まんしん》があれば、かえって信心の邪魔《じゃま》になる。本当の信心は捨《す》て身《み》です。自分をかばうのではなく、不惜身命《ふしゃくしんみょう》で『難《なん》』に向かって進んでいくのが、本当の日蓮仏法だ」

広宣流布《こうせんるふ》という大目的に生き抜いた時にこそ、自身の最高の力と個性が無限《むげん》に輝《かがや》き始める。その時に、一人一人の個性を、最も特性を発揮した形で光らせることができるのである。

勝利《しょうり》の因果《いんが》

「今」の努力《どりょく》が「未来」を創《つく》る

過去《かこ》の因《いん》を知《し》らんと欲《ほっ》せば、その現在《げんざい》の果《か》を見《み》よ。未来の果を知らんと欲せば、その現在の因を見よ

(開目抄《かいもくしょう》、新112頁・全231頁)

【通解】過去《かこ》の因《いん》を知りたいと思うなら、その現在《げんざい》の果《か》を見なさい。未来《みらい》の果を知りたいと思うなら、その現在の因を見なさい。

「開目抄《かいもくしょう》」は文永《ぶんえい》9年(1272年)2月、51歳の時、流罪地《るざいち》・佐渡《さど》で著《あらわ》された。最大の法難《ほうなん》の渦《か》中《ちゅう》、鎌倉《かまくら》の門下《もんか》たちは、所領《しょりょう》の没収《ぼっしゅう》や、追放《ついほう》・罰金《ばっきん》などに処《しょ》せられ、多くが退転《たいてん》していく。そのなかで、日蓮大聖人《にちれんだいしょうにん》こそ末法《まっぽう》の御本仏《ごほんぶつ》であることを明《あき》らかにされた書《しょ》である。

◇

大聖人は「心地観経《しんじかんぎょう》」のこの一節《いっせつ》を引いて、生命は三世《さんぜ》にわたる因果《いんが》の法則《ほうそく》で貫《つらぬ》かれていることを教えられている。

しかし、仏法《ぶっぽう》で説《と》く三世の因果は〝過去《かこ》のあなたはこうです〟といった占《うらな》い話ではない。また〝過去に積《つ》んだ原因によって、未来《みらい》は既《すで》に決まっている〟という悲観的《ひかんてき》な〝運命論《うんめいろん》〟でもない。

「今」の自分の生命を変革《へんかく》することによって、「未来」をいくらでも開くことができると説く「希望の法理《ほうり》」が、真《しん》の仏法の因果論である。「生命の無限《むげん》の可能性《かのうせい》」を信じた、いわば〝究極《きゅうきょく》の未来志向《しこう》〟が、仏法者の生き方であるともいえよう。

人生は日々、成功と失敗、勝ったか負けたかの連続である。反省《はんせい》は大事だが、感傷《かんしょう》にふけり、過去を引きずれば、勝利への因《いん》は生まれない。

大聖人は「**ただ南無妙法蓮華経とだけでも唱《とな》えられるならば、滅《めっ》しない罪《つみ》があろうか。訪《おとず》れてこない幸福があろうか。このことは真実《しんじつ》であり、極《きわ》めて深い法門《ほうもん》である。これを信受《しんじゅ》すべきである**」(聖愚問答抄《しょうぐもんどうしょう》、新577頁・全497頁、通解)と仰《おお》せである。

御本尊《ごほんぞん》への深い祈《いの》りによって、自分自身の生命の底力《そこぢから》を開いていける。必《かなら》ず現在の課題《かだい》を克服《こくふく》していける。これが日蓮仏法の結論である。

池田先生は、「『今』が大事である。『いつか』ではない。常に、『今』こそ信心を深めよう、宿命転換《てんかん》しよう、との真剣《しんけん》な信心。そこに幸福の『因《いん》』が積《つ》まれ、『果《か》』が備《そな》わっていくのである。今、ともに世界広布《こうふ》に戦っている『過去の因行《いんぎょう》』の不思議さと、『未来の果徳《かとく》』の素晴らしさを確信していただきたい」と指導された。

「今」で未来は決まる。「この一瞬《いっしゅん》」の戦《たたか》いから、境涯《きょうがい》革命のドラマは始まるのだ。

依正不二《えしょうふに》

自分が変《か》われば環境《かんきょう》も変わる

浄土《じょうど》といい穢土《えど》というも、土《ど》に二《ふた》つの隔《へだ》てなし、ただ我らが心《こころ》の善悪《ぜんあく》によると見《み》えたり

（一生成仏抄《いっしょうじょうぶつしょう》、新317頁・全384頁）

【通解】浄土《じょうど》（仏《ほとけ》の住む清浄《せいじょう》な国土《こくど》）といっても、穢土《えど》（けがれた国土）といっても、二つの別々の国土があるわけではない。ただそこに住む私たちの心の善悪《ぜんあく》によって、違《ちが》いが現《あらわ》れると説《と》かれているのである。

建長《けんちょう》7年（1255年）、日蓮大聖人《にちれんだいしょうにん》が34歳の時に鎌倉《かまくら》で執筆《しっぴつ》され、富木常忍《ときじょうにん》に与《あた》えられたと伝えられるが、詳細は定かではない。

「**妙法《みょうほう》を唱《とな》え持《たも》ったとしても〝己心《こしん》の外《ほか》に妙法がある〟と思うならば、それは全《まった》く妙法ではない**」「**〝わが一念《いちねん》を指《さ》して妙法蓮華経と名《な》づけるのだ〟と深く信心を起《お》こすべきである**」（新316頁・全383頁、通解）と、私たち自身の生命《せいめい》が妙法の当体《とうたい》であることを教えられた。

◇

環境《かんきょう》が云々《うんぬん》ではない。状況《じょうきょう》のせいにしたところで、何の進展《しんてん》もない。自分が変われば環境も変わる。すべての人に、元来《がんらい》「変革《へんかく》の力《ちから》」が具《そな》わっているゆえに、「わが一念の変革」こそ、すべての変革の鍵《かぎ》にほかならない。

日蓮大聖人は、浄土《じょうど》といっても、穢土《えど》といっても、決して別々の世界にあるわけではなく、衆生《しゅじょう》の「心の善悪」によると仰《おお》せである。自《みずか》らを変革することによって、現実世界（穢土）を仏国土《ぶっこくど》（浄土）へと変革していくという、ダイナミックな浄土観を示されている。

仏法《ぶっぽう》では、「依報《えほう》」（環境）と「正報《しょうほう》」（自分自身）の関係について、「依正不二《えしょうふに》」と説《と》く。大聖人は、**「たとえば依報は影《かげ》のようなものであり、正報は体のようなものである。体がなければ影はない。正報がなければ依報はない。また、依報をもって正報をつくるのである」**（瑞相御書《ずいそうごしょ》、新1550頁・全1140頁、通解）と述《の》べられている。主体《しゅたい》は「正報」＝自分自身であることを忘れてはならない。

では、いかにすれば自身の生命を変革していけるのか。その答えこそ、「**いかようにしてか磨《みが》くべき。ただ南無妙法蓮華経と唱《とな》えたてまつるを、これをみがく《磨》とはいうなり**」（一生成仏抄《いっしょうじょうぶつしょう》、新317頁・全384頁）と仰せのごとく、唱題行《しょうだいぎょう》なのである。

池田先生は「生活上のさまざまな功徳《くどく》も、自分自身の生命が、浄化《じょうか》された分だけ、依正不二で、さまざまな幸福の現象《げんしょう》として現れてくるのです」と語られた。

自身の人間革命から、わが地域、わが社会を浄土に変えゆく実践《じっせん》こそ、広宣流布《こうせんるふ》という大民衆《みんしゅう》運動なのである。

人間の真価《しんか》

永遠《えいえん》に学会の中で生《い》き抜《ぬ》け

蒼蠅《そうよう》、驥尾《きび》に附《ふ》して万里《ばんり》を渡《わた》り、碧蘿《へきら》、松頭《しょうとう》に懸《か》かって千尋《せんじん》を延《の》ぶ
（立正安国論《りっしょうあんこくろん》、新36頁・全26頁）

【通解】青バエは驥《き》（1日に千里を走るという名馬）の尾《お》につかまっていれば、万里《ばんり》を行くことができる。つる草も、松の枝先にかかっていれば、千尋《せんじん》の高さにまで伸びることができる。

時の実質的な最高権力者《さいこうけんりょくしゃ》・北条時頼《ほうじょうときより》に提出された本抄は、文応《ぶんおう》元年（1260年）7月16日、日蓮大聖人《にちれんだいしょうにん》が39歳の時の御述作《ごじゅっさく》。客（北条時頼を想定）と主人（大聖人を想定）の問答《もんどう》形式で綴《つづ》られ、主人は民衆《みんしゅう》を苦《く》しめる誤《あやま》った宗教を論破《ろんぱ》する。それに対し、客は「**あなたのような卑《いや》しい身分《みぶん》で、どうしてそのようなことが言えるのか**」（新36頁・全26頁、通解）と、「外見《がいけん》」や「身分」を判断《はんだん》基準《きじゅん》にして反論《はんろん》する。主人は、〝**かたじけなくも大乗仏教《だいじょうぶっきょう》を学び、仏弟子《ぶつでし》として『諸経《しょきょう》の王』に仕《つか》えている**〟（同頁、趣意）と毅然《きぜん》と述《の》べ、さらに破折《はしゃく》を続けられる。

◇

大聖人は、この一節《いっせつ》で、私たち凡夫《ぼんぷ》も偉大《いだい》な仏法《ぶっぽう》を持《たも》ち、実践《じっせん》していけば、境涯《きょうがい》を大きく開き、自分の力《ちから》を大いに発揮《はっき》できることを教えられた。

人間の真価《しんか》は、「どう生きたか」で決まる。社会的な地位《ちい》や肩書《かたがき》などで決まるものではない。

池田先生は、次のように指導されている。

「世間《せけん》の立場や仕事の肩書などは、信心の位《くらい》とは関係がない。信心強き人が、最《もっと》も尊貴《そんき》なのである。

ゆえに創価のリーダーは、広布《こうふ》へ戦う友に尽《つ》くすのである。それができる人が、偉大な人である」

大聖人は御自身のことを「**海人**《あま》（＝漁師《りょうし》）**が子**」（本尊問答抄《ほんぞんもんどうしょう》、新３１０頁・全３７０頁）、「**賤民**《せんみん》**が子**」（善無畏三蔵抄《ぜんむいさんぞうしょう》、新１１８５頁・全８８３頁）、「**海辺**《うみべ》**の旃陀羅**《せんだら》（＝最下層《さいかそう》）**の家の子である**」（佐渡御勘気抄《さどごかんきしょう》、新１１９６頁・全８９１頁、通解）、「**都**《みやこ》**から遠く離れた国の庶民**《しょみん》**の子である**」（中興入道消息《なかおきのにゅうどうしょうそく》、新１７６８頁・１３３２頁、通解）等、堂々《どうどう》と自《みずか》らを庶民の出身であるとされた。この御本仏《ごほんぶつ》の誇《ほこ》りを継承《けいしょう》し、広宣《こうせん》流布《るふ》に生き抜《ぬ》く人こそ、真《しん》の大聖人門下《もんか》である。

また、この安国論の一節には、大聖人御自身が「諸経の王」である法華経《ほけきょう》を尊重《そんちょう》しているという「法根本《ほうこんぽん》」の仏法者の姿勢《しせい》が示されている。御聖訓《ごせいくん》に、「**根**《ね》**が深ければ大木**《たいぼく》**となり、枝**《えだ》**や葉**《は》**は茂**《しげ》**り、源**《みなもと》**が遠ければ水の流れが長い**」（四条金吾殿御返事《しじょうきんごどのごへんじ》、新１６１５頁・全１１８０頁、通解）と。どこまでも「法」という根幹《こんかん》、源流《げんりゅう》を離《はな》れてはならない。

大聖人の仏法と、その法を死身弘法《ししんぐほう》で実践した三代会長が築《きず》かれた創価学会の中でこそ、私たちは正しい仏道修行《ぶつどうしゅぎょう》に励《はげ》むことができるのである。

声《こえ》、仏事《ぶつじ》をなす

広宣流布《こうせんるふ》は「声《こえ》」で進む

「経《きょう》」とは一切衆生《いっさいしゅじょう》の言語音声《ごんごおんじょう》を経と云《い》うなり。釈《しゃく》に云《い》わく「声《こえ》、仏事《ぶつじ》をなす。これを名《な》づけて経となす」

（御義口伝《おんぎくでん》、新984頁・全708頁）

【通解】経《きょう》とは一切衆生《いっさいしゅじょう》の言葉《ことば》、発《はっ》する音《おと》、声《こえ》をいうのである。章安大師《しょうあんだいし》は「声が仏《ほとけ》の働《はたら》きをする。これを名づけて経という」といっている。

「南無妙法蓮華経」の「経《きょう》」について教えられた「御義口伝《おんぎくでん》」の一節《いっせつ》である。「経」とは仏《ほとけ》の説《と》いた教法《きょうほう》、経典《きょうてん》のこと。日蓮大聖人《にちれんだいしょうにん》は、一切衆生《いっさいしゅじょう》の音声《おんじょう》は、ことごとく経であると述《の》べておられる。

◇

私たちが生活していくなかで、「声《こえ》」ほど正直《しょうじき》なものはない。外見《がいけん》を着飾《きかざ》ったり、繕《つくろ》ったりすることはできても、声をごまかすことは難《むずか》しい。

また、新入会の友に、入会を決意した動機《どうき》を聞くと、紹介者の真心《まごころ》の声や、学会員の確信あふれる一声《ひとこえ》が〝決め手〟となった例が、実《じつ》に多い。

声には、自身の十界《じっかい》の生命が現《あらわ》れる。話の内容がどんなに素晴《すば》らしくても、ぼそぼそと自信がなさそうな声では、相手の心には響《ひび》かない。

妙法《みょうほう》は、勇気をもって語る「声」に、生き生きと脈打《みゃくう》つ。まさに「声」が「仏事《ぶつじ》（仏《ほとけ》の所作《しょさ》、振《ふ》る舞《ま》い）」をなすのである。

池田先生は「声の力《ちから》」について、次のように語られている。

「生命の『力』は、何より『声』に現れる。だから、どういう声、どういう言葉を発《はっ》するかで、心も変わり、体《からだ》も変わり、命《いのち》も変わる。『声仏事を為《な》す』です。『声悪事《あくじ》を為す』場合もある。良き言葉は、良き心と体をつくる。悪い言葉は、悪い心と体をつくる」

広宣流布《こうせんるふ》を進めるのは、自分自身を奮《ふる》い起《お》こし、他人をも勇気づける「声」である。

日々唱《とな》える題目《だいもく》も、「**末法《まっぽう》に入《い》って、今《いま》、日蓮が唱《とな》うるところの題目は、前代《ぜんだい》に異《こと》なり、自行《じぎょう》・化《け》他《た》に亘《わた》って南無妙法蓮華経なり**」（三大秘法稟承事《さんだいひほうぼんじょうじ》、新1387頁・全1022頁）と仰《おお》せの通り、自分も唱え、他人にも語る「自行化他」の両方がそろってこそ、真《しん》の唱題行《しょうだいぎょう》となる。

「自行」が進めば、「化他」も進む。「化他」が進めば、「自行」も深まるのだ。

真心を込《こ》めた励《はげ》ましの声、友を奮い立たせる確信の声、邪悪《じゃあく》を砕《くだ》く正義の声を堂々《どうどう》と発しながら、広宣流布に邁進《まいしん》していきたい。

「忍難《にんなん》」の力《ちから》

慈《じ》悲《ひ》の光《ひかり》で友を照《て》らしゆけ

日蓮《にちれん》が法華経《ほけきょう》の智解《ちげ》は天台《てんだい》・伝教《でんぎょう》には千万《せんまん》が一《いち》分《ぶん》も及《およ》ぶことなけれども、難《なん》を忍《しの》び慈悲《じひ》のすぐれ《勝》たることはおそれ《畏》をもいだき《抱》ぬべし

（開目抄《かいもくしょう》、新72頁・全202頁）

【通解】日蓮《にちれん》が法華経《ほけきょう》を理解《りかい》する智慧《ちえ》は、天台大師《てんだいだいし》や伝教大師《でんぎょうだいし》には千万分《せんまんぶん》の一《いち》にも及《およ》ばないけれども、難《なん》を耐《た》え忍《しの》び、慈悲《じひ》がすぐれていることについては、実に恐縮するほどである。

建長《けんちょう》5年（1253年）4月28日の「立宗宣言《りっしゅうせんげん》」以来、日蓮大聖人《にちれんだいしょうにん》には障魔《しょうま》の嵐《あらし》が吹《ふ》き荒《あ》れた。大きな難《なん》は4度（松葉《まつば》ケ谷《がやつ》の法難《ほうなん》、伊豆流罪《いずるざい》、小松原《こまつばら》の法難、竜《たつ》の口《くち》の法難・佐渡《さど》流罪）。小さい難に至《いた》っては数知れないと仰《おお》せられている。

身命《しんみょう》に及《およ》ぶ諸難《しょなん》が、頂点《ちょうてん》に達《たっ》したともいえる佐渡への配流《はいる》直後から、大聖人は本抄を執筆《しっぴつ》された。文永《ぶんえい》9年（1272年）2月、51歳の時に完成。この一節《いっせつ》では、御自身の法華経《ほけきょう》の行者《ぎょうじゃ》としての御《ご》境地《きょうち》を述《の》べられている。

◇

だれが本当に民衆《みんしゅう》のために戦ったのか。だれが民衆のために大難《だいなん》に遭《あ》ったのか――。

「日蓮、一度もしりぞ《退》く心なし」（弁殿《べんどの》並《ならびに》尼御前御書《あまごぜんごしょ》、新1635頁・全1224頁）との御言葉の通り、大聖人はいかなる大難にも敢然《かんぜん》と立ち向かい、法華経の行者として激闘《げきとう》、また激闘を続けられた。

「外《そと》に大難を忍《しの》ぶは、内《うち》に慈悲《じひ》の勝《すぐ》れたる故《ゆえ》なり」（日寛上人《にちかんしょうにん》、「開目抄文段《かいもくしょうもんだん》」）と示されているように、大聖人は民衆救済《きゅうさい》の「慈悲」の深さゆえに、いかなる大難をも乗り越える「忍難《にんなん》」の力《ちから》もすぐれておられたのである。それは、過去に法華経を行《ぎょう》じた、天台大師《てんだいだいし》、伝教大師《でんぎょう》をも、はるかにしのぐ闘争《とうそう》であられた。

池田先生は、大聖人の御境涯《ごきょうがい》について、「その根底《こんてい》には、末法《まっぽう》の人々に謗法《ほうぼう》の道を歩ませてはならないという厳父《げんぷ》の慈悲があります。その厳愛《げんあい》の心こそが、末法の民衆救済に直結《ちょっけつ》します」と語られている。

この大聖人の御《お》心《こころ》を受《う》け継《つ》ぐ法華経の行者として、「難」を受けながらも、「慈悲」の精神で友を救《すく》い続けてきたのが、創価学会である。なかんずく、創価三代の師匠である。ご自身の命を削《けず》るような大闘争を貫《つらぬ》き、幾千万《いくせんまん》の人々の心に希望の光を灯《とも》してこられた。

私たちも、この偉大《いだい》な師匠に続き、友の幸福を願って折伏《しゃくぶく》に挑戦《ちょうせん》する時、いかなる難にも怯《ひる》まぬ仏《ほとけ》の生命力を発揮《はっき》することができる。自他共《じたとも》に勝利の人生を飾《かざ》ることができるのだ。

現証《げんしょう》が正義を証明《しょうめい》

仏法《ぶっぽう》は「現実を変《か》える力《ちから》」

日蓮《にちれん》、仏法《ぶっぽう》をこころみ《試》るに、道理《どうり》と証文《しょうもん》とにはすぎず。また道理・証文よりも現証《げんしょう》にはす《過》ぎず

（三三蔵《さんさんぞう》祈雨事《きうのこと》、新1941頁・全1468頁）

【通解】日蓮《にちれん》が仏法《ぶっぽう》の優劣《ゆうれつ》を判断《はんだん》するのに、道理《どうり》と証文《しょうもん》とに過《す》ぎるものはない。さらに道理・証文よりも現証《げんしょう》に勝《まさ》るものはない。

駿河国《するがのくに》（現在の静岡県中央部）富士上方《ふじかみかた》西山郷の西山殿《にしやまどの》に宛《あ》てて認《したた》められた御手紙。文永《ぶんえい》11年（1274年）に蒙古襲来《もうこしゅうらい》（文永の役《えき》）があり、幕府《ばくふ》は再度《さいど》の襲来に危機感《ききかん》を募《つの》らせ、真言宗《しんごんしゅう》などに蒙古調伏《ちょうぶく》の祈禱《きとう》を盛《さか》んに行《おこな》わせていた。日蓮大聖人《にちれんだいしょうにん》は、干《かん》ばつの際《さい》の祈雨《きう》において、中国・真言僧の善無畏《ぜんむい》・金剛智《こんごうち》・不空《ふくう》の3人の三蔵《さんぞう》（＝三三蔵《さんさんぞう》）が失敗《しっぱい》し、天台大師《てんだいだいし》、伝教《でんぎょう》大師が成功した例などを通して、真言を破折《はしゃく》されると共《とも》に、「現証《げんしょう》」の重要性《じゅうようせい》を説《と》かれた。

◇

宗教が人々を幸福へと導《みちび》く正しい教えかどうかを判定する基準の一つが「三証《さんしょう》」である。

まず「文証《もんしょう》」は文書《ぶんしょ》、記録《きろく》などの証拠《しょうこ》のことで、その宗教の教義《きょうぎ》、主張《しゅちょう》が、いかなる経典《きょうてん》や文献《ぶんけん》によっているかを問《と》う。仏法《ぶっぽう》は「依法不依人《えほうふえにん》」であり、「**仏法は、みだりに人が貴《とうと》いとか、賤《いや》しいとかで判断《はんだん》してはならない。ただ経文《きょうもん》を先《さき》とすべきである**」（聖愚問答抄《しょうぐもんどうしょう》、新555頁・全481頁、通解）と、大聖人は文証を重視《じゅうし》されている。

次に「理証《りしょう》」は道理《どうり》、筋道《すじみち》が通《とお》っていることで、文証や教義《きょうぎ》が道理にかない、普遍妥当性《ふへんだとうせい》があるかどうかを問う。

そして「現証」は、現実《げんじつ》の証拠である。その宗教の正しさが、現実社会、生活のうえで証明《しょうめい》されるかどうか、「現実を変える力《ちから》」を持っているかどうかを問う。

大聖人は本抄以外でも、「**一切《いっさい》は現証にはしかず**」（教行証御書《きょうぎょうしょうごしょ》、新1672頁・全1279頁）等と、現証が他の二証《にしょう》よりも重要《じゅうよう》であると、繰《く》り返《かえ》し強調《きょうちょう》されている。

昭和5年（1930年）に創立された創価教育学会において、牧口先生は「座談会《ざだんかい》」のことを「大《だい》善《ぜん》生活実験証明座談会」と名付けられた。この呼び方自体が、宗教はどんな高尚《こうしょう》な文献や理論よりも「信心をして実際に幸《しあわ》せになった」という「現証」に勝《まさ》るものはないという信条《しんじょう》の表れである。

創価の同志が勝ち取った「体験《たいけん》」「現証」のドラマが、世界各地で、無数《むすう》に輝《かがや》いている。職場《しょくば》で、生活で、結果を出し、周囲の信頼を得《え》ていく——日々の地道な努力と勝利こそ、日蓮仏法の正義、学会の正義を証明する、最《もっと》も強力な「現証」となるのである。

福徳《ふくとく》を積《つ》む信心

広布《こうふ》の戦いが功徳《くどく》の源泉《げんせん》

今《いま》、日本国《にほんこく》の、法華経《ほけきょう》をかたき《敵》として、わざわ《禍》いを千里《せんり》の外《そと》よりまねき《招》出《い》だせり。これをもっておもう《思》に、今また法華経を信《しん》ずる人《ひと》は、さいわい《幸》を万里《ばんり》の外よりあつむ《集》べし

（十字御書《むしもちごしょ》、新２０３７頁・全１４９２頁）

【通解】今、日本の国は、法華経《ほけきょう》を敵《かたき》として、災《わざわ》いを千里《せんり》の外《そと》から招《まね》き寄《よ》せている。このことから考えてみると、今また、法華経を信ずる人は、幸《さいわ》いを万里《ばんり》の外から集めることであろう。

重須殿女房《おもすどのにょうぼう》が、年の初《はじ》めに十字《むしもち》（＝蒸餅《むしもち》）や果物《くだもの》を御供養《ごくよう》したことに対する御返事。御述作年《ごじゅっさくねん》は不明だが、身延《みのぶ》で記《しる》されている。

重須殿女房は南条時光《なんじょうときみつ》の姉で、日興上人《にっこうしょうにん》の折伏《しゃくぶく》で入信。疫病《えきびょう》で娘《むすめ》を亡《な》くし、翌年に末弟《まってい》の七郎五郎《しちろうごろう》を16歳で亡くすなどの悲しみを乗り越え、夫と共《とも》に純真《じゅんしん》な信心を貫《つらぬ》いたと伝えられる。◇

日蓮大聖人《にちれんだいしょうにん》は本抄で、「十界互具《じっかいごぐ》」の法理《ほうり》をもって、私たち自身が仏《ほとけ》にほかならないことを示されている。

法華経《ほけきょう》を讃嘆《さんたん》し、実践《じっせん》することによって、胸中《きょうちゅう》の仏界《ぶっかい》が涌現《ゆげん》してくる。御本尊《ごほんぞん》を信じ、広宣流布《こうせんるふ》へ戦う強盛《ごうじょう》な「一念《いちねん》」は、「一念三千」の法理のままに全宇宙へ広がり、幸福を「万里《ばんり》の外《そと》」から集めるのだ。

信心は、いわば福徳《ふくとく》を集める〝磁石《じしゃく》〟である。題目《だいもく》を唱《とな》え、仏界の境涯《きょうがい》を開けば、一切《いっさい》の事象《じしょう》が私たちの幸福のために働《はたら》き始めるのである。

池田先生はこの御文の意義について、次のように語られた。

「戸田先生はよく『私が受けた大功徳《だいくどく》をこの講堂《こうどう》いっぱいとすれば、諸君《しょくん》の言っている功徳は小指《こゆび》の先くらいのものだ』と言われていた。広宣流布のために牢獄《ろうごく》まで行って、牧口先生とともに迫害《はくがい》を一身《いっしん》に受けた。その『行動』の結果です。

大聖人は『**悪《あく》を滅《めつ》するを「功《く》」と云《い》い、善《ぜん》を生《しょう》ずるを「徳《とく》」と云うなり**』（御義口伝《おんぎくでん》、新1062頁・全762頁）とも言われている。自分自身の生命の『悪』をなくし、『善』を生みだしていくのが『功徳』です。そうなるためには、折伏です。折伏とは『悪』を破折《はしゃく》して、『善』に伏《ふく》せしめることです」

広布《こうふ》を阻《はば》む悪が充満《じゅうまん》するなかで、妙法受持《みょうほうじゅじ》を貫く闘争《とうそう》こそ、功徳の源泉《げんせん》——この方程式を忘れてはならない。

生死《しょうじ》の探究《たんきゅう》

三世《さんぜ》にわたる幸福境涯《きょうがい》を

まず臨終《りんじゅう》のことを習《なら》って後《のち》に他事《たじ》を習うべし

（妙法尼御前御返事《みょうほうあまごぜんごへんじ》、新2101頁・全1404頁）

【通解】まず、臨終《りんじゅう》のことを習《なら》ってから、その後にほかのことを習うべきである。

弘安《こうあん》元年（1278年）7月14日、身延《みのぶ》で著《あらわ》された御消息《ごしょうそく》。日蓮大聖人《にちれんだいしょうにん》御自身が、若き日より仏法《ぶっぽう》を修学《しゅうがく》される際《さい》に、生死《しょうじ》の問題を主題《しゅだい》とされていたことが記《しる》されている。

◇

臨終《りんじゅう》は「人生の総決算《そうけっさん》」である。したがって、臨終を正しく考えることは、人生を豊《ゆた》かにすることにほかならない。そして、臨終を考えるとは、「生死《しょうじ》」の哲学《てつがく》を持つことである。

釈尊《しゃくそん》は出家《しゅっけ》する際《さい》、あらゆる人に共通する「四苦《しく》」、すなわち「生老病死《しょうろうびょうし》」の苦《くる》しみ（生まれ、生きる苦しみ・老《お》いる苦しみ・病《や》む苦しみ・死の苦しみ）を見つめた。この御文では、大聖人もまた、「死の意味」の探究《たんきゅう》から仏道修行《ぶつどうしゅぎょう》を始められたことを述懐《じゅっかい》されている。

「生死」こそ人生の「一大事《いちだいじ》」である。「死とは何か」に対する正しい求道《きゅうどう》がなければ、「いかに生きるか」という答えも導《みちび》き出せない。

仏法は「三世《さんぜ》の生命」を説《と》く。「生」も「死」も、永遠《えいえん》に続く「生命の変化」の姿《すがた》である。〝死んだら終わり〟という考え方であれば、死への恐怖《きょうふ》を乗り越えることは難しい。また〝霊魂《れいこん》のような実体《じったい》が続く〟という考え方であれば、今、生きている人生の価値《かち》を軽視《けいし》しがちとなる。

良き「生」が満足の臨終を迎え、良き睡眠《すいみん》が新たな生の活力《かつりょく》を生むように、「死」は、次の新たな「生」への充足期間《じゅうそくきかん》である。

仏界《ぶっかい》に彩《いろど》られた生命は「生も歓喜《かんき》、死も歓喜」となるのである。

池田先生は述《の》べられている。

「まさに、三世永遠にわたる自由自在《じゆうじざい》の大境涯《だいきょうがい》です。生も死も仏界の寂光《じゃっこう》の大空を飛翔《ひしょう》していく大歓喜の境涯です。仏界の生死であれば、自分が生まれたいところに、生まれたい姿で生まれることができる。死もまた自在です。亡《な》くなっても、『須臾《しゅゆ》の間《ま》に』つまり『たちまちに』現実世界に還《かえ》ってきて、衆生利益《しゅじょうりやく》の戦いを開始すると大聖人が仰《おお》せです」

三世にわたる幸福境涯を築《きず》く真《しん》の生死観に立った時、「生老病死」の四苦を乗り越え、真に充実《じゅうじつ》した人生となるのだ。

生《せい》も歓喜《かんき》、死《し》も歓喜

「永遠《えいえん》の生命観《せいめいかん》」を深《ふか》めよ

い《生》きておわしき時《とき》は生《しょう》の仏《ほとけ》、今《いま》は死《し》の仏、生死《しょうじ》ともに仏なり。即身成仏《そくしんじょうぶつ》と申《もう》す大事《だいじ》の法門《ほうもん》これなり

(上野《うえの》殿《どのの》後家尼御返事《ごけあまごへんじ》、新1832頁・全1504頁)

【通解】(亡《な》くなられたあなたの夫《おっと》は)生きておられた時は生《せい》の仏《ほとけ》、今は死《し》の仏。生死《しょうじ》共《とも》に仏である。「即身成仏《そくしんじょうぶつ》」という大事《だいじ》な法門《ほうもん》が、これである。

南条時光《なんじょうときみつ》の母が、亡《な》き夫《おっと》・南条兵衛七郎《ひょうえしちろう》の追善供養《ついぜんくよう》のため、日蓮大聖人《にちれんだいしょうにん》に御供養《ごくよう》したことに対する御返事。大聖人は、亡き夫こそ、妙法《みょうほう》の信仰を教えてくれた尊《とうと》い人であり、さまざまな困難《こんなん》を乗《の》り越《こ》えて信心を貫《つらぬ》いた夫は、即身成仏《そくしんじょうぶつ》の法理《ほうり》の通り、生きておられた時も仏《ほとけ》であり、亡くなった後も成仏の境涯《きょうがい》にあることは間違いないと、力強く励《はげ》まされている。

◇

南条兵衛七郎が大聖人に帰依《きえ》した期間は、決して長くはなかった。しかし、その強盛《ごうじょう》な信心は、妻に、そして時光をはじめとする子どもたちに確かに受《う》け継《つ》がれていた。

私たちが日々唱《とな》えている「南無妙法蓮華経」の「南無」とは、「帰命《きみょう》する」という意味である。妙法蓮華経に「帰《き》して」いく。そして妙法蓮華経に「命《もと》づいて」行動していく――この**〝「帰《き》」と「命《みょう》」の双方向《そうほうこう》が、南無妙法蓮華経に含《ふく》まれている〟**(御義口伝《おんぎくでん》、新984頁・全708頁、趣意)。大聖人が「**自身法性《じしんほっしょう》の大地を、生死《しょうじ》生死と転《めぐ》り行《ゆ》くなり**」(同、新1010頁・全724頁)と仰《おお》せの通り、「大宇宙」即《そく》「自分自身」の「仏界《ぶっかい》の大地」を根本《こんぽん》にして綴《つづ》る、荘厳《そうごん》なドラマとなっていくのである。

大聖人は「**過去《かこ》の生死《しょうじ》、現在《げんざい》の生死、未来《みらい》の生死、三世《さんぜ》の生死に法華経《ほけきょう》を離《はな》れ切れざるを、法華《ほっけ》の血脈相承《けつみゃくそうじょう》とは云《い》うなり**」(生死一大事血脈抄《しょうじいちだいじけつみゃくしょう》、新1775頁・全1337頁)と記《しる》されている。どんな名声《めいせい》も権勢《けんせい》も、人生の終わりには塵《ちり》のように消える相対的《そうたいてき》幸福にすぎない。妙法という、大宇宙を貫く不滅《ふめつ》の法則《ほうそく》から離れない人こそ、三世永遠に「生も歓喜《かんき》、死も歓喜」の、絶対的《ぜったいてき》幸福境涯となるのだ。

池田先生は、「長寿《ちょうじゅ》」について語られた。

「たとえ短命《たんめい》であっても、『生命力』満々《まんまん》と生き、大いなる価値創造《かちそうぞう》をして亡くなれば、その人は『長寿』だったのです。また広宣流布《こうせんるふ》をして、多くの人々に偉大《いだい》な『生命力』を与《あた》えたこと以上の『長寿』はないと言える」と。

広宣流布の使命に生き抜《ぬ》き、わが生命を勝利で飾《かざ》りたい。

回向《えこう》の本義《ほんぎ》

広布《こうふ》の祈《いの》りこそ最高の追善《ついぜん》

今《いま》、日蓮《にちれん》等の類《たぐ》い、聖霊《しょうりょう》を訪《とぶら》う時《とき》、法華経《ほけきょう》を読《どく》誦《じゅ》し南無妙法蓮華経と唱《とな》え奉《たてまつ》る時、題目《だいもく》の光《ひかり》無間《むけん》に至《いた》って即身成仏《そくしんじょうぶつ》せしむ。回向《えこう》の文《もん》、これより事《こと》起《お》こるなり

(御義口伝《おんぎくでん》、新991頁・全712頁)

【通解】今、日蓮《にちれん》と門下《もんか》が、亡《な》くなった人を、法華経《ほけきょう》を読誦《どくじゅ》し南無妙法蓮華経と唱《とな》えて追善供養《ついぜんくよう》する時、題目《だいもく》の光《ひかり》が無間《むけん》地獄《じごく》にまで至《いた》って、即身成仏《そくしんじょうぶつ》することができる。回向《えこう》の文《もん》はこれより事起《ことお》こるのである。

法華経序品第1《ほけきょうじょほん》についての「御義口伝《おんぎくでん》」の一節《いっせつ》である。自分自身が御本尊《ごほんぞん》を信じ、題目《だいもく》を唱《とな》え、広宣流布《こうせんるふ》に生き抜《ぬ》く。その功徳《くどく》を故人《こじん》に「回《めぐら》し向《む》ける」のが「回向《えこう》」の本義《ほんぎ》である。

◇

葬儀《そうぎ》や回向と聞くと、衣《ころも》を着《き》た僧侶《そうりょ》が行《おこな》うもの、というイメージがあるかもしれない。だが、そもそも釈尊《しゃくそん》の時代、僧侶は葬儀を行わなかった。釈尊自身の葬儀も在家《ざいけ》が行った。

日蓮大聖人《にちれんだいしょうにん》が信徒の葬儀を行われた例も、御書には一つも記《しる》されていない。大聖人が門下《もんか》の死後に「戒名《かいみょう》」を与《あた》えたという事実も皆無《かいむ》である。

〝葬儀に僧侶がいなければ成仏《じょうぶつ》できない〟などと言う日顕宗《にっけんしゅう》の鉄鎖《てっさ》を断《た》ち切《き》った学会は、「友人葬《ゆうじんそう》」をはじめ、仏法本来《ぶっぽうほんらい》の精神《せいしん》に基《もと》づく追善《ついぜん》の儀式《ぎしき》を執《と》り行っている。

池田先生は、次のように語られた。

「私たちは、この釈尊、大聖人の御精神に直結《ちょっけつ》して、葬儀や追善回向についても、万人《ばんにん》が納得《なっとく》できるかたちで、画期的《かっきてき》な意識改革《いしきかいかく》を、大きく進めているのである。お陰《かげ》さまで、学会の友人葬も、深く広く定着《ていちゃく》してきた。多くの共感の声が、外部《がいぶ》の識者《しきしゃ》からも寄《よ》せられている」

回向、追善の根本《こんぽん》は、自分自身の信心である。

大聖人は、「**父母《ぶぼ》の成仏は、そのまま子の成仏であり、子の成仏は、そのまま父母の成仏なのである**」（御講聞書《おんこうききがき》、新1130頁・全813頁、通解）と仰《おお》せになられた。広宣流布への仏道修行《ぶつどうしゅぎょう》によって、自身が成仏の功徳を得《え》てこそ、父母をも成仏させることができる。また、父母が広布《こうふ》に尽《つ》くして亡《な》くなった場合には、その子孫《しそん》も福運《ふくうん》で護《まも》られていくのである。

「題目の光無間《ひかりむけん》に至《いた》って」と仰せの通り、たとえ故人が苦しみの生命状態にあろうと、遺族《いぞく》が唱える「題目の光」は必《かなら》ず届き、成仏へ導《みちび》くことができる。遺族本人が広布のために自行化他《じぎょうけた》に励《はげ》む実践《じっせん》こそ、最高の追善となるのである。

生死不二《しょうじふに》の祈《いの》り

遺族《いぞく》の幸福が故人《こじん》の成仏《じょうぶつ》の証《あかし》

この経《きょう》を持《たも》つ人々《ひとびと》は、他人《たにん》なれども同《おな》じ霊山《りょうぜん》へまいり《詣》あわせ《合》給《たも》うなり。いかにいわんや、故聖《こしょう》霊《りょう》も殿《との》も、同じく法華経《ほけきょう》を信じさせ給《たま》えば、同じところに生《う》まれさせ給うべし

（上野殿御返事《うえのどのごへんじ》、新１８３８頁・全１５０８頁）

【通解】この経《きょう》を持《たも》つ人々は、他人《たにん》であっても同じ霊山《りょうぜん》へ行って会うことができるのである。いわんや、亡《な》き父上も殿（南《なん》条時光《じょうときみつ》）も（親子で）同じく法華経《ほけきょう》を信じておられるので、必《かなら》ず同じところにお生まれになるであろう。

文永《ぶんえい》11年（１２７４年）11月11日、日蓮大聖人《にちれんだいしょうにん》が53歳の時の御述作《ごじゅっさく》。身延《みのぶ》まで種々《しゅじゅ》の御供養《ごくよう》を届けた南条時光《なんじょうときみつ》に対し感謝《かんしゃ》を述《の》べ、時光の父・南条兵衛七郎《ひょうえしちろう》の死後も、父子二代《ふしにだい》にわたって強盛《ごうじょう》な信心を持《たも》ち続ける時光を讃《たた》えられた。

◇

池田先生は断言《だんげん》されている。「私たちは妙法家族《みょうほうかぞく》です。生《せい》も死《し》も超《こ》えて、妙法という〝生命の無《む》線《せん》〟で結《むす》ばれている。唱《とな》えた題目《だいもく》は必《かなら》ず相手に通じるし、自分が願えば、再《ふたた》び家族になったり、友人になったりして、身近《みぢか》なところに生まれてくる」と。

亡《な》くなった大切《たいせつ》な人と、再び会えるのか――大聖人は仰《おお》せになられた。広宣流布《こうせんるふ》に生き抜《ぬ》く同志は、親子はもちろん、血のつながっていない人であっても、霊山浄土《りょうぜんじょうど》で再び会うことができる、と。

また、次のようにも綴《つづ》られた。

「**悲母《ひも》が我《わ》が子を恋《こい》しく思うのであれば、南無妙法蓮華経と唱え、故南条殿・故五郎殿と一所《いっしょ》に生まれようと願いなさい**」（上野殿母御前御返事《うえのどののははごぜんごへんじ》、新1908頁・全1570頁、通解）、「**大地を的《まと》とした矢が外《はず》れたとしても、太陽や月が地に堕《お》ちることがあったとしても……南無妙法蓮華経と唱える女性が、思う子に会えないということはないと説《と》かれています**」（上野尼御前御返事《うえのあまごぜんごへんじ》、新1921頁・全1576頁、通解）

先の言葉に続けて、先生は語られている。

「それを確信して、遺族《いぞく》が堂々《どうどう》と幸福になり切っていくことです。その幸《しあわ》せの実証《じっしょう》こそが、亡くなった人の成仏《じょうぶつ》を雄弁《ゆうべん》に物語《ものがた》っているのです」

「家族の『生《せい》』の側《がわ》が幸せになれば、『死《し》』の生命も幸せになっていく。また『死』の状態の生命が成仏していけば、『生』の私たちを守ってくれる」

命ある限り、力強く生き抜く。その不退《ふたい》の信心こそ、「生死不二《しょうじふに》」の幸福を開く要諦《ようてい》なのである。

5章 実践の指標

慈悲《じひ》とは抜苦与楽《ばっくよらく》

学会が御本仏《ごほんぶつ》の御遺命《ごゆいめい》を実現

日蓮《にちれん》が慈悲曠大《じひこうだい》ならば、南無妙法蓮華経は万年《まんねん》の外未来《ほかみらい》までもながる《流》べし。日本国《にほんこく》の一切衆生《いっさいしゅじょう》の盲目《もうもく》をひら《開》ける功徳《くどく》あり。無間地獄《むけんじごく》の道《みち》をふさ《塞》ぎぬ。この功徳は、伝教《でんぎょう》・天台《てんだい》にも超《こ》え、竜樹《りゅうじゅ》・迦葉《かしょう》にもす《勝》ぐれたり

（報恩抄《ほうおんしょう》、新261頁・全329頁）

【通解】日蓮《にちれん》の慈悲《じひ》が広大《こうだい》であるならば、南無妙法蓮華経は万年《まんねん》を超《こ》える未来までも流布《るふ》するであろう。日本国の一切《いっさい》衆生《しゅじょう》の盲目《もうもく》を開いた功徳《くどく》がある。無間地《むけんじ》獄《ごく》の道をふさいだのである。この功徳は、伝教大師《でんぎょうだいし》・天台大師《てんだい》をも超え、竜樹菩《りゅうじゅぼ》薩《さつ》・迦葉尊者《かしょうそんじゃ》よりもすぐれている。

建治《けんじ》2年（1276年）7月21日、日蓮大聖人《にちれんだいしょうにん》が55歳の時、若き日の師・道善房《どうぜんぼう》の訃報《ふほう》に接《せっ》して綴《つづ》られた「報恩抄《ほうおんしょう》」の一節《いっせつ》である。

報恩のためには、仏法《ぶっぽう》を習《なら》い究《きわ》め、破邪顕正《はじゃけんせい》の実践《じっせん》をする以外にないと断言《だんげん》される。そして、大聖人の不惜身命《ふしゃくしんみょう》の闘争《とうそう》の功徳《くどく》は道善房に還《かえ》ると述《の》べられ、本抄を結《むす》ばれている。

◇

「慈悲《じひ》」には「抜苦与楽《ばっくよらく》」という意味がある。

「慈」は「与楽」で、何か喜《よろこ》びとなるものを与《あた》えること。「悲」は「抜苦」で、相手の苦《くる》しんでいる原因を取り除《のぞ》くこと。この両者を合わせて「慈悲」となる。

「盲目《もうもく》をひらく」とは、民衆《みんしゅう》の「無明《むみょう》（＝根本《こんぽん》の迷《まよ》い）」を晴らすこと。「無間地獄《むけんじごく》の道をふさぐ」とは、あらゆる苦しみの根《ね》を断《た》ち、幸福へと転《てん》じゆくという意味である。

すべての人々が、自身の幸福を、自身の力《ちから》で開くために——大聖人は、南無妙法蓮華経こそ全人《ぜんじん》類《るい》に仏《ほとけ》の生命を目覚《めざ》めさせ、開かせゆく大法《だいほう》であると宣言《せんげん》された。一切衆生《いっさいしゅじょう》を未来永遠《みらいえいえん》に、差別《さべつ》なく、断《だん》じて救《すく》わんとされる、御本仏《ごほんぶつ》の大慈悲の結晶《けっしょう》ともいえる一節である。

大聖人は、**「今《いま》、日蓮が唱《とな》うるところの南無妙法蓮華経は、末法《まっぽう》一万年《まんねん》の衆生《しゅじょう》まで成仏《じょうぶつ》せしむるなり」**（御義口伝《おんぎくでん》、新1004頁・全720頁）、**「日蓮は泣《なか》かねどもなみだひま隙《ひま》なし。このなみだ世間《せけん》のことにはあらず。ただひとえに法華経《ほけきょう》の故《ゆえ》なり」**（諸法実相抄《しょほうじっそうしょう》、新1792頁・全1361頁）とも仰《おお》せである。この大聖人の御遺命《ごゆいめい》である「世界広宣流布《せかいこうせんるふ》」を現実のものとしたのは、牧口先生、戸田先生、池田先生の三代会長の指揮《しき》のもとに進んできた創価学会以外にない。その「不惜身命」「死身弘法《ししんぐほう》」の闘争を貫《つらぬ》く根本精神こそ「慈悲」である。

きょうもまた、「なんとしても、あの人を幸福に！」と祈《いの》り、智慧《ちえ》を尽《つ》くす、「抜苦与楽」の実践に勇《いさ》んで励《はげ》みたい。

広宣流布《こうせんるふ》の情熱《じょうねつ》

日々、仏国土《ぶっこくど》の建設《けんせつ》へ前進

命《いのち》限《かぎ》り有《あ》り、惜《お》しむべからず。ついに願《ねが》うべきは仏国《ぶっこく》なり
（富木《とき》入道殿御返事《にゅうどうどのごへんじ》、新1283頁・全955頁）

【通解】命《いのち》は限《かぎ》りあるものである。これを惜《お》しんではならない。ついに願《ねが》うべきは仏国土《ぶっこくど》である。

文永《ぶんえい》8年（1271年）11月23日、日蓮大聖人《にちれんだいしょうにん》が50歳の時、富木常忍《ときじょうにん》に送られた御手紙。佐渡《さど》到着後《とうちゃくご》、初めて門下《もんか》に送られたものと考えられる。最悪《さいあく》ともいえる状況下《じょうきょうか》で、「三類《さんるい》の強敵《ごうてき》」を記《しる》した法華経《ほけきょう》の勧持品《かんじほん》や、菩薩行《ぼさつぎょう》を説《と》く不軽品《ふきょうほん》を引き、広宣流布《こうせんるふ》への「不惜身命《ふしゃくしんみょう》」の情熱《じょうねつ》を込《こ》められた一節《いっせつ》である。

◇

「不惜身命」とは、仏典《ぶってん》に何度も説かれ、大聖人が御自身の信条《しんじょう》とされた、仏法流布《ぶっぽうるふ》の真髄《しんずい》である。

大聖人は「法華経迹門《しゃくもん》の勧持品第13に『我身命《われしんみょう》を愛《あい》せず但《た》だ無上道《むじょうどう》を惜《お》しむ』と説かれ、本門《ほんもん》の如来寿量品《にょらいじゅりょうほん》第16には『自《みずか》ら身命を惜しまず』と説かれ、涅槃経《ねはんぎょう》には『身《み》は軽《かる》く法は重《おも》し、身を死して法を弘《ひろ》む』と説かれている」（松野殿御返事《まつのどのごへんじ》、新1993頁・全1386頁、通解）等と繰《く》り返し仰《おお》せである。

この大聖人の御遺命《ごゆいめい》を継《つ》いだのはだれか。「仏国土《ぶっこくど》」を、単なる理想郷《りそうきょう》ではなく、現実の「目に見えるかたち」にする。民衆《みんしゅう》が幸福になる社会を、必《かなら》ず実現《じつげん》する――この一念《いちねん》を深く定《さだ》め、まさに「自ら身命を惜しまず」戦《たたか》ってこられたのが、牧口先生、戸田先生、池田先生の創価三代の会長である。

この観点《かんてん》から私たちの毎日の実践《じっせん》をみれば、創価班が厳護《げんご》する日々の会合は、尊《とうと》き「仏子《ぶっし》の集まり」である。牙城会が護《まも》る会館は、「仏国土」の重要《じゅうよう》な拠点《きょてん》である。私たちの学会活動はすべて、現実の「仏国土」の建設、「仏《ほとけ》の勢力《せいりょく》」の発展《はってん》に直結《ちょっけつ》している。「建設《けんせつ》は死闘《しとう》、破壊《はかい》は一瞬《いっしゅん》」である。後継者《こうけいしゃ》は、先駆者《せんくしゃ》の苦闘《くとう》によって築《きず》き上げられた組織《そしき》に瞬時《しゅんじ》も安住《あんじゅう》してはならない。さまざまに形を変えて「仏国土」を破壊しようとする悪《あく》の動きに対して、だれよりも敏感《びんかん》でなければならない。

池田先生は、広宣流布とは終着点《しゅうちゃくてん》ではなく、広布《こうふ》を目指《めざ》す「流れそれ自体」であると言われた。

そして、私たち青年に対して、烈々《れつれつ》と訴《うった》えられている。

「その広布の大河《たいが》の流れが　歴史《れきし》の必然《ひつぜん》であるか否《いな》かを　君《きみ》よ問《と》うなかれ
汝自身《なんじじしん》の胸中《きょうちゅう》に　自らの汗《あせ》と労苦《ろうく》により　広布を必然《ひつぜん》たらしめんとする
熱情《ねつじょう》のありや無《な》しやを　常《つね》に問え」

学会が築いてきた仏国土を護り、広げ続ける人こそ、「不惜身命の人」である。

大願《だいがん》に生きる

「大いなる理想」への闘争《とうそう》

願《ねが》わくは、我《わ》が弟子《でし》等、大願《だいがん》をおこ《起》せ

（上野殿御返事《うえのどのごへんじ》、新1895頁・全1561頁）

【通解】願《ねが》わくは、わが弟子たちよ、（成仏《じょうぶつ》への）大願《だいがん》を起《お》こしなさい。

弘安《こうあん》2年（1279年）11月6日、日蓮大聖人《にちれんだいしょうにん》が58歳の時、駿河国《するがのくに》（現在の静岡県中央部）富士上方上野郷《ふじかみかたうえのごう》の武士であった21歳の南条時光《なんじょうときみつ》に与《あた》えられた御消息《ごしょうそく》である。別名「竜門御書《りゅうもんごしょ》」。

追伸《ついしん》で「**これは、あつ《熱》わら《原》のことのあり《有》がた《難》さに申《もう》す御返事なり**」（新1895頁・全1561頁）と仰《おお》せのように、「熱原《あつはら》の法難《ほうなん》」に際《さい》して、少しもひるまず同志を護《まも》り抜《ぬ》いた門下《もんか》の信心を讃《たた》えられた。

「熱原の法難」は、神四郎《じんしろう》、弥五郎《やごろう》、弥六郎《やろくろう》をはじめ、無名《むめい》の農民門下が、強大《きょうだい》な権力《けんりょく》による弾圧《だんあつ》に対し、命《いのち》を懸《か》けて抵抗《ていこう》した人権闘争《じんけんとうそう》の先駆《せんく》の歴史《れきし》である。

◇

大聖人は「**『大願《だいがん》』とは、法華弘通《ほっけぐつう》なり**」（御義口伝《おんぎくでん》、新1027頁・全736頁）と宣言された。自《じ》他共《たとも》の成仏《じょうぶつ》を説《と》いた妙法《みょうほう》を弘《ひろ》める「広宣流布《こうせんるふ》」こそ、大聖人門下の大願である。この「**広宣流布の大願**」（生死一大事血脈抄《しょうじいちだいじけつみゃくしょう》、新1775頁・全1337頁）のために戦い続けている団体《だんたい》は、創価学会しかない。

本抄で大聖人は、「**おなじく**《同》**は、かりにも**《仮》**法華経**《ほけきょう》**のゆえに命をすて**《捨》**よ。つゆ**《露》**を大海**《たいかい》**にあつらえ、ち**《塵》**りを大地**《だいち》**にうずむ**《埋》**とおもえ**《思》」（新1895頁・全1561頁）と仰《おお》せになられた。同じ一生ならば、妙法のため、広宣流布のために生き抜け！——池田先生は、本抄を拝《はい》して次のように指導された。

「人間、『何のため』に命を賭《か》けるか。『異性《いせい》のため』『財産《ざいさん》のため』『栄誉《えいよ》のため』——それが人生の目的ならば、それはそれだけの刹那的《せつなてき》な次元《じげん》の人生となってしまう。

私たちの生命は、露《つゆ》や塵《ちり》のように小さいともいえる。しかし、大海に入った露は大海と一体になる。大地に埋《うず》めた塵は大地と一体になる。その大地が草木を茂《しげ》らせ、花を咲《さ》かせ、多くの実《み》を結《むす》ぶ。それと同様《どうよう》に、私たちが宇宙の根本法《こんぽんほう》である『妙法』に命を帰《き》していく時、自身の小さな境涯《きょうがい》もまた、宇宙大へと拡大していく。『小我《しょうが》』が『大我《たいが》』となる」

広宣流布という「大いなる理想」に挑戦《ちょうせん》するなかで、私たちは自身の狭《せま》い視野《しや》や小さい殻《から》を打《う》ち破《やぶ》ることができる。

大願を立て、大願のために戦えば、それを妨《さまた》げる大難《だいなん》も襲《おそ》ってくる。その障魔《しょうま》を乗り越えてこそ、成仏の境涯《きょうがい》を開くことができるのだ。

一人《ひとり》から一人へ

自分が「最初《さいしょ》の一人《ひとり》」に

日蓮一人《にちれんいちにん》はじめは南無妙法蓮華経と唱《とな》えしが、二人《ににん》・三人・百人と次第《しだい》に唱えつたう（伝）るなり。未来《みらい》もまたしかるべし。これ、あに地涌《じゆ》の義《ぎ》にあらずや。あまつさえ、広宣流布《こうせんるふ》の時《とき》は、日本一同《にほんいちどう》に南無妙法蓮華経と唱えんことは、大地《だいち》を的《まと》とするなるべし

（諸法実相抄《しょほうじっそうしょう》、新1791頁・全1360頁）

【通解】初《はじ》めは日蓮一人《にちれんひとり》が南無妙法蓮華経と唱《とな》えたが、二人、三人、そして百人と、次第《しだい》に唱え伝えてきたのである。未来もまた同様《どうよう》であろう。これこそ地涌《じゆ》の義《ぎ》ではないだろうか。そればかりか広宣流布《こうせんるふ》の時には、日本中が一同《いちどう》に南無妙法蓮華経と唱えることは、大地《だいち》を的《まと》とするように確《たし》かなことである。

文永《ぶんえい》10年（1273年）5月17日に佐渡《さど》で著《あらわ》され、最蓮房《さいれんぼう》に与《あた》えられたとされる。森羅万象《しんらばんしょう》（＝諸法《しょほう》）がすべて妙法蓮華経の当体《とうたい》（＝実相《じっそう》）であることを示された「諸法実相《しょほうじっそう》」の法理《ほうり》を述《の》べ、さらには、地涌《じゆ》の菩薩《ぼさつ》の出現《しゅつげん》の意義を記《しる》され、「信行学《しんぎょうがく》の実践《じっせん》」の重要性《じゅうようせい》を訴《うった》えられている。

◇

「戦争ほど、残酷《ざんこく》なものはない。戦争ほど、悲惨《ひさん》なものはない」――池田先生は、この有名な一文《いちぶん》から小説『人間革命』を書き起こされた。そして第1巻の「まえがき」に、「一人の人間における偉大《いだい》な人間革命は、やがて一国《いっこく》の宿命《しゅくめい》の転換《てんかん》をも成《な》し遂《と》げ、さらに全人類《ぜんじんるい》の宿命の転換をも可能にする」とのテーマを記《しる》されている。

牧口先生、戸田先生、池田先生の創価三代の師弟の闘争《とうそう》によって、無数の民衆《みんしゅう》が「我《われ》こそは地涌《じゆ》の菩薩《ぼさつ》なり!」との自覚に立ったのだ。創価学会による広宣流布《こうせんるふ》のドラマは、まさに「未来もまたしかるべし」の御聖訓《ごせいくん》を現代に実現してきた、厳然《げんぜん》たる証《あかし》である。

大変革《へんかく》も初めは「一人」から。広布《こうふ》も同じだ。自分と縁《えん》した友人に仏法《ぶっぽう》を語るのは、自分しかいない。ほかの「だれか」ではなく、自分こそ最初の「一人」と決めることだ。「広宣流布は私がやる!」と覚悟《かくご》した時、その祈《いの》りは「大地を的《まと》とする」ように、必《かなら》ず叶《かな》っていく。

池田先生は広宣流布の「流布」について、「大河《たいが》のごとく流れ」「布《ぬの》のように布《し》き広げていく」という意味があるとして、こう語られた。

「布は縦糸《たていと》、横糸《よこいと》が織《お》られて、できている。広宣流布も、タテには師から弟子へ、親から子へ、先輩から後輩へと受《う》け継《つ》がれていかねばならない。ヨコには、国を超《こ》え、階層《かいそう》を超え、一切《いっさい》の差別《さべつ》を超えて平等《びょうどう》に広がっていかなければ偏《へん》ぱになってしまう」

「一人」から「一人」へと語り抜《ぬ》く対話こそ、仏《ほとけ》の勢力《せいりょく》を拡大する原動力《げんどうりょく》である。

胸中《きょうちゅう》の肉団《にくだん》

無《む》限《げん》の宝《たから》は「心」の中に

この御本尊《ごほんぞん》全《まった》く余所《よそ》に求《もと》むることなかれ。ただ我《われ》ら衆生《しゅじょう》の法華経《ほけきょう》を持《たも》って南無妙法蓮華経と唱《とな》うる胸中《きょうちゅう》の肉団《にくだん》におわしますなり。これを九識心《くしきしん》王真如《のうしんにょ》の都《みやこ》とは申《もう》すなり

（日女御前御返事《にちにょごぜんごへんじ》、新2088頁・全1244頁）

【通解】この御本尊《ごほんぞん》は、決して、ほかの所《ところ》に求《もと》めてはならない。ただ、われら衆《しゅ》生《じょう》が、法華経《ほけきょう》（御本尊）を持《たも》って、南無妙法蓮華経と唱《とな》える、胸中《きょうちゅう》の肉団《にくだん》にいらっしゃるのである。これを「九識心王《くしきしんのう》真如《しんにょ》の都《みやこ》」というのである。

純真《じゅんしん》な信心を貫《つらぬ》いてきた婦人門下《もんか》である日女御前《にちにょごぜん》が、日蓮大聖人《にちれんだいしょうにん》から御本尊《ごほんぞん》を授与《じゅよ》されたことに感激《かんげき》し、御供養《ごくよう》をお届けした際《さい》に与《あた》えられた御返事。建治《けんじ》3年（1277年）8月23日、大聖人が56歳の時、身延《みのぶ》で著《あらわ》された。「御本尊相貌抄《ごほんぞんそうみょうしょう》」との別名のように、御本尊の意義《いぎ》や御姿《おすがた》などの深《じん》義《ぎ》について明かされている。

◇

池田先生は、講義された。「〝御本尊は胸中《きょうちゅう》の肉団《にくだん》にいらっしゃる〟――この仰《おお》せの元意《がんい》を拝《はい》するならば、大聖人が認《したた》められた御本尊は、実は、自分自身の胸中の御本尊に目覚《めざ》め、胸中の御本尊を呼び顕《あらわ》すための御本尊であるということです」

大聖人は、「**いわゆる、南無妙法蓮華経と唱え奉《たてまつ》るは、自身の宮殿《きゅうでん》に入《い》るなり**」（御義口伝《おんぎくでん》、新1095頁・全787頁）とも説《と》かれている。わが胸中に「九識心王真如《くしきしんのうしんにょ》の都《みやこ》」、すなわち〝仏《ほとけ》の生命の都〟がある。大聖人は、この仏界《ぶっかい》の生命を御本尊として顕《あらわ》され、「**法華弘通《ほっけぐつう》のはたじるし《旗印》**」（新2086頁・全1243頁）として掲《かか》げて、忍難弘通《にんなんぐつう》の尊《とうと》き御生涯《ごしょうがい》を歩み抜《ぬ》かれたのである。

また、池田先生は、「生命の奥底《おうてい》にある仏界を湧現《ゆげん》していけば、八識《はっしき》（＝阿頼耶識《あらやしき》、宿業）が変わり、七識（＝末那識《まなしき》、無意識《むいしき》）が変わり、六識（＝意識）が変わり、五識（＝眼《げん》・耳《に》・鼻《び》・舌《ぜつ》・身《しん》の五識）が変わる。全部、清浄《せいじょう》となり、善《ぜん》の働《はたら》きになる」、また「御本尊を拝する『その人』が、『その場で』仏となる。今、自分のいる場所で、自分を最高に輝《かがや》かせながら、家庭のために、社会のために、そして人類のために、活躍していけるのが『妙法《みょうほう》』である。したがって私どもは、どこまでも御本尊を根本《こんぽん》にしていけばよい」とも指導された。

御本尊を受持し、題目《だいもく》を唱えれば、わが胸中の御本尊を開くことができる。無限《むげん》の生命力を涌現させることで、宿命《しゅくめい》を転換《てんかん》し、自在《じざい》の勝利の人生を歩んでいけるのだ。「この御本尊全《まった》く余所《よそ》に求《もと》むることなかれ」との一言を、深く胸《むね》に刻《きざ》みたい。

日蓮《にちれん》が魂《たましい》

御本尊《ごほんぞん》に祈《いの》り切《き》った人《ひと》が勝つ

日蓮《にちれん》がたましい《魂》をすみ《墨》にそめ《染》なが《流》してかき《書》て候《そうろう》ぞ、信《しん》じさせ給《たま》え。仏《ほとけ》の御意《みこころ》は法華経《ほけきょう》なり、日蓮《にちれん》がたましいは南無妙法蓮華経にすぎ《過》たるはなし

（経王殿御返事《きょうおうどのごへんじ》、新1633頁・全1124頁）

【通解】（この御本尊《ごほんぞん》は）日蓮《にちれん》の魂《たましい》（生命）を墨《すみ》に染《そ》め流して書いたのである。信じていきなさい。釈尊《しゃくそん》の御本意《ごほんい》は法華経《ほけきょう》である。日蓮の魂は南無妙法蓮華経以外にはない。

門下《もんか》の子どもである経王御前《きょうおうごぜん》が、幼《おさな》くして重病《じゅうびょう》にかかった。その報告に対する御返事である。文《ぶん》永《えい》10年（1273年）8月15日、日蓮大聖人《にちれんだいしょうにん》が52歳の時に佐渡《さど》・一谷《いちのさわ》で著《あらわ》された。〝今こそ御本尊《ごほんぞん》に祈《いの》り抜《ぬ》くのだ〟との大聖人の気迫《きはく》の御指導が胸《むね》に迫《せま》る。

◇

大聖人の「広宣流布《こうせんるふ》への魂《たましい》」が込《こ》められた御本尊である。

「たましい《魂》をすみ《墨》にそめ《染》なが《流》して」との御言葉には、命《いのち》を削《けず》ってでも末法《まっぽう》の一切衆生《いっさいしゅじょう》を救《すく》わんとの、大聖人の大慈悲《じひ》が深く感じられてならない。この御本尊を拝《はい》し、広布《こうふ》に戦う生命には、大聖人と同じ智慧《ちえ》と師子王《ししおう》の力《ちから》が現《あらわ》れる。

池田先生は語られた。「御本尊の功力《くりき》は無限大《むげんだい》です。汲《く》めども汲めども尽《つ》きることがない。皆がこれまで受けてきた功徳《くどく》でもまだ比較《ひかく》することのできない、無量無辺《むりょうむへん》の広大《こうだい》な功徳がある。その最大の功徳が、人類《じんるい》の宿命《しゅくめい》の転換《てんかん》です。その功徳を引き出すのが、創価学会の信心です」

大聖人が御本尊を認《したた》められ始めたのは、竜《たつ》の口《くち》の法難《ほうなん》から佐渡流罪《さどるざい》という、命に及《およ》ぶ迫害《はくがい》のさなかであった。大聖人の御生涯《ごしょうがい》のなかでも、最《もっと》も過酷《かこく》な状況下《じょうきょうか》で、全人類に永遠《えいえん》に無限《むげん》の希望を与《あた》える御本尊を顕《あらわ》されたのである。その大聖人の不屈《ふくつ》の御精神のままに「広宣流布の御本尊」を弘通《ぐつう》してきたのが、創価学会である。

一方、遊興《ゆうきょう》にふけり、広宣流布への信心をなくした日顕宗《にっけんしゅう》は、この偉大《いだい》な御本尊を、信徒を隷属《れいぞく》させ、金《かね》もうけをするための〝道具《どうぐ》〟として使った。大聖人に背《そむ》く大邪義《だいじゃぎ》であることはいうまでもない。

大聖人は本抄で、「**心して信心を奮《ふる》い起《お》こして、この御本尊に祈念《きねん》していきなさい。どのような願いでも、成就《じょうじゅ》しないはずがありません**」（新1633頁・全1124頁、通解）と仰《おお》せである。

仏法《ぶっぽう》に、行き詰《づ》まりなど絶対にない。御本尊を信じ抜き、御本尊に祈り切った人が、最後は必《かなら》ず勝つのである。

誓願《せいがん》の題目《だいもく》

必死《ひっし》の一念《いちねん》は仏天《ぶってん》をも動《うご》かす

頭《こうべ》をふれ《振》ばかみ《髪》ゆるぐ《揺》。心《こころ》はたらけ《働》ば身《み》うごく《動》。大風《おおかぜ》吹《ふ》けば草木《そうもく》しずか《静》ならず。大地《だいち》うごけ《動》ば大海《たいかい》さわがし《騒》。教主釈尊《きょうしゅしゃくそん》をうごかし奉《たてまつ》れば、ゆるがぬ草木やあるべき、さわがぬ水《みず》やあるべき

（日眼女造立釈迦仏供養事《にちげんにょぞうりゅうしゃかぶつくようじ》、新1610頁・全1187頁）

【通解】頭《あたま》を振《ふ》れば髪《かみ》が揺《ゆ》らぐ。心が働《はたら》けば体《からだ》もそれに従《したが》って動く。大風《おおかぜ》が吹《ふ》けば草木《くさき》も静かではいられない。大地《だいち》が動けば大海《たいかい》も荒《あ》れる。それと同じように、教《きょう》主釈尊《しゅしゃくそん》を動かすような信心をしていけば、揺《ゆ》るがぬ草木があるだろうか。騒《さわ》がない水があるだろうか。

四条金吾《しじょうきんご》の妻《つま》・日眼女《にちげんにょ》に与《あた》えられた御消息《ごしょうそく》。夫の金吾と共《とも》にさまざまな迫害《はくがい》を受け、厄年《やくどし》にも当たって不安を抱《かか》えていた日眼女を、日蓮大聖人《にちれんだいしょうにん》は力強く励《はげ》まされている。

◇

ここでの「教主釈尊《きょうしゅしゃくそん》」とは、私たちの立場から拝《はい》すれば「御本尊《ごほんぞん》」となる。本抄で大聖人は、一切《いっさい》の仏《ほとけ》・菩薩《ぼさつ》も「教主釈尊」から現《あらわ》れ出たと仰《おお》せられている。この「教主釈尊」を根本《こんぽん》の仏たらしめているのが、成仏《じょうぶつ》の根本法である妙法《みょうほう》にほかならない。

大聖人は、この妙法と一体の御自身の生命を、南無妙法蓮華経の御本尊として顕《あらわ》された。すなわち、「教主釈尊」を〝動かす〟とは、御本尊に強盛《ごうじょう》に祈り抜《ぬ》くことである。必死《ひっし》の祈りの一念《いちねん》は、仏天《ぶってん》をも動かす。猛然《もうぜん》と祈り、動けば、必《かなら》ず現状を打《う》ち破《やぶ》り、いかなる環境《かんきょう》をも変えていける。

反対に、〝何とかなるだろう〟という、甘《あま》えた惰弱《だじゃく》な祈りでは、御本尊の本当の力《ちから》は引き出せない。全生命をぶつけるように、祈って、祈って、祈り抜いてこそ、道は開けるのだ。

大聖人は「祈り」の姿勢《しせい》について「**『釈迦《しゃか》仏・多宝《たほう》仏・十方《じっぽう》の仏《ほとけ》よ、集《つど》い来《きた》って、わが身に入りかかわり、我《われ》を助けたまえ』と祈念《きねん》しなさい**」（弥三郎殿御返事《やさぶろうどのごへんじ》、新2085頁・全1451頁、通解）とも仰《おお》せである。

大聖人御自身、「竜《たつ》の口《くち》の法難《ほうなん》」の折《おり》には、「**いかに八幡大菩薩《はちまんだいぼさつ》はまこと《真》の神《かみ》か**」（種々御振舞御書《しゅじゅおんふるまいごしょ》、新1230頁・全912頁）と、八幡大菩薩を諫《いさ》められるなど、時に仏菩薩《ぶつぼさつ》や諸天《しょてん》をも叱咤《しった》しながら、戦い抜かれた。

池田先生は語られている。「一人立って、『私が必ず、広宣流布《こうせんるふ》をいたします』と誓願《せいがん》の題目《だいもく》を唱《とな》えていくのです。御本尊に『阿修羅《あしゅら》のごとく戦わせてください』と祈るのです。それで、力が出ないわけがない。勝利できないわけがない。たとえ今、どんな苦境《くきょう》にあろうとも、『広宣流布のために』本気で立ち上がった人を、諸天が守らないわけがない」

不可能《ふかのう》を可能にする誓願の題目で、広布《こうふ》の戦《いくさ》に勝ち、社会で勝ってこそ創価の青年である。

強盛《ごうじょう》な祈《いの》り

「師弟一体《いったい》」の祈《いの》りを貫《つらぬ》け

いかなる世《よ》の乱《みだ》れにも各々《おのおの》をば法華《ほけ》経《きょう》・十羅刹《じゅうらせつ》助《たす》け給《たま》えと、湿《しめ》れる木《き》より火《ひ》を出《い》だし、乾《かわ》ける土《つち》より水《みず》を儲《もう》けんがごとく、強盛《ごうじょう》に申《もう》すなり

（呵責謗法滅罪抄《かしゃくほうぼうめつざいしょう》、新1539頁・全1132頁）

【通解】どのように世《よ》が乱《みだ》れていたとしても、あなた方（鎌倉《かまくら》にいる日蓮大聖人《にちれんだいしょうにん》の門《もん》下《か》）お一人お一人を、〝法華経《ほけきょう》よ、十羅刹《じゅうらせつ》女《にょ》よ、助け給《たま》え〟と、湿《しめ》っている木《き》からでも火《ひ》を出すように、乾《かわ》いている土《つち》からでも水《みず》をほとばしり出すように、私は強《ごう》盛《じょう》に祈《いの》っている。

文永《ぶんえい》10年（1273年）、日蓮大聖人《にちれんだいしょうにん》が52歳の時の御述作《ごじゅっさく》。佐渡《さど》に流罪中《るざいちゅう》、四条金吾《しじょうきんご》に与《あた》えられたとされる御手紙である。謗法《ほうぼう》を呵責《かしゃく》することによって、過去世《かこせ》からの重罪《じゅうざい》を今世《こんぜ》で滅《めっ》することができるとの法理《ほうり》が説《と》かれている。末尾《まつび》では、鎌倉《かまくら》で弾圧《だんあつ》を受けている門下一同《もんかいちどう》のために、諸天《しょてん》に強盛《ごうじょう》に祈《いの》っていると仰《おお》せである。

◇

流刑地《るけいち》・佐渡。御自身の命《いのち》すら危《あや》ういような状況のなかで、どこまでも弟子の勝利を願われた大聖人。

「湿《しめ》れる木《き》より火《ひ》を出《い》だし、乾《かわ》ける土《つち》より水《みず》を儲《もう》けんがごとく」――〝諸天善神《しょてんぜんじん》たちよ、何としてもわが弟子たちを護《まも》れ〟と強盛に祈られた師匠。この御手紙を受け取った金吾ら門下たちは、どれほど心強く感じ、奮《ふる》い立ったことであろう。

昭和31年（1956年）の「大阪の戦い」。その出陣《しゅつじん》にあたり、若き池田先生が強く訴《うった》えたのも、この御文であった。

「このたびの戦いでも、関西の会員一人ひとりの、強盛な祈りある信心から始めなければなりません。全員の祈りがそろって、御本尊《ごほんぞん》に向かった時、不可能を可能にする道が、豁然《かつぜん》と開ける」と。

関西の同志の「強盛な祈り」から出発した歓喜《かんき》の闘争《とうそう》は、ついに大勝利の金字塔《きんじとう》を打ち立てたのである。

池田先生は、「この御聖訓《ごせいくん》を深く深く拝《はい》しながら、私も妻《つま》も、全同志に真剣《しんけん》に題目《だいもく》を送りゆく日々《ひび》である」と語られている。師匠に見守られるなかで、広宣流布《こうせんるふ》に戦えること以上の喜《よろこ》びはない。師の思いに応《こた》え、厳然《げんぜん》と勝利の結果を残すことが、弟子の報恩《ほうおん》の証《あかし》である。

師匠と祈りを合わせれば、必《かなら》ず勝てる。百万ボルトのモーターにギア（歯車《はぐるま》）がかみ合うように、組織《そしき》全体が一つの生き物のように、豪快《ごうかい》に回転し始め、勝利の突破口《とっぱこう》を開いていける。「師弟一体《いったい》の祈り」こそ、不可能をも可能にしゆく、勝利への源泉《げんせん》である。

祈《いの》りは必《かなら》ず叶《かな》う

「法華経《ほけきょう》の行者《ぎょうじゃ》の祈《いの》り」は最強《さいきょう》

大地《だいち》はさ《差》さばは《外》ずるるとも、虚空《おおぞら》をつ《繋》なぐ者《もの》はありとも、潮《しお》のみ《満》ちひ《干》ぬことはありとも、日《ひ》は西《にし》より出《い》ずるとも、法華経《ほけきょう》の行者《ぎょうじゃ》の祈《いの》りのか《叶》なわぬことはあるべからず

（祈禱抄《きとうしょう》、新592頁・全1351頁）

【通解】たとえ、大地《だいち》をさして外《はず》れることがあっても、大空《おおぞら》をつないで結《むす》ぶ者があっても、潮《しお》の満《み》ちたり干《ひ》いたりすることがなくなっても、太陽《たいよう》が西《にし》から出るようなことがあったとしても、法華経《ほけきょう》の行者《ぎょうじゃ》の祈《いの》りの叶《かな》わないことは絶対《ぜったい》にない。

法華経《ほけきょう》を実践《じっせん》している者の祈《いの》りは必《かなら》ず叶《かな》う、という日蓮大聖人《にちれんだいしょうにん》の御確信が示されている。

◇

妙法《みょうほう》を信じ、行《ぎょう》ずる者の「祈り」は絶対に叶う、との御断言《ごだんげん》である。どんな苦境《くきょう》にあろうとも、強盛《ごうじょう》な祈りのある人は必ず、すべてを「変毒為薬《へんどくいやく》」することができる。何も恐《おそ》れるものはない。

大聖人はこの御文で、絶対にありえない四つの壮大《そうだい》な譬《たと》えを挙《あ》げられる。

「大地《だいち》をさして外《はず》れる」「大空《おおぞら》をつないで結《むす》ぶ」「潮《しお》の干満《かんまん》がなくなる」「太陽《たいよう》が西から昇《のぼ》る」――そのようなことが仮《かり》に起こったとしても、法華経の行者《ぎょうじゃ》の祈りが叶わないことは絶対にないと、祈りの力《ちから》を強調《きょうちょう》されたのである。

しかし、この祈りの力といっても、現代に創価学会が出現しなければ、だれにもわからなかった。地涌《じゆ》の菩薩《ぼさつ》の「祈り」の力がどれほど偉大であるか――幾百万《いくひゃくまん》の民衆《みんしゅう》が、確かな実証《じっしょう》としてわが身《み》に現《あらわ》し、世界中で証明《しょうめい》してきたのが、学会の歴史《れきし》である。

「法華経の行者の祈り」――それは、広宣流布《こうせんるふ》のために行動する人の祈りである。

牧口先生は、「行者」と「信者《しんじゃ》」の違《ちが》いを語り、座《ざ》して祈るだけの「信者」ではなく、祈り、行動する「行者」であれと叫《さけ》ばれた。

池田先生は「広宣流布への不惜身命《ふしゃくしんみょう》の『行動』があってこそ、わが小宇宙《しょううちゅう》の生命が大宇宙と冥合《みょうごう》し、祈りも叶うのです」と語られている。

大聖人は「**祈りが叶わないというのは、ちょうど弓《ゆみ》が強いのに弦《つる》が弱く、太刀《たち》や剣《つるぎ》があっても使う人が臆病《おくびょう》であるようなものである。決して法華経**（御本尊《ごほんぞん》）**のせいではない**」（王舎城事《おうしゃじょうじ》、新1547頁・全1138頁、通解）とも仰《おお》せである。

信心の〝弓〟を満々《まんまん》とひきしぼり、勇気と智慧《ちえ》あふれる唱題《しょうだい》の〝矢〟をもって、一切《いっさい》の障魔《しょうま》を打《う》ち破《やぶ》り、祈りを成就《じょうじゅ》させていきたい。

法華経《ほけきょう》の兵法《へいほう》

「臆病《おくびょう》にては叶《かな》うべからず」

なにの兵法《へいほう》よりも法華経《ほけきょう》の兵法をもちい《用》給《たも》うべし。「諸余《しょよ》の怨敵《おんてき》は、みな摧滅《ざいめつ》す」の金言《きんげん》むなし《虚》かるべからず。兵法・剣形《けんぎょう》の大事《だいじ》もこの妙法《みょうほう》より出《い》でたり。ふかく信心《しんじん》をとり給《たま》え。あえて臆病《おくびょう》にては叶《かな》うべからず候《そうろう》

（四条金吾殿御返事《しじょうきんごどのごへんじ》、新1623頁・全1192頁）

【通解】どのような兵法《へいほう》よりも、法華経《ほけきょう》の兵法を用《もち》いていきなさい。（法華経薬王品《やくおうほん》第23に説《と》かれる）「あらゆる怨敵《おんてき》は、みな滅《ほろ》びる」との金言《きんげん》は、決して空《むな》しいはずがない。兵法や剣術《けんじゅつ》の真髄《しんずい》も、この妙法《みょうほう》から出たものである。深く信心を起《お》こしなさい。臆病《おくびょう》では、何ごとも叶《かな》わないのである。

弘安《こうあん》2年（1279年）10月23日、日蓮大聖人《にちれんだいしょうにん》が58歳の時に身延《みのぶ》で著《あらわ》された。別名を「法華経《ほけきょう》兵法《へいほう》の事《こと》」ともいう。四条金吾《しじょうきんご》は信心を貫《つらぬ》いたために、何者かに命《いのち》まで狙《ねら》われた。しかし無事《ぶじ》に難《なん》を逃《のが》れ、そのことをご報告したことに対する御返事である。

大聖人は、金吾が無事だったのは、法華経の行者《ぎょうじゃ》を守護《しゅご》する諸天善神《しょてんぜんじん》の働《はたら》きであり、いよいよ強《ごう》盛《じょう》な大信力《だいしんりき》を出していくよう激励《げきれい》。そして、策《さく》や方法よりも信心が大切《たいせつ》であると指導された。

◇

「法華経の兵法」とは、わが胸中《きょうちゅう》から、何ものにも負けない仏界《ぶっかい》という「不屈《ふくつ》の生命力」を取り出し、諸天善神をわが勝利のために動かす、「祈り」と「行動」の異名《いみょう》である。また、御文にある「兵法《へいほう》・剣形《けんぎょう》」とは、武士《ぶし》である四条金吾にとって、絶《た》えず磨《みが》くべき課題《かだい》である。大聖人は、自分の仕事の技術《ぎじゅつ》を磨き、生活を向上させていくための工夫《くふう》や知恵《ちえ》も、「妙法《みょうほう》より出《い》でたり」と仰《おお》せなのである。

「法華経の兵法」に徹《てっ》しきれるか否《いな》か——そこに〝不可能を可能にする〟秘訣《ひけつ》がある。

昭和31年（1956年）の「大阪の戦い」で、若き池田先生は、この御聖訓《ごせいくん》のままに指揮《しき》を執《と》られた。

「いかなる人であれ、一人でも多く、このたびの戦列《せんれつ》に加《くわ》わって味方となるように！」との御本尊《ごほんぞん》への深き祈りは、巨大な〝うねり〟となって関西を包《つつ》んだ。

そして毎朝の御書講義《こうぎ》。御聖訓を拝《はい》しての師子吼《ししく》は、その日のうちに最前線《さいぜんせん》にまで脈動《みゃくどう》した。そして関西は「まさかが実現」の歴史的《れきしてき》な勝利を収めたのである。

池田先生は「『師のために！』『広布《こうふ》のために！』——この一念《いちねん》を定《さだ》めたときに、青年の本当の力《ちから》が出るのです。あえて私の体験から言えば、これが『法華経の兵法』です」と指導された。

「師匠のために断《だん》じて勝つ！」との深い決意で、御本尊に祈り、御書を拝してこそ「法華経の兵法」を持《たも》つことになる。この師弟不二《ふに》の信心に徹《てっ》し、新時代を勝ち進もう。

仏法《ぶっぽう》は勝負

「世雄《せおう》」——現実《げんじつ》社会で勝つ人《ひと》に

夫《そ》れ、仏法《ぶっぽう》と申《もう》すは勝負《しょうぶ》をさき《先》とし、王法《おうぼう》と申すは賞罰《しょうばつ》を本《もと》とせり。故《ゆえ》に、仏《ほとけ》をば世雄《せおう》と号《ごう》し、王《おう》をば自在《じざい》となづけ《名》たり

（四条金吾殿御返事《しじょうきんごどのごへんじ》、新1585頁・全1165頁）

【通解】そもそも、仏法《ぶっぽう》というのは勝負《しょうぶ》を第一とし、王法《おうほう》（政治、社会）というのは賞罰《しょうばつ》を根本《こんぽん》とする。ゆえに、仏《ほとけ》を「世雄《せおう》」と号《ごう》し、王を「自在《じざい》」と名づけるのである。

建治《けんじ》3年（1277年）、日蓮大聖人《にちれんだいしょうにん》が56歳の時、身延《みのぶ》において著《あらわ》された。主君《しゅくん》の江間氏《えまし》から、法華経《ほけきょう》を捨《す》てるという誓約《せいやく》を書くように迫《せま》られていた四条金吾《しじょうきんご》に送られた御手紙である。

◇

王法《おうほう》とは国の法律や社会、政治、経済上の約束事《やくそくごと》、ルールなどを指《さ》す。賞罰《しょうばつ》は、勲章《くんしょう》や罰金《ばっきん》などで、国や社会によってさまざまな違《ちが》いがあるが、いずれも「一時的」であり、「相対的《そうたいてき》」なものである。

これに対して、生命の因果律《いんがりつ》を説《と》いた仏法上《ぶっぽう》の「勝負」は、勝つか負けるかの「絶対的」なものである。中途半端《ちゅうとはんぱ》はない。

この勝負に「勝った人」こそ三世永遠《さんぜえいえん》に仏《ほとけ》であり、人間の世《よ》（世間《せけん》）で最《もっと》も強い「世雄《せおう》」と仰《あお》がれるのである。

自分自身の生命に、厳然《げんぜん》と刻《きざ》まれる仏法の因果は絶対にごまかせない。ゆえに、他人がどうかではなく、自分と向き合い、自身を変革《へんかく》していくことが大事なのである。

牧口先生はこの御文を拝《はい》して、「これこそ宗教の生命というべきもの」と断言《だんげん》された。

また戸田先生は、「信心は、人間の、また人類の行き詰《づ》まりとの戦いだよ。魔《ま》と仏との闘争《とうそう》が信心だ。それが仏法は勝負ということだ」と喝破《かっぱ》された。

現実社会の真《ま》っただなかで、しのぎを削《けず》るような闘争に挑《いど》み、三障四魔《さんしょうしま》、三類《さんるい》の強敵《ごうてき》と徹底的《てっていてき》に格闘《かくとう》してこそ、「世雄」の境涯《きょうがい》を開くことができる。

池田先生は広宣流布《こうせんるふ》の「勝負」について語られた。「全幹部が一兵卒《いっぺいそつ》になって、コマネズミのように動いて動いて、師子王のごとく語って語って、魂魄《こんぱく》をとどめた広布《こうふ》勝利の歴史《れきし》をつくっていくことだ。その分だけ、自分自身の三世永遠の旅路《たびじ》が黄金《おうごん》に輝《かがや》いていくのです」と。

人間は人間の中でしか磨《みが》かれない。広布の組織《そしき》の中で、法のため、師のため、友のために、どこまで心を砕《くだ》き、結果を出すことができるか――この日々の努力こそ、人生で勝つ根本《こんぽん》なのだ。

地涌《じゆ》の菩薩《ぼさつ》

「日蓮《にちれん》と同意《どうい》」の大闘争《とうそう》を

> **いかにも、今度《こんど》、信心《しんじん》をいたし《致》て、法華経《ほけきょう》の行者《ぎょうじゃ》にてとおり《通》、日蓮《にちれん》が一門《いちもん》となりとおし給《たも》うべし。日蓮《にちれん》と同意《どうい》ならば地涌《じゆ》の菩薩《ぼさつ》たらんか**
>
> （諸法実相抄《しょほうじっそうしょう》、新1791頁・全1360頁）

【通解】なんとしても、この人生で、信心に励み、法華経《ほけきょう》の行者《ぎょうじゃ》として生き抜き、日蓮《にちれん》の一門《いちもん》となり通していきなさい。日蓮と同じ心であるならば、地涌《じゆ》の菩薩《ぼさつ》であろう。

文永《ぶんえい》10年（1273年）5月17日、日蓮大聖人《にちれんだいしょうにん》が52歳の時に佐渡《さど》で認《したた》められたとされる書。最蓮房《さいれんぼう》が法華経《ほけきょう》方便品《ほうべんぼん》の「諸法実相《しょほうじっそう》」について質問したことに対する御返事である。

「地涌《じゆ》の菩薩《ぼさつ》」とは、法華経従地涌出品《じゅうじゆじゅっぽん》第15において、釈尊《しゃくそん》の説法《せっぽう》を助け、滅後《めつご》の弘教《ぐきょう》を誓《ちか》った菩薩であり、法華経迹門《しゃくもん》の「迹化《しゃっけ》の菩薩」に対して「本化《ほんげ》の菩薩」ともいう。

末法《まっぽう》の民衆《みんしゅう》を救《すく》う広宣流布《こうせんるふ》の戦いを起《お》こされた大聖人は、地涌の菩薩の上首《じょうしゅ》（リーダー）である上行《じょうぎょう》菩薩の自覚に立たれ、その弟子も地涌の菩薩にほかならないと断言《だんげん》されている。

◇

「少々《しょうしょう》の難《なん》は数《かず》しれない。（流罪《るざい》などの）**大きな難は4度である」**（開目抄《かいもくしょう》、新70頁・全200頁、通解）等と仰《おお》せの通り、立宗宣言《りっしゅうせんげん》の直後から、大聖人の御生涯《ごしょうがい》は、命《いのち》に及《およ》ぶ大難《だいなん》の連続であられた。**「山に山をかさね**《重》**、波《なみ》に波をたたみ**《畳》**、難に難を加《くわ》え、非《ひ》に非をますべし**《増》**」**（同、新72頁・全202頁）という法難のなか、正法正義《しょうほうしょうぎ》を敢然《かんぜん》と叫《さけ》び抜《ぬ》かれたのである。

当時の佐渡は〝最果《さいは》ての地《ち》〟。極寒《ごっかん》と飢《う》えに加え、念仏者《ねんぶつしゃ》らが監視《かんし》の目を光らせ、命を狙《ねら》う輩《やから》まで いた。そのなかでも、大聖人は本抄で**「地涌の菩薩の先駆《さきが》けは日蓮一人である」「もし日蓮が地涌の菩薩の数に入れば、日蓮の弟子檀那《でしだんな》は地涌の流類《るるい》ではないか」**（新1790頁・全1359頁、通解）と宣言《せんげん》された。

「日蓮と同意《どうい》」とは、大聖人と同じ「広宣流布への覚悟《かくご》」「難を恐《おそ》れぬ信心」に立つことである。この誓願《せいがん》に基《もと》づく祈《いの》りと実践《じっせん》のなかでこそ、勝利への勇気と智慧《ちえ》が滾々《こんこん》とわきあがる。

池田先生は「『日蓮と同意』ならば、何も恐れるはずがない。牧口先生、戸田先生は戦時中、軍部《ぐんぶ》の弾圧《だんあつ》にも一歩《いっぽ》も引かなかった。大聖人の御精神である師子王《ししおう》の心を、まっすぐに受《う》け継《つ》いでおられた」と語っている。また、「民衆の大地から踊《おど》り出《で》る『勢《いきお》い』こそ、私ども地涌の菩薩の身上《しんじょう》なのです」とも。

いかなる難にも怯《ひる》まず、広布《こうふ》の戦《いくさ》に踊り出る学会員こそ「大聖人直結《ちょっけつ》」の地涌の菩薩なのだ。

地涌《じゆ》の題目《だいもく》

皆《みな》にかけがえのない使命が

末法《まっぽう》にして妙法蓮華経の五字《ごじ》を弘《ひろ》めん者《もの》は、男《なん》女《にょ》はきらう《嫌》べからず、皆地涌《みなじゆ》の菩薩《ぼさつ》の出現《しゅつげん》にあらずんば唱《とな》えがたき題目《だいもく》なり

（諸法実相抄《しょほうじっそうしょう》、新1791頁・全1360頁）

【通解】末法《まっぽう》において妙法蓮華経の五字《ごじ》を弘《ひろ》める者は、男女の分《わ》け隔《へだ》てなどない。皆、地涌《じゆ》の菩薩《ぼさつ》の出現《しゅつげん》でなければ、唱《とな》えることのできない題目《だいもく》なのである。

文永《ぶんえい》10年（1273年）5月17日、流罪地《るざいち》の佐渡《さど》において、最蓮房《さいれんぼう》に与《あた》えられたとされる御消息《ごしょうそく》。本抄で日蓮大聖人《にちれんだいしょうにん》は、「**凡夫《ぼんぷ》は体《たい》の三身《さんじん》にして本仏《ほんぶつ》ぞかし、仏《ほとけ》は用《ゆう》の三身にして迹仏《しゃくぶつ》なり**」（新1789頁・全1358頁）と綴《つづ》られた。すなわち、妙法《みょうほう》を持《たも》つ凡夫こそ「本仏」であり、妙法の働《はたら》きを示す存在である仏は「迹仏（＝仏が衆生《しゅじょう》を救《すく》うために現《あらわ》した仮《かり》の姿《すがた》）」にすぎないとの仰《おお》せは、画期《かっき》的《てき》な「人間のための宗教」の宣言《せんげん》ともいえる。

◇

「男女《なんにょ》はきら《嫌》うべからず」（男女の分《わ》け隔《へだ》てなどない）の一節《いっせつ》は、当時としては、きわ立った表現である。

大聖人は「**法華経《ほけきょう》の行 者《ぎょうじゃ》は男女《なんにょ》ことごとく世尊《せそん》にあらずや**」（御講聞書《おんこうききがき》、新1130頁・全813頁）、「**この経《きょう》を持《たも》つ女人《にょにん》は一切《いっさい》の女人にすぎ《過》たるのみならず、一切の男子にこえ《超》たり**」（四条金吾殿《しじょうきんごどの》女《にょう》房御返事《ぼうごへんじ》、新1542頁・全1134頁）等、徹底《てってい》して女性を尊重《そんちょう》された。

池田先生は大聖人の女性観について、「そのお振《ふ》る舞《ま》いは、当時の日本の社会や仏教界《ぶっきょうかい》にあって、きわ立っていた。大聖人ほど女性をたたえ、女性を尊敬《そんけい》された仏法者《ぶっぽうしゃ》はいなかったでしょう」と語られている。

そして大聖人は、地涌《じゆ》の菩薩《ぼさつ》の出現について、「**上行《じょうぎょう》菩薩の大地《だいち》よりい《出》で給《たま》いしには、おど《踊》りてこそい《出》で給いしか**」（大悪大善御書《だいあくだいぜんごしょ》、新2145頁・全1300頁）と仰せである。

末法《まっぽう》において題目《だいもく》を唱《とな》える私たち学会員は、広宣流布《こうせんるふ》のため、師匠と共《とも》に、喜《よろこ》び勇《いさ》んでこの世に「踊《おど》り出た」地涌の菩薩なのだ。皆がかけがえのない使命をもっているのである。

池田先生は「地涌」の意義《いぎ》について語られた。

「全部、民衆《みんしゅう》自身の『自発《じはつ》の力《ちから》』です。民衆の『内発《ないはつ》の力』を開拓《かいたく》したのです。それが、すごいことなのです。学会の底力《そこぢから》がそこにある。上からの権威《けんい》などで、これほど多くの民衆が、これほど長く、生き生きと動くわけがない。これこそ、まさに法華経の『地涌』の義《ぎ》そのものの姿《すがた》なのです」と。

きょうも喜び勇んで広布《こうふ》に走る！　地涌の菩薩の力を満天下《まんてんか》に示し切っていきたい。

真実《しんじつ》を語る対話

「確信の言葉」が生命を変《か》える

たとい強言《ごうごん》なれども、人《ひと》をたすくれば実語《じつご》・軟《なん》語《ご》なるべし。たとい軟語《なんご》なれども、人を損《そん》ずるは妄語《もうご》・強言《ごうごん》なり

（善無畏三蔵抄《ぜんむいさんぞうしょう》、新1194頁・全890頁）

【通解】たとえ強く荒《あら》い言葉でも、人を助ければ真実《しんじつ》の言葉であり、柔《やわ》らかい言葉である。たとえ柔らかい言葉でも、人を誤《あやま》らせれば偽《いつわ》りの言葉であり、強く荒い言葉である。

文永《ぶんえい》7年（1270年）、鎌倉《かまくら》で著《あらわ》された。日蓮大聖人《にちれんだいしょうにん》が清澄寺《せいちょうじ》で修学《しゅうがく》されていた時の師・道善《どうぜん》房《ぼう》に、阿弥陀《あみだ》信仰を捨《す》てて法華経《ほけきょう》を信ずる兆《きざ》しが見えたことを喜《よろこ》ばれ、さらに強盛《ごうじょう》な信心に立つことを願われて執筆《しっぴつ》され、清澄寺時代の兄弟子《あにでし》である義浄房《ぎじょうぼう》と浄顕房《じょうけんぼう》に与《あた》えられた。

◇

大聖人が東条景信《とうじょうかげのぶ》の襲撃《しゅうげき》（小松原《こまつばら》の法難《ほうなん》＝文永元年）に遭《あ》われた直後、道善房は大聖人を見舞《みま》った。10数年ぶりの再会である。

阿弥陀信仰に固執《こしゅう》している道善房は、大聖人に対して〝**私は、自《みずか》ら進んで念仏《ねんぶつ》を称《とな》えているので**

はない。周《まわ》りがやっているからだが、私も地獄《じごく》に堕《お》ちるのだろうか〟（新1192頁・全889頁、趣意）と尋《たず》ねる。大聖人は〝かつての恩師《おんし》が会いに来てくれたのだから、本来なら穏《おだ》やかに応《おう》ずるのが礼儀《ぎ》である〟と躊躇《ちゅうちょ》されながらも、もう再び会うことがないかもしれない旧師に対して、「**思い切って強々《つよづよ》に**」（新1193頁・全889頁）語り、謗法《ほうぼう》を諫《いさ》められた。その時の述懐《じゅっかい》に続けて、この一節《いっせつ》を綴《つづ》られたのである。

「強く荒々しい言葉」（強言《ごうごん》）と「穏やかな言葉」（軟語《なんご》）と、どちらが真実《しんじつ》を語るのか。それは「人を救《すく》う言葉かどうか」で峻別《しゅんべつ》される。要《よう》は、語る側《がわ》に「その人を救おうとする心があるのかどうか」である。たとえ耳あたりがよくても、聞く人を悪道《あくどう》に落とす言葉は「妄語《もうご》（うそ）」であり「強言」である。悪に対して寛容《かんよう》であれば悪を増長《ぞうちょう》させ、民衆《みんしゅう》を惑《まど》わしてしまうからだ。

反対に、正法の敵に対しては「強言」で破折《はしゃく》し、真実を語ってこそ人々を救うことができる。大聖人は、道善房の改心も、日本の一切衆生《いっさいしゅじょう》への広宣流布《こうせんるふ》の実証《じっしょう》も、「**日蓮が強言《ごうごん》より起こる**」（新1194頁・全890頁）と断言《だんげん》されている。

宿業《しゅくごう》に悩《なや》む友に励《はげ》ましを送りながら、一人また一人と、生命を蘇生《そせい》させゆく人間革命の道を歩んできたのが創価学会である。〝貧乏人《びんぼうにん》と病人《びょうにん》の集まり〟などと蔑《さげす》まれながらも、堂々《どうどう》と正義を語り抜《ぬ》き、現実に人々を幸福にしてきたのが学会の誇《ほこ》りである。力強い確信の声が、友の心を変えていく。私たちは、どこまでも「真実」を語りゆく「信念」の対話を繰《く》り広げていきたい。

毒鼓の縁《どっくえん》

粘《ねば》り強《づよ》く「下種仏法《げしゅぶっぽう》」の実践《じっせん》を

とてもかくても法華経《ほけきょう》を強《し》いて説《と》き聞《き》かすべし。信《しん》ぜん人《ひと》は仏《ほとけ》になる《成》べし。謗《ぼう》ぜん者《もの》は毒鼓《どっく》の縁《えん》となって仏になるべきなり。いかにとしても、仏の種《たね》は法華経より外《ほか》になきなり

（法華初心成仏抄《ほっけしょしんじょうぶつしょう》、新697頁・全552頁）

【通解】とにもかくにも、法華経《ほけきょう》を強《し》いて説《と》き聞かせるべきである。信ずる人は仏《ほとけ》になり、謗《そし》る者は毒鼓《どっく》の縁《えん》となって仏になるのである。どちらにしても仏の種《たね》は、法華経よりほかにはないのである。

本抄で日蓮大聖人《にちれんだいしょうにん》は、法華経《ほけきょう》こそ、「初心《しょしん》」の者（＝初めて発心《ほっしん》した人）である末法《まっぽう》の衆生《しゅじょう》を「成仏《じょうぶつ》」させる法であると明《あ》かされている。末法においては法華経28品の肝心《かんじん》である「南無妙法蓮華経」のみが成仏の要法《ようほう》であるとし、「三類《さんるい》の強敵《ごうてき》」を恐《おそ》れずに信心を貫《つらぬ》く重要性《じゅうようせい》を述《の》べられている。

◇

大聖人は「**この娑婆世界《しゃばせかい》は耳根得道《にこんとくどう》の国**」（一念三千法門《いちねんさんぜんほうもん》、新363頁・全415頁）と仰《おお》せである。

私たちの世界は声によって成仏する国土《こくど》であり、「**これ**（＝一念三千《いちねんさんぜん》の妙法《みょうほう》）**を耳に触《ふ》るる一切衆生《いっさいしゅじょう》は功徳《くどく》を得《う》る衆生なり**」（同頁）と明言《めいげん》されている。また涅槃経《ねはんぎょう》には〝毒《どく》を塗《ぬ》った太鼓《たいこ》を打つと、その音を聞こうとしなくても、耳にした者は皆、死ぬ（＝煩悩《ぼんのう》を滅《めつ》する、すなわち得道《とくどう》する）〟という「毒鼓《どっく》の縁《えん》」を説《と》く。だからこそ大聖人は、反発した人でさえ、「毒鼓の縁」によって等《ひと》しく成仏できる妙法《みょうほう》を、あらゆる人々に「強《し》いて説き聞か」せていく「下種《げしゅ》」を強調《きょうちょう》された。

池田先生は、だれに対しても深く敬《うやま》い、法華経を説き続けた不軽菩薩《ふきょうぼさつ》の実践《じっせん》について、こう語られた。「上手《じょうず》な話もしなかった。偉《えら》そうな様子《ようす》を見せることもなかった。ただ、愚直《ぐちょく》なまでに『下種』をして歩き回った。その行動にこそ、三世《さんぜ》にわたって、『法華経』が脈動《みゃくどう》しているのです」

法を聞いた相手が発心する「発心下種」も、発心しなかった「聞法《もんぽう》下種」も、功徳《くどく》は変わらない。「下種」といっても、話しにくい相手や、顔を思い浮《う》かべるだけで、〝この人はきっと、信心しないだろうな〟と思う人もいるかもしれない。しかし、折伏《しゃくぶく》は相手ではない。自分の一念がどうかで、決まる。仏種《ぶっしゅ》を植《う》える以外に、相手を成仏へと導《みちび》く道はない。ゆえに、「強いて」と仰せなのである。これは「強引《ごういん》に」ということではなく、「勇気をもって、粘《ねば》り強く」という意味である。

「手練手管《てれんてくだ》も方法もなにもありません。ただただ、自分は南無妙法蓮華経以外になにもない！と決めることを、末法の折伏というのです」と、戸田先生は指導された。日々、友の幸福を祈りながら、力《ちから》の限《かぎ》りに仏法《ぶっぽう》の偉大《いだい》さを語っていこう。

〝捨《す》て身《み》〟の闘争《とうそう》で道を切り開け

詮《せん》ずるところは、天もすて給《たま》え、諸難《しょなん》にもあえ、身命《しんみょう》を期《ご》とせん

（開目抄《かいもくしょう》、新114頁・全232頁）

【通解】結局のところは、天も私（日蓮《にちれん》）を捨《す》てるがよい。いかなる難《なん》にも遭《あ》おう。身命《しんみょう》をなげうつ覚悟《かくご》である。

末法《まっぽう》の御本仏《ごほんぶつ》・日蓮大聖人《にちれんだいしょうにん》の〝戦う魂《たましい》〟が脈打《みゃくう》つ一節《いっせつ》である。文永《ぶんえい》9年（1272年）2月、本抄御執筆《ごしっぴつ》の当時、大聖人は極寒《ごっかん》の佐渡《さど》に流《なが》されていた。

師匠が次から次へと大難《だいなん》に遭《あ》う姿《すがた》を見た門下《もんか》のなかには、信心に疑《うたが》いを抱《いだ》いて退転《たいてん》する者《もの》が続《ぞく》出《しゅつ》していた。しかし、大聖人は身命《しんみょう》をなげうって民衆救済《みんしゅうきゅうさい》の戦いを貫《つらぬ》く大願《だいがん》を宣言《せんげん》される。

◇

捨《す》て身《み》の覚悟《かくご》なくして、歴史《れきし》を動かすことなどできない。広宣流布《こうせんるふ》のドラマは、常に「一人立つ」勇者から始まる。

本抄の精髄《せいずい》とも言うべきこの一節には、末法の御本仏としての崇高《すうこう》な覚悟が示されている。「諸《しょ》天善神《てんぜんじん》が私を見捨《みす》てるのであれば、見捨てるがよい」「多くの難に遭わなければならないのであれば、あっても構《かま》わない」「わが身命をなげうって戦うのみである」と――。

この御文は、昭和35年（1960年）5月3日、池田先生が第3代会長に就任《しゅうにん》した折《おり》に、胸《むね》に抱《いだ》かれていた一節でもある。

32歳の若き池田先生は会長就任式で、「若輩《じゃくはい》ではございますが、本日より、戸田門下生を代表して化儀《けぎ》の広宣流布を目指《めざ》し、一歩《いっぽ》前進への指揮《しき》を執《と》らせていただきます！」と力強く師子吼《ししく》。一人立つ精神で、広宣流布の道なき道を切り開き、世界広布の大闘争《だいとうそう》を起こされたのである。

命《いのち》を削《けず》る激戦《げきせん》、また激戦。平坦《へいたん》な道など、どこにもない。山に山を重《かさ》ねる艱難《かんなん》の連続のなか、創価の連帯は世界の隅々《すみずみ》にまで広がった。

会長就任の日を振《ふ》り返《かえ》り、池田先生は綴《つづ》られている。

「初代・牧口先生は殉教《じゅんきょう》であった。二代・戸田先生も、広宣流布に命を捧《ささ》げられた。ゆえに弟子の私も、捨て身になって立ち上がった。それだけが、わが師の高恩《こうおん》に報《むく》いる道であったからだ」と。

また、「広宣流布のためなら、何もいらない。その信心に立てば、一切《いっさい》が必《かなら》ず開けます」と。

たとえ諸天善神の加護《かご》がなくとも、私は戦う！　断《だん》じて勝つ！　この決定《けつじょう》した一念《いちねん》で戦う人を諸天は護《まも》るのだ。師匠と共《とも》に大願に立ち、師子奮迅《ししふんじん》の捨て身の闘争で、広布《こうふ》の新時代を勝ち開きたい。

広布《こうふ》のリーダー

勇敢《ゆうかん》なる大将軍《だいしょうぐん》の指揮《しき》を

軍《いくさ》には大将軍《だいしょうぐん》を魂《たましい》とす。大将軍おく《臆》しぬれば、歩兵《つわもの》臆病《おくびょう》なり

（乙御前御消息《おとごぜんごしょうそく》、新1688頁・全1219頁）

【通解】軍勢においては大将軍《だいしょうぐん》が魂《たましい》なのです。大将軍が臆病《おくびょう》になったならば、兵士たちも臆病になってしまう。

建治《けんじ》元年（1275年）8月4日に身延《みのぶ》で認《したた》められた御手紙。佐渡流罪《さどるざい》の時には、日蓮大聖人《にちれんだいしょうにん》を訪《たず》ねた乙御前母《おとごぜんはは》に対し、「**心のつよ《強》き**」（新1690頁・全1220頁）人、堅固《けんご》な信心の人にこそ、諸天《しょてん》の加護《かご》があると励《はげ》まされている。その際、幼子《おさなご》を連れていったという説もある。

◇

リーダーの心に不安や隙《すき》があれば、戦いに勝利することはできない。大切《たいせつ》なのは、リーダー自身に「勝利への執念《しゅうねん》」があるかどうかである。そのことを大聖人は「**城《しろ》の主剛《しゅたけ》ければ、守る者も強し。城の主恇《お》ずれば、守る者も忙《お》ず**」（道場神守護事《どうじょうしんしゅごじ》、新1320頁・全979頁）とも仰《おお》せである。

リーダーが自《みずか》ら広宣流布《こうせんるふ》の戦《いくさ》の最前線《さいぜんせん》に立ち、勇猛果敢《ゆうもうかかん》に戦ってこそ、皆に勇気を与《あた》えることができる。「勝利への執念」に燃《も》える人は、「率先《そっせん》の人」であるともいえよう。

リーダーの条件は、もちろん「勇気」だけではない。池田先生は厳然《げんぜん》と語られた。

「幹部には、会員を叱《しか》る資格《しかく》なんかありません。大事に大事に仕《つか》えていくべきです。威張《いば》るんなら、権力者《けんりょくしゃ》に対して、威張りなさい。叱るんなら、魔《ま》を叱りなさい。弱い立場の後輩《こうはい》を苦《くる》しめる幹部は卑怯《ひきょう》だ。後輩を思いやれない無慈悲《むじひ》な幹部は成仏《じょうぶつ》できません。意地悪《いじわる》したり、仏子《ぶっし》を苦しめたら、罰《ばち》を受《う》けます。私だって毎日、朝《あさ》から晩《ばん》まで『民衆《みんしゅう》の奴隷《どれい》』のようなものだ。それでいい。それが本当の『王者』だと思っている」と。

皆の幸福のために、どこまでも尽《つ》くしていくのが広宣流布のリーダーだ。たとえ厳《きび》しい意見でも、喜《よろこ》んで聞いていく度量《どりょう》がなければリーダー失格《しっかく》である。また御書には**〝船頭《せんどう》の舵取《かじと》りが悪ければ、船《ふね》に乗っている人々は命《いのち》を失《うしな》う〟**（乙御前御消息《おとごぜんごしょうそく》、新1690頁・全1220頁、趣意）、「**謀《はかりごと》**（＝作戦）**を帷帳《いちょう》**（＝作戦を協議する場所）**の中《うち》に回《めぐ》らし、勝つことを千里《せんり》の外《そと》に決《けっ》せしものなり**」（一昨日《いっさくじつ》御書《ごしょ》、新874頁・全183頁）とある。どうすれば、皆が力《ちから》を発揮《はっき》できるか、あらゆる角度から検討《けんとう》し、最高の作戦を練《ね》っていく。その真剣《しんけん》な行動が、千里も離《はな》れた戦場の勝負をも決めるのである。

池田先生はだれよりも深く祈り、友を励まし、語りに語り、書きに書いて、世界広布《せかいこうふ》を開いてこられた。偉大な師匠に続き、わが地域で、勇《いさ》んで勝利の指揮《しき》を執《と》っていこう。

止暇断眠《しかだんみん》

「正義を求《もと》める心」を貫《つらぬ》け

我《わ》が門家《もんけ》は、夜《よる》は眠《ねむ》りを断《た》ち昼《ひる》は暇《いとま》を止《とど》めてこれを案《あん》ぜよ。一生空《いっしょうむな》しく過《す》ごして万歳悔《ばんざいく》ゆることなかれ

（富木殿御書《ときどのごしょ》、新1324頁・全970頁）

【通解】わが一門《いちもん》の者は夜《よる》は眠《ねむ》りを断《た》ち、昼《ひる》は暇《ひま》なくこのことを思案《しあん》しなさい。一生《いっしょう》空《むな》しく過《す》ごして、万歳《ばんさい》に悔《く》いることがあってはならない。

富木常忍《ときじょうにん》に与《あた》えられ、正法誹謗《しょうほうひぼう》の罪《つみ》の深さや、弘法《こうぼう》・慈覚《じかく》・智証《ちしょう》ら悪知識《あくちしき》の恐《おそ》ろしさを示されている。

◇

この御文に記《しる》された「これ」とは、具体的に何を指《さ》すのか。日蓮大聖人《にちれんだいしょうにん》は本抄で真言破折《しんごんはしゃく》を展開《てんかい》される。そして、日本天台宗の座主《ざす》や高僧《こうそう》たちが真言を用《もち》いてしまった理由は何なのかを問《と》われる。この主題《しゅだい》（＝テーマ）が「これ」にあたる。

そして大聖人は、その問いに対する答えを記すことなく、〝わが弟子たちよ、このことを考えに考え抜け〟と訴《うった》えられたのだ。

何が正義で、何が虚偽《きょぎ》か。だれが正法の行者《ぎょうじゃ》で、だれが善人《ぜんにん》の皮《かわ》をかぶって人々をだましているのか。この一点を曖昧《あいまい》にしたまま、かけがえのない一生を安易《あんい》に過《す》ごしてしまえば、万年《まんねん》までも悔《く》いを残すことになる。心せよ!――弟子に対する、師の厳愛《げんあい》の指導であると拝《はい》せよう。

また本抄で大聖人は、謗法《ほうぼう》の者《もの》や悪知識には決して親《した》しんではならないことを教えておられる。そのためにも、だれが善知識《ぜんちしき》で、だれが悪知識なのか、正邪《せいじゃ》を峻別《しゅんべつ》する眼《まなこ》を磨《みが》くことが重要《じゅうよう》になるのだ。「正義を求める心」は、「正義を証明《しょうめい》する行動」へとつながっていく。池田先生は、学会活動について次のような逸話《いつわ》を紹介された。

「長い間、学会活動から離《はな》れてしまった人が語っていたという。『もっと一生懸命《いっしょうけんめい》に、お題目《だいもく》をあげておけばよかった。もっと活動をしておけばよかった。本当に無念《むねん》です。時間がもうないんです』と。死ぬ間際《まぎわ》になって、こう言ったという話が忘れられない」

私たちは幸《さいわ》いにも、青年時代に人生の師匠に巡《めぐ》り会い、妙法《みょうほう》を受持《じゅじ》することができた。創価学会の中で「人生の真実《しんじつ》」を学び、広宣流布《こうせんるふ》という最高の目的に向かって同志と共《とも》に進んでいる。

青年部は、本抄に示されている「止暇断眠《しかだんみん》」の精神《せいしん》で、破邪顕正《はじゃけんせい》の闘《とう》争《そう》に勇《いさ》んで先駆《せんく》したい。

異体同心《いたいどうしん》

「信心の団結」が勝利の要諦《ようてい》

総《そう》じて、日蓮《にちれん》が弟子檀那《でしだんな》等、自他《じた》・彼此《ひし》の心《こころ》なく、水魚《すいぎょ》の思《おも》いを成《な》して、異体同心《いたいどうしん》にして南無妙法蓮華経と唱《とな》え奉《たてまつ》るところを、生死一大事《しょうじいちだいじ》の血脈《けつみゃく》とは云《い》うなり。しかも、今《いま》、日蓮《にちれん》が弘通《ぐつう》するところの所《しょ》詮《せん》これなり。もししからば、広宣流布《こうせんるふ》の大願《だいがん》も叶《かな》うべきものか

（生死一大事血脈抄《しょうじいちだいじけつみゃくしょう》、新1775頁・全1337頁）

【通解】総《そう》じて日蓮《にちれん》の弟子たちが、「自分と他人」「あちらとこちら」という分け隔《へだ》ての心をもたず、水と魚のように切っても切れない親密な思いを抱き、異体同《いたいどう》心《しん》で南無妙法蓮華経と唱《とな》えることを、生《しょう》死一大事《じいちだいじ》の血脈《けつみゃく》というのである。しかも今、日蓮が弘通《ぐつう》しようとする根本《こんぽん》はこれである。もし、この通りになるならば、広宣流布《こうせんるふ》の大願《だいがん》も成就《じょうじゅ》するにちがいない。

文永《ぶんえい》9年（1272年）2月11日、佐渡《さど》で執筆《しっぴつ》されたとされる御消息《ごしょうそく》。最蓮房《さいれんぼう》が「生死一大事血《しょうじいちだいじけつ》脈《みゃく》」の法理《ほうり》について質問。日蓮大聖人《にちれんだいしょうにん》は、佐渡で大聖人に帰依《きえ》した最蓮房の労苦《ろうく》を讃《たた》え、強盛《ごうじょう》な信《しん》心の団結のなかにこそ、真《しん》の信心の血脈が流れることを説《と》かれた。

◇

広宣流布《こうせんるふ》のいかなる戦いにおいても、「異体同心《いたいどうしん》」の団結が、勝負を決する要諦《ようてい》となる。大聖人は「異**体同心なれば万事《ばんじ》を成じ、同体異心《どうたいいしん》なれば諸事叶《しょじかな》うことなし**」（異体同心事《いたいどうしんじ》、新2054頁・全1463頁）と仰《おお》せになられた。その団結を築《きず》くためには、「自他《じた》・彼此《ひし》の心《こころ》」――同志の信頼を「分断《ぶんだん》」する動き――を見破《みやぶ》り、「異体同心にして南無妙法蓮華経と唱《とな》え」ることが根本《こんぽん》である。

昭和28年（1953年）、文京支部長代理《だいり》となった池田先生は、低迷《ていめい》を続ける同支部の会合に初《はじ》めて出席。その際《さい》、皆の題目《だいもく》三唱の声がそろうまで何度も繰《く》り返《かえ》され、たちまち支部を一変《いっぺん》させた。まず「祈《いの》りを合わせる」ところに、信心の団結が生まれることを見抜《みぬ》かれていたのである。

池田先生は、次のように明快に指導されている。

「異体同心というのは、現代で言えば『組織《そしき》』ということです。『異体』というのは、人それぞれ、姿《すがた》も立場《たちば》も、状況《じょうきょう》も使命も違《ちが》う。しかし『心』は――信心は『同心』でいきなさいというのです。『異体異心《いたいいしん》』では、バラバラです。『同体同心《どうたいどうしん》』というのは無理《むり》やり、形も姿も心まで統一しようというのです。ファシズムであり、自由はない。だれもついてこられず、格好《かっこう》だけ合わせている。結局、『同体異心』になってしまう」

異体同心の祈りによって「広宣流布の大願《だいがん》も叶う」。団結こそ、学会の無敵《むてき》のエネルギーの源泉《げんせん》である。

会合の大切《たいせつ》さ

「膝詰《ひざづ》めの対話」こそ原動力《げんどうりょく》

たとい身命《しんみょう》に及《およ》ぶとも退転《たいてん》することなかれ。富木《とき》、三郎左衛門尉《さぶろうざえもんのじょう》、河野辺《かわのべ》等、大和阿闍梨《やまとあじゃり》等、殿原《とのばら》・御房《ごぼう》たち、各々互《おのおのたが》いに読《よ》み聞《き》かせまいらせさせ給《たま》え。かかる濁世《じょくせ》には、互《たが》いにつね《常》にいい《言》あ《合》わせて、ひまもなく後世《ごせ》ねがわせ給《たま》い候《そうら》え

（法華行者逢難事《ほっけぎょうじゃほうなんじ》、新1304頁・全965頁）

【通解】たとえ身命《しんみょう》に及《およ》ぶことがあっても退転《たいてん》してはならない。富木常忍《ときじょうにん》、三郎左衛門尉《さぶろうざえもんのじょう》（四条金吾《しじょうきんご》）、河野辺入道《かわのべにゅうどう》、大和阿闍梨《やまとあじゃり》等の殿《との》たちや御房《ごぼう》たち、おのおの互《たが》いに読み、聞かせて差し上げなさい。このような濁世《じょくせ》には互いに常《つね》に話し合って、ひまなく後世《ごせ》を願うようにしなさい。

文永《ぶんえい》11年（1274年）1月14日、門下一同《もんかいちどう》に与《あた》えられた。日蓮大聖人《にちれんだいしょうにん》の受けられた大難《だいなん》が、釈尊《しゃくそん》・天台《てんだい》・伝教《でんぎょう》への難を超《こ》えるものであることを示し、さらなる信心の団結を訴《うった》えられた。

直接《ちょくせつ》会い、励《はげ》まし合うことが、いかに重要《じゅうよう》か。◇

牧口先生は、当時としては高齢の70歳でありながら、「一人」を激励《げきれい》するために、2日がかりで九州・八女《やめ》に赴《おもむ》かれた。また2年間で約240回もの座談会《ざだんかい》に出席された。

戸田先生も座談会を重視《じゅうし》。自《みずか》ら出席される座談会が広宣流布《こうせんるふ》の主戦場《しゅせんじょう》だった。

池田先生もまた、「伝統の2月」の淵源《えんげん》となった東京・蒲田《かまた》支部の闘争《とうそう》や、〝まさかが実現〟した「大阪の戦い」で、小単位での会合を軸《じく》に徹底《てってい》した家庭指導を積み重《かさ》ね、不滅《ふめつ》の金字塔《きんじとう》を打ち立てられたのである。


直接、目と目を交《か》わし、ぬくもりを感じる膝詰《ひざづ》めの語らい。一方通行《いっぽうつうこう》ではなく、質問があれば、気兼《きが》ねなく聞くことのできる「納得《なっとく》の語らい」——そこにこそ広宣流布への智慧《ちえ》と歓喜《かんき》が生まれる。

歴史上《れきしじょう》の革命を見ても、その源流《げんりゅう》の多くは少人数の語らいにあった。

維新《いしん》の志士《しし》たちを輩出《はいしゅつ》した吉田松陰《よしだしょういん》の松下村塾《しょうかそんじゅく》も、小さな私塾《しじゅく》だった。そこには師弟の真剣《しんけん》な魂《たましい》と魂の打ち合いがあった。ゆえに若き一流の人材《じんざい》が陸続《りくぞく》と育ったのである。

「ただ一人でもいい。その一人の人に全力で法を説《と》き、体験を語り、広布《こうふ》のこと、人生のことを心から話し合っていけばよいのだ。二人でもいい、御本尊《ごほんぞん》の話をして、感激し合って帰る座談会にしてほしい。三人もくれば、〝大勢《おおぜい》〟というべきである」とは、戸田先生の指導である。

真心《まごころ》の込《こ》もる少人数の対話こそ、発心《ほっしん》の電源地《でんげんち》であり、前進と勝利への最大の原動力《げんどうりょく》となるのだ。

絶対無事故《ぜったいむじこ》

細心《さいしん》の注意《ちゅうい》、万全《ばんぜん》の準備《じゅんび》を

さきざきよりも百千万億倍《ひゃくせんまんおくばい》御用心《ごようじん》あるべし
（四条金吾殿御返事《しじょうきんごどのごへんじ》、新1590頁・全1169頁）

【通解】（今は身《み》に危険《きけん》がある時であるから）以前よりも百千万億倍《ひゃくせんまんおくばい》、用心《ようじん》していきなさい。

建治《けんじ》3年（1277年）、日蓮大聖人《にちれんだいしょうにん》が56歳の時、四条金吾《しじょうきんご》に与《あた》えられた。別名「世雄御書《せおうごしょ》」。世雄は仏《ほとけ》の異名《いみょう》で、〝世間《せけん》で最《もっと》も雄々《おお》しく勝つ〟という意味。本抄で大聖人は、他人に先駆《さきが》けて仏法《ぶっぽう》を受持《じゅじ》するがゆえに迫害《はくがい》を受けるのであるから、さらに信心を貫《つらぬ》くよう励《はげ》まされている。

そのうえで〝人の多く集まるところに行く時は注意《ちゅうい》せよ〟〝夜の警護番《けいびばん》の人たちとは仲良く〟〝信仰以外のことであっても、誓約書《せいやくしょ》を書いてはならない〟等々、細部《さいぶ》にわたって具体的《ぐたいてき》に指導されている。

無事故《むじこ》こそ、一切《いっさい》の勝利と幸福の根本《こんぽん》である。◇

「民《たみ》の心、虎《とら》のごとし、犬のごとし」（日妙聖人御書《にちみょうしょうにんごしょ》、新1683頁・全1217頁）という末法悪世《まっぽうあくせ》にあって、大聖人は門下《もんか》に対して安全上の注意を繰《く》り返《かえ》されている。広布《こうふ》のリーダーは、この細《こま》かさ、丁《てい》寧《ねい》さに心して学びたい。

池田先生は、「（不惜身命《ふしゃくしんみょう》とは）『無理《むり》をする』ということではない。無理は続かない。仏法は道《どう》理《り》です。道理にのっとった賢明《けんめい》な信心即《そく》生活でなければ反価値《はんかち》になってしまう。それでは『創価』学会とは言えない」「〝信心しているから〟〝幹部だから〟自分は大丈夫《だいじょうぶ》だというのは『慢心《まんしん》』です」と厳《げん》に指導された。

さらに先生は、「〝信心しているから、なんとかするんだ。勝つんだ〟〝信心しているからこそ、用心《ようじん》して絶対《ぜったい》に無事故にするんだ〟。その自覚《じかく》がなければ危険《きけん》です」とも戒《いまし》められている。

「自分は信心しているから大丈夫」「広布のために動いているのだから、心配ない」「なんとかなる」――こうした油断《ゆだん》や決めつけが、思わぬ事故を招《まね》いてしまう。

大勢《おおぜい》の人が集《つど》う会合の運営《うんえい》も、日々の創価班、牙城会の着任《ちゃくにん》も、少人数の唱題会《しょうだいかい》なども、大切《たいせつ》な仏子《ぶっし》が集うことには変わりがない。すべて同じ祈《いの》りと緊張感《きんちょうかん》で臨《のぞ》むことだ。

広宣流布《こうせんるふ》を担《にな》うリーダーは、「大切な同志の身《み》の上《うえ》に、絶対に事故を起こしてなるものか！」との一念《いちねん》を堅持《けんじ》し、入念《にゅうねん》な配慮《はいりょ》、万全《ばんぜん》の準備《じゅんび》を、具体的な「かたち」と「行動」にしていく責任がある。これまでにも増《ま》して「油断大敵《ゆだんたいてき》」の心で！　この点を、重《かさ》ねて確かめ合いたい。

人材育成《じんざいいくせい》

後輩《こうはい》を自分以上《いじょう》の人材《じんざい》に

人《ひと》のものをおしうる《教》と申《もう》すは、車《くるま》のおも《重》けれども油《あぶら》をぬり《塗》てまわり《回》、ふね《船》の水《みず》にうか《浮》べてゆき《行》や《易》すきようにおしえ《教》候《そうろう》なり

(上野殿御返事《うえのどのごへんじ》、新1918頁・全1574頁)

【通解】人がものを教えるというのは、車《くるま》が重《おも》かったとしても油《あぶら》を塗《ぬ》ることによって回り、船《ふね》を水に浮《う》かべて行きやすくするように教えるのである。

弘安《こうあん》3年(1280年)12月27日の御述作《ごじゅっさく》。青年門下《もんか》・南条時光《なんじょうときみつ》が経済的《けいざいてき》な苦境《くきょう》のなか、日蓮《にちれん》大聖人《だいしょうにん》へ真心《まごころ》の御供養《ごくよう》をお届けした。大聖人は、深い感謝《かんしゃ》を込《こ》めて「**尊《とうと》いことです、尊いことです**」(新1919頁・全1575頁、通解)と時光を讃嘆《さんたん》され、その功徳《くどく》がいかに大きいかを教えられた。

◇

「創価学会は、人材《じんざい》の城《しろ》を築《きず》け!」――戸田先生の叫《さけ》びである。その人材を育てる要諦《ようてい》こそ、「指導者革命」である。

車輪《しゃりん》が重《おも》いのに、油《あぶら》もささずに無理《むり》やり回せば、壊《こわ》れてしまうであろう。人にものを教えるということも同じだと大聖人は仰《おお》せである。「この人の心を軽《かる》くしてあげるためには、今、何を話してあげればよいのか」「あの人が生き生きと活躍するには、どう励《はげ》まし、何をしてあげるのが一番よいだろうか」と、心を砕《くだ》き、祈《いの》ることである。

大聖人は、この御文に続けて、**〝仏《ほとけ》に成《な》りやすい道というのは特別なことではない。干《かん》ばつの時に喉《のど》の渇《かわ》いた者に水を与《あた》え、寒《さむ》さに凍《こご》えた者に火を与《あた》えるようにすることである〟**（新1918頁・全1574頁、趣意）と示された。このように、誠心誠意《せいしんせいい》尽《つ》くす人が本物の指導者である。皆をほめ讃《たた》え、希望と勇気を贈る。リーダーの連続闘争《れんぞくとうそう》があってこそ、偉大《いだい》な人材城は築かれるのだ。

池田先生の指導者論は明快である。

「もちろん自分が目標《もくひょう》をもつことは大切《たいせつ》です。そして『会員に一人のこらず大功徳を受けさせるんだ』という祈りがあれば、その心は必《かなら》ず通じます」

さらに「一般論《いっぱんろん》で言っても、尊敬《そんけい》は尊敬を生む。軽蔑《けいべつ》は軽蔑を生む。自分が変われば、相手も変わる。人材育成《いくせい》にしても、相手を『必ず立派な人材になる人だ』と、まず信じて、尊敬してこそ成功する。自分の子分《こぶん》のような気持ちで接して、人材が育つわけがない」と。

後輩《こうはい》を心から敬《うやま》い、自分以上の人材に育てる。今こそ、青年部が師と共《とも》に「指導者革命」の先頭に立つ時である。

供養《くよう》の功徳《くどく》

大福運《ふくうん》を積《つ》む真心《まごころ》の御供養《ごくよう》

「末代《まつだい》の法華経《ほけきょう》の行者《ぎょうじゃ》を一日《いちにち》なりとも供養《くよう》せん功徳《くどく》は百千万億倍《ひゃくせんまんおくばい》過《す》ぐべし」とこそ説《と》かせ給《たま》いて候《そうろう》

（南条殿御返事《なんじょうどのごへんじ》、新1923頁・全1578頁）

【通解】「（釈尊《しゃくそん》を、計《はか》り知れないほど多くの珍《めずら》しい宝《たから》で億劫《おくごう》の間《あいだ》、供養《くよう》するよりも）末法《まっぽう》の法華経《ほけきょう》の行者《ぎょうじゃ》を1日でも供養する功徳《くどく》のほうが、百千万億倍《ひゃくせんまんおくばい》も勝《すぐ》れるであろう」と説《と》かれているのである。

日蓮大聖人《にちれんだいしょうにん》が、南条時光《なんじょうときみつ》に送られたと伝えられる御手紙である。

当時、時光は体調《たいちょう》を崩《くず》し、病気がちであった。また、権力者《けんりょくしゃ》からは不当《ふとう》な重税《じゅうぜい》を強《し》いられ、経済的《けいざいてき》にも厳《きび》しい生活を送っていた。そんななかにあっても、大聖人に「塩」「大豆《だいず》」をはじめ、数々の御供養《ごくよう》をお届けしたのである。

◇

法華経《ほけきょう》の行者《ぎょうじゃ》に対する供養の功徳《くどく》が大きいのは、末法《まっぽう》において妙法《みょうほう》を弘通《ぐつう》しているのは、法華経の行者しかいないからである。「法」に対する供養の功徳は大きい。

法華経の行者への供養とは、現代で言えば、大聖人の仰《おお》せのままに妙法を世界に弘通している仏《ぶつ》意《い》仏勅《ぶっちょく》の教団《きょうだん》・創価学会への真心《まごころ》の供養に当たる。

ゆえに、御聖訓《ごせいくん》に照《て》らせば、学会の諸活動を支《ささ》え、広宣流布《こうせんるふ》の伸展《しんてん》のために供養する人は、計《はか》り知れない功徳があり、三世《さんぜ》にわたる大福運《ふくうん》を積《つ》むことは間違いない。

池田先生は小説『新・人間革命』で、次のように綴《つづ》られている。

「学会が推進する供養、財務《ざいむ》は、すべて日蓮大聖人の御遺命《ごゆいめい》である広宣流布のためのものである。大聖人の立てられた大願《だいがん》を成就《じょうじゅ》するために行《おこな》う供養は、御本仏《ごほんぶつ》への供養に通じよう。ならば、これに勝《まさ》る供養もなければ、大善《だいぜん》もない。ゆえに、これに勝る大功徳もないはずである。

そう思うと、伸一自身、一人の学会員として、その機会に巡《めぐ》り合えたことに、無量《むりょう》の福運と喜《よろこ》びを感じるのであった」

反対に、謗法《ほうぼう》への供養は、自《みずか》らを不幸にする因《いん》となる。大聖人は「**法華経の御《おん》かたき《敵》をば、大慈《だいじ》大悲《だいひ》の菩薩《ぼさつ》も、供養すれば必《かなら》ず無間地獄《むけんじごく》に堕《お》つ**」（主君耳入此法門免与同罪事《しゅくんにじゅうしほうもんめんよどうざいじ》、新1540頁・全1133頁）と厳然《げんぜん》と仰《おお》せであられる。

大聖人の御精神《ごせいしん》に悉《ことごと》く違背《いはい》し、破和合僧《はわごうそう》の大罪《たいざい》を犯《おか》した邪教《じゃきょう》・日顕宗《にっけんしゅう》への供養は、「堕地獄《だじごく》の因」にほかならない。この悪《あく》の根《ね》を断《た》つには、「**その施《せ》を止《とど》む**」（立正安国論《りっしょうあんこくろん》、新42頁・全30頁）と仰せの通り、供養を一切《いっさい》、断ち切らなければならないのである。

6章 障魔との闘争

強敵《ごうてき》を伏《ふく》す

「師子王《ししおう》の心」を奮《ふる》い起《お》こせ

畜生《ちくしょう》の心《こころ》は、弱《よわ》きをおどし《脅》、強《つよ》きをおそる《恐》。当《とう》世《せい》の学者等《がくしゃとう》は畜生のごとし。智者《ちしゃ》の弱きをあなず《侮》り、王法《おうぼう》の邪《よこしま》をおそる《恐》。諛臣《ゆしん》と申《もう》すはこれなり。強敵《ごうてき》を伏《ふく》して始《はじ》めて力士《りきし》をしる《知》。悪王《あくおう》の正法《しょうほう》を破《やぶ》るに、邪法《じゃほう》の僧等《そうら》が方人《かとうど》をなして智者を失《うしな》わん時《とき》は、師子王《ししおう》のごとくなる心《こころ》をもてる者《もの》、必《かなら》ず仏《ほとけ》になる《成》べし。例《れい》せば日蓮《にちれん》がごとし

（佐渡御書《さどごしょ》、新1285頁・全957頁）

【通解】畜生《ちくしょう》の心は、弱《よわ》い者《もの》を脅《おど》し、強《つよ》い者を恐《おそ》れる。今の世《よ》の僧《そう》たちは、畜生のようである。智者《ちしゃ》の立場が弱いのを侮《あなど》り、王の邪悪《じゃあく》な力《ちから》を恐れている。こびへつらう臣下《しんか》というのは、こういう者たちをいうのである。強敵《ごうてき》を倒《たお》してこそ、初《はじ》めて、真《しん》に力ある者であるとわかる。悪《あく》王《おう》が正法《しょうほう》を破《やぶ》ろうとし、邪法《じゃほう》の僧《そう》たちがその味方をして、智者を亡《な》きものにしようとする時は、師子王《しし》《おう》の心を持っている者が必《かなら》ず仏《ほとけ》になるのである。例を挙《あ》げれば、日蓮《にちれん》である。

文永《ぶんえい》9年（1272年）3月20日、佐渡《さど》から門下一同《もんかいちどう》に与《あた》えられた重書《じゅうしょ》である。日蓮大聖人《にちれんだいしょうにん》は佐渡流罪《るざい》の苦境《くきょう》のなか、権力者《けんりょくしゃ》である平左衛門尉頼綱《へいのさえもんのじょうよりつな》（＝悪王《あくおう》）や、極楽寺良観《ごくらくじりょうかん》（＝邪法《じゃほう》の僧《そう》）らによる「迫害《はくがい》の構図《こうず》」を指摘《してき》。さらに、こうした難《なん》に怯《ひる》まず、勇敢《ゆうかん》に戦い抜《ぬ》けば「必《かなら》ず仏《ほとけ》になる」と、絶対の確信をもって綴《つづ》られた。

◇

釈尊《しゃくそん》の時代も、「**提婆《だいば》と阿闍世王《あじゃせおう》と一味《いちみ》となりしかば**」（上野殿御返事《うえのどのごへんじ》、新1865頁・全1537頁）と仰《おお》せのように、悪王と悪僧《あくそう》が結託《けったく》して仏法破壊《ぶっぽうはかい》を企《くわだ》てた。権力にすり寄《よ》る「畜生《ちくしょう》の心」の愚者《ぐしゃ》たちにとって、最《もっと》も都合《つごう》の悪い存在《そんざい》が、「師子王《ししおう》の心」をもった正義の人である。ゆえに彼らは大聖人を亡《な》き者《もの》にしようとした。法華経勧持品《ほけきょうかんじほん》第13では、そうした輩《やから》を「三類《さんるい》の強敵《ごうてき》」として説《と》かれている（第1は俗衆増上慢《ぞくしゅぞうじょうまん》＝仏法に無智《むち》な人々。第2は道門増上慢《どうもんぞうじょうまん》＝邪智《じゃち》で心が曲《ま》がり、慢心《まんしん》の強い出家者《しゅっけしゃ》。第3は僭聖増上慢《せんしょうぞうじょうまん》＝聖人《しょうにん》のように世間《せけん》から敬《うやま》われながら、正法の行者《ぎょうじゃ》を憎《にく》み、権力を利用《りよう》して迫害する高僧《こうそう》）。

このうち最《もっと》も悪質《あくしつ》なのは僭聖増上慢だ。〝聖僧《せいそう》〟を名乗《なの》り（＝僭聖）、内心では人々を見下《みくだ》しながら、しかも「私は真《しん》の仏道《ぶつどう》を行《ぎょう》じている」と称《しょう》する――そういう存在が、広宣流布《こうせんるふ》の途上《とじょう》には必《かなら》ず現《あらわ》れるのである。逆に言えば、「三類の強敵」が現れなければ真の法華経の行者ではない。

大聖人は迫害を加えた者に対して、「**釈迦如来《しゃかにょらい》の御《おん》ためには提婆達多《だいばだった》こそ第一の善知識《ぜんちしき》なれ。今の世間を見るに、人をよくなすものは、かとうど《方人》**（＝味方）**よりも強敵《ごうてき》が人をばよくなしけるなり**」（種々《しゅじゅ》御振舞御書《おんふるまいごしょ》、新1236頁・全917頁）と仰せである。勝利をもたらす力《ちから》こそが「師子王の心」である。

仏《ほとけ》と魔《ま》の戦い

「日蓮《にちれん》、一度もしりぞく心なし」

第六天《だいろくてん》の魔王《まおう》、十軍《じゅうぐん》のいくさ《戦》をおこし《起》て、法華《ほけ》経《きょう》の行者《ぎょうじゃ》と生死海《しょうじかい》の海中《かいちゅう》にして、同居穢土《どうこえど》を、と《取》られじ、うば《奪》わんとあらそ《争》う。日蓮《にちれん》その身《み》にあい《相》あたり《当》て、大兵《たいへい》をおこし《起》て二十余年《にじゅうよねん》なり。日蓮《にちれん》、一度《いちど》もしりぞく《退》心《こころ》なし

（弁殿並尼御前御書《べんどのならびにあまごぜんごしょ》、新1635頁・全1224頁）

【通解】第六天《だいろくてん》の魔王《まおう》は、十《じゅう》の魔軍《まぐん》を率《ひき》いて戦《いくさ》を起《お》こして、法華経《ほけきょう》の行者《ぎょうじゃ》と、「生死《しょうじ》の苦しみの海」の中で同居穢《どうこえ》土《ど》（六道《ろくどう》の凡夫《ぼんぷ》と四聖《ししょう》〈二乗《にじょう》・菩薩《ぼさつ》・仏《ほとけ》〉が同居《どうきょ》する国土《こくど》＝娑婆世界《しゃばせかい》）を「取《と》られまい」「奪《うば》おう」と争《あらそ》う。日蓮《にちれん》は、（第六天の魔王と戦う）その身《み》に当《あ》たっており、大兵《たいへい》を起こして二十余年《よねん》になる。（その間）日蓮は一度も退《しりぞ》く心はない。

文永《ぶんえい》10年（1273年）9月19日、佐渡《さど》の一谷《いちのさわ》から弁殿《べんどの》（日昭《にっしょう》）及《およ》び、弁殿と関わりのある尼御《あまご》前《ぜん》に与《あた》えられた御手紙。〝弟子たちの中で臆病《おくびょう》な者《もの》は、だいたいが退転《たいてん》したり、退転する心がある。尼御前が、経文《きょうもん》の一文《いちぶん》にも通じていない、心弱《こころよわ》い身《み》でありながら、今まで退転されなかったことは、言葉に尽《つ》くせないほど立派《りっぱ》である〟（新1635頁・全1224頁、趣意）と讃嘆《さんたん》されている。

◇

仏道修行《ぶつどうしゅぎょう》は、常に「仏《ほとけ》」と「魔《ま》」との闘争《とうそう》である。第六天《だいろくてん》の魔王《まおう》が率《ひき》いる十軍《じゅうぐん》とは、「欲《よく》（強い欲望《よくぼう》にとらわれる）」、「憂愁《うしゅう》（憂《うれ》い、悲《かな》しみ）」、「飢渇《けかち》（飢《う》えと渇《かわ》き）」など、10種《しゅ》の心を揺《ゆ》るがす働《はたら》きを表す（大智度論《だいちどろん》）。第六天の魔王は、それらの大軍《たいぐん》を従《したが》え、仏の勢力《せいりょく》を弱めようと、巧《たく》みに、したたかにつけ込《こ》んでくるのだ。

こうした「仏と魔との大闘争」は、生命の内面《ないめん》で常に起きている。成仏《じょうぶつ》のためには、「内《うち》なる悪」に勝たねばならない。これを観念《かんねん》のみではなく具体的《ぐたいてき》に実践《じっせん》するには、「外《そと》なる悪」と戦い、勝つことだ。悪との闘争が、わが生命を鍛《きた》え、浄《きよ》め、成仏《じょうぶつ》の大道《だいどう》を開く。極悪《ごくあく》と戦ってこそ極善《ごくぜん》になるのだ。日蓮大聖人《にちれんだいしょうにん》は、魔軍《まぐん》との絶《た》え間ない闘争にも「一度もしりぞく《退》心なし」と勝ち抜《ぬ》かれた。ダイヤモンドのごとく、何ものにも侵《おか》されない大境涯《きょうがい》であられたのだ。

池田先生は指導された。「広宣流布《こうせんるふ》は『公転《こうてん》』です。人間革命は『自転《じてん》』です。両者《りょうしゃ》は一体です。学会は『仏の軍勢《ぐんぜい》』です。ゆえに魔が襲《おそ》うのは当然だ。『**仏と提婆《だいば》とは身《み》と影《かげ》とのごとし**。**生々《しょうじょう》にはなれず《離》**』（開目抄《かいもくしょう》、新111頁・全230頁）です。魔は、狩《か》り出し、叩《たた》き出し、打《う》ち破《やぶ》るものです。折伏精神《しゃくぶくせいしん》です」

「日蓮、一度もしりぞく《退》心なし」との御本仏《ごほんぶつ》の仰《おお》せを現実のものとしたのが、創価三代の師弟の歴《れき》史《し》である。強靭《きょうじん》な一念《いちねん》を貫《つらぬ》く「退《しりぞ》く心なき挑戦《ちょうせん》」こそ、真《しん》の仏弟子《ぶつでし》の道である。

権力《けんりょく》の魔性《ましょう》と戦え

歴史《れきし》に輝《かがや》く「不屈《ふくつ》の魂《たましい》」

王地《おうち》に生《う》まれたれば身《み》をば随《したが》えられたてまつるようなりとも、心《こころ》をば随えられたてまつるべからず

（撰時抄《せんじしょう》、新204頁・全287頁）

【通解】王の権力《けんりょく》が支配《しはい》する地《ち》に生まれたのであるから、身《み》は従《したが》えられているようであっても、心まで従えられているのではない。

建治《けんじ》元年（1275年）、日蓮大聖人《にちれんだいしょうにん》が54歳の時の御著作《ごちょさく》。「撰時《せんじ》」は「時を撰《えら》ぶ」の意味。「日蓮は閻浮《えんぶ》第一の法華経《ほけきょう》の行者《ぎょうじゃ》なり」（新175頁・全266頁）と宣言《せんげん》され、未来《みらい》には必《かなら》ず三大秘法《さんだいひほう》の南無妙法蓮華経が弘《ひろ》まると予言《よげん》されている。

◇

大聖人は「竜《たつ》の口《くち》の法難《ほうなん》」（文永《ぶんえい》8年＝1271年）の後、2年以上にわたる佐渡流罪《さどるざい》を経《へ》て鎌倉《かまくら》に帰還《きかん》され、3度目の国主諫暁《こくしゅかんぎょう》に臨《のぞ》まれた。その折《おり》、幕府《ばくふ》の権力者《けんりょくしゃ》である平左衛門尉頼綱《へいのさえもんのじょうよりつな》と対面して直接述《の》べられたのが、この有名な一節《いっせつ》である。

「世界人権宣言」20周年を記念してユネスコ（国連教育科学文化機関）が編纂《へんさん》し、世界の人権闘争《とうそう》の言葉を集大成《しゅうたいせい》した『語録《ごろく》 人間の権利《けんり》』にも収録《しゅうろく》されている。生涯《しょうがい》にわたって権力の魔性《ましょう》と対決し続けられた大聖人の〝人権宣言〟ともいえる重要《じゅうよう》な御文である。

この直前に大聖人は、「**日蓮は日本国の大将《たいしょう》である。日蓮を亡《な》き者《もの》にすることは日本国の柱《はしら》を倒《たお》すことになる**」（新204頁・全287頁、通解）との絶対の確信を述べておられる。頼綱がどれほど絶大《ぜつだい》な権力をもっていようと、広宣流布《こうせんるふ》を目指《めざ》す大聖人の、この不屈《ふくつ》の魂《たましい》を、寸分《すんぶん》たりとも曲《ま》げることはできなかった。大聖人は、相次《あいつ》ぐ大難《だいなん》にも「**柔和忍辱衣《にゅうわにんにくえ》**」（御衣並単衣御書《おんころもならびにひとえごしょ》、新1310頁・全971頁）――耐《た》え忍《しの》ぶ心をもって戦われ、決して屈《くつ》することがなかった。

池田先生は、明快に語られている。

「『信仰者』とは、『自分を支配しよう』とする人間です。『野心家《やしんか》』あるいは『権力者』とは、『他人を支配しよう』とする人間です。『信仰者』は、自分が動き、自分が苦労し、自分と戦う人間です。『権力者』は、人を動かし、人に苦労をさせ、自分を見つめない人間です」

「**必《かなら》ず身命《しんみょう》を捨《す》てるほどのことがあってこそ、仏《ほとけ》になることができるであろう**」（佐渡御勘気抄《さどごかんきしょう》、新1195頁・全891頁、通解）との仰《おお》せ通りに戦い抜《ぬ》かれた大聖人。創価学会は、この御本仏《ごほんぶつ》の魂に直結《ちょっけつ》する純真《じゅんしん》な「信仰者」の団体である。いかなる権力悪の横暴《おうぼう》も私の心を支配することはできない！　との大聖人の精神《せいしん》闘争を受《う》け継《つ》いでいるのが、青年部であるとの誇《ほこ》りで前進していきたい。

三度の高名《こうみょう》

民衆救済《みんしゅうきゅうさい》の大師《し》子《し》吼《く》

> **外典《げてん》に云《い》わく「未萌《みぼう》をしる《知》を聖人《しょうにん》といゝ」。内典《ないてん》に云《い》わく「三世《さんぜ》を知《し》るを聖人といゝ」。余《よ》に三度のこうみょう《高名》あり**
>
> （撰時抄《せんじしょう》、新２０４頁・全２８７頁）

【通解】仏教以外の外道《げどう》の経典《きょうてん》には「将《しょう》来《らい》に起《お》きることを知っているのを聖人《しょうにん》という」とある。仏教の経典には「過去、現在、未来の三世《さんぜ》を知るのを聖人という」とある。日蓮《にちれん》には3度の功績《こうせき》がある。

建治《けんじ》元年（１２７５年）、日蓮大聖人《にちれんだいしょうにん》が54歳の時の御述作《ごじゅっさく》である「撰時抄《せんじしょう》」には、大聖人御自身の権力《けんりょく》との闘争《とうそう》を綴《つづ》られた「三度の高名《こうみょう》」について述《の》べられている。

◇

大難《だいなん》は、もとより覚悟《かくご》のうえであられた。

大聖人は「立正安国論《りっしょうあんこくろん》」の提出をはじめ、何度も権力者《けんりょくしゃ》への「諫暁《かんぎょう》」を行《おこな》われた。

なぜ、御自身の生命を賭《と》してまで、権力者を諫《いさ》め続けられたのか。それは、ひとえに災難《さいなん》や疫《えき》病《びょう》に苦しむ民衆《みんしゅう》を救《すく》うためであった。

1度目の国主諫暁《こくしゅ》は、文応《ぶんおう》元年（1260年）7月16日、「立正安国論」を、当時の幕府《ばくふ》の最高権力者である北条時頼《ほうじょうときより》に提出されたことである。誤《あやま》った宗教を用《もち》いるならば、自界叛逆難《じかいほんぎゃくなん》（内乱《ないらん》）と他国侵逼難《たこくしんぴつなん》（他国からの侵略《しんりゃく》）の二難が起こると師子吼《ししく》された。

2度目の諫暁は、文永《ぶんえい》8年（1271年）9月12日の竜《たつ》の口《くち》の法難《ほうなん》。大聖人は平左衛門尉《へいのさえもんのじょう》らを前に、必《かなら》ず自界叛逆難と他国侵逼難が起こると警告《けいこく》された。この150日後の翌年2月、北条一門《いちもん》の同士打ち（二月騒動《そうどう》）が起き、自界叛逆難の予言が的中《てきちゅう》した。

3度目の諫暁は、文永11年（1274年）4月8日、佐渡《さど》から鎌倉に戻られた際《さい》、再び平左衛門尉に会われた時のこと。蒙古調伏《もうこちょうぶく》の祈禱《きとう》を邪法《じゃほう》によって行っていることを強く諫められ、〝蒙古襲来《しゅうらい》は年内にある〟と重《かさ》ねて予言。その通り、同年10月に蒙古の大軍《たいぐん》が九州を襲《おそ》った（文永の役《えき》）。

「三度の高名」――民衆救済《きゅうさい》のための諫暁は、すべて幕府中枢《ちゅうすう》の権力者に向かって、堂々《どうどう》と言い切られたものであった。

大聖人は後年、門下《もんか》の池上兄弟に対して、**「私が平左衛門尉のところで堂々と振《ふ》る舞《ま》い、言い切ったように、少しも恐《おそ》れる心があってはならない」**（兄弟抄《きょうだいしょう》、新1475頁・全1084頁、通解）と、激《げき》励《れい》されている。

この大聖人の師子吼を継承《けいしょう》したのが、わが創価学会である。

先駆《せんく》の戦い

広宣流布《こうせんるふ》に「先駆《さきが》ける人《ひと》」たれ

> **法華経《ほけきょう》の肝心《かんじん》、諸仏《しょぶつ》の眼目《がんもく》たる妙法蓮華経の五《ご》字《じ》、末法《まっぽう》の始《はじ》めに一閻浮提《いちえんぶだい》にひろ《広》まらせ給《たも》うべき瑞相《ずいそう》に、日蓮《にちれん》さき《先》がけ《駆》したり。わとう《和党》ども二陣三陣《にじんさんじん》つづきて、迦葉《かしょう》・阿難《あなん》にも勝《すぐ》れ、天台《てんだい》・伝教《でんぎょう》にもこえ《超》よかし。わずかの小島《こじま》のぬし《主》らがおど《脅》さんをおじ《怖》ては、閻魔王《えんまおう》のせめ《責》をばいかんがすべき**
>
> （種々御振舞御書《しゅじゅおんふるまいごしょ》、新1227頁・全910頁）

【通解】法華経《ほけきょう》の肝心《かんじん》であり、あらゆる仏の眼目《がんもく》である妙法蓮華経の五字が、末《まっ》法《ぽう》の初《はじ》めに全世界に広まっていく前兆《ぜんちょう》として、日蓮《にちれん》が先駆《さきが》けをしたのである。わが弟子たちよ、二陣三陣《にじんさんじん》と続いて、迦《か》葉《しょう》・阿難《あなん》にも勝《すぐ》れ、天台大師《てんだいだいし》・伝教《でんぎょう》大師をも超《こ》えていきなさい。わずかばかりの小島《こじま》である日本の主《ぬし》らが脅《おど》すのにおじけづいては、閻魔王《えんまおう》の責《せ》めを受けた時にはどうするというのか。

建治《けんじ》2年（1276年）、身延《みのぶ》で著《あらわ》されたとされる。文永《ぶんえい》5年（1268年）に蒙古《もうこ》の牒状《ちょうじょう》が日本にもたらされた時から、「竜《たつ》の口《くち》の法難《ほうなん》」（文永8年）を経《へ》て、「身延入山《にゅうざん》」（同11年）に至《いた》る経緯《けいい》と御《ご》心境《しんきょう》を詳《くわ》しく述《の》べられている。

◇

一切衆生《いっさいしゅじょう》を幸福に導《みちび》く妙法《みょうほう》を、全世界に流布《るふ》するという未聞《みもん》の大目標《だいもくひょう》を掲《かか》げ、命《いのち》に及《およ》ぶ「竜の口の法難」「佐渡流罪《さどるざい》」を乗り越えられた日蓮大聖人《にちれんだいしょうにん》。

その御境涯《ごきょうがい》からすれば、当時の権力者《けんりょくしゃ》たちは「わずかの小島《こじま》のぬし《主》ら」にすぎなかった。いかに強大《きょうだい》に見えても、政治権力は一時的なものであり、虚《むな》しい。生命の次元《じげん》では、迫害《はくがい》された大聖人こそ勝者《しょうしゃ》、王者であり、迫害した側《がわ》は、はかない敗者《はいしゃ》であった。

大聖人は世界広宣流布《こうせんるふ》の「さきがけ」――先陣《せんじん》を切られた。そして、大聖人に連《つら》なる弟子たちに、〝迦葉《かしょう》・阿難《あなん》や天台大師《てんだいだいし》・伝教《でんぎょう》大師をも、はるかに超《こ》える闘争《とうそう》を！〟と呼びかけられたのである。

戸田先生は「創価学会員が、くる日もくる日も、広宣流布へと突進《とっしん》し、苦闘《くとう》している。その現実にこそ、真《しん》の『仏法《ぶっぽう》』の光はあるのだ、それ以外にはないのだ」と教《おし》えられた。

池田先生は「怒濤《どとう》の社会のなかへ、先頭《せんとう》を切って進むのが、『仏《ほとけ》』なのです。先頭を切って進めば、必《かなら》ず難を受ける。傷《きず》もつく。しかし、民衆《みんしゅう》の苦しみをよそに、自分は傷つかないように、要領《ようりょう》よくやろうというのは、それは『仏』ではない。『魔《ま》もの』です」と指導された。

広布《こうふ》に「先駆《さきが》ける人」こそ仏である。創価三代の師弟によって開かれた、世界広布の大道に「二《に》陣三陣《じんさんじん》」と、時を同じくして続き、わが使命の天地で、民衆勝利《しょうり》の言論戦を繰《く》り広げたい。

悪《あく》を破《やぶ》る一善《いちぜん》

力強《ちからづよ》き「善《ぜん》の大連帯《だいれんたい》」を

悪《あく》は多《おお》けれども、一善《いちぜん》にかつ《勝》ことなし。譬《たと》えば、多《おお》くの火《ひ》あつまれども、一水《いっすい》にはきえ《消》ぬ。この一《いち》門《もん》も、またかくのごとし

（異体同心事《いたいどうしんじ》、新２０５５頁・全１４６３頁）

【通解】悪《あく》は多くても一善《いちぜん》に勝つことはない。たとえば、多くの火が集まっても、水というただ一つのものによって消《き》えてしまう。日蓮《にちれん》の一門《いちもん》もまた同様《どうよう》である。

門下《もんか》に異体同心《いたいどうしん》の重要性《じゅうようせい》を教えられている。当時、熱原《あつはら》の地で、日蓮大聖人《にちれんだいしょうにん》門下の隆盛《りゅうせい》に危機《きき》感《かん》を募《つの》らせた悪僧《あくそう》や権力者《けんりょくしゃ》が、弾圧《だんあつ》を謀議《ぼうぎ》。その蠢動《しゅんどう》は「熱原の法難《ほうなん》」へとつながっていった。

◇

悪は結託《けったく》する――これは歴史《れきし》の方程式《ほうていしき》である。

しかし大聖人は、多くの火も一水《いっすい》に消えてしまうように、「悪」が多くても一つの「善《ぜん》」に勝つことはないと仰《おお》せである。「一善」とは、唯一最高の「善」を実現するために異体同心の信心で戦う、大聖人の一門《いちもん》である。現代においては、私たち創価学会である。

大聖人は、悪の本質を鋭《するど》く見抜《みぬ》いておられた。この一節《いっせつ》の前で、「**日本国の人々は多人数であっても体同異心《たいどういしん》なので、何事《なにごと》も成就《じょうじゅ》することは難《むずか》しい。日蓮の一門は異体同心なので、人数は少ないけれども大事を成就して、必《かなら》ず法華経《ほけきょう》は弘《ひろ》まるであろう**」（新2054頁・全1463頁、通解）と仰《おお》せである。

当時、大聖人一門を迫害《はくがい》する輩《やから》は結託し、徒党《ととう》を組んでいた（＝同体）。しかし、信念も理想もなく、利害《りがい》と打算《ださん》で結びついていたため、心はバラバラ（＝異心）だった。

ゆえに大聖人は、彼らは「異体同心」の「一善」には勝てない、と断言《だんげん》されたのである。逆《ぎゃく》に言えば、悪を打《う》ち破《やぶ》るのは、「善の団結」である。

池田先生は、「善の団結」「正義の連帯《れんたい》」の重要性について語られた。

「『**瞋恚《しんに》は善悪《ぜんあく》に通《つう》ずるものなり**』（諫暁八幡抄《かんぎょうはちまんしょう》、新742頁・全584頁）と大聖人は言われている。悪への正義の怒《いか》りは善。エゴの怒りは悪。怒りそのものが善《よ》いとか悪いとかは言えません。善悪は『関係性』です。だからこそ、積極的《せっきょくてき》に『善の関係』を創《つく》っていくことです」

戸田先生は「学会は強気でいけ！」と叫《さけ》ばれた。正義が黙《だま》っていては、悪は増長《ぞうちょう》するばかりだ。「善《よ》いことをしないのは、悪いことをするのと同じ」との牧口先生の言葉を噛《か》みしめたい。

逆風《ぎゃくふう》のなかにあっても、強気で善の連帯を広げよう。それが「悪」を滅《めっ》する確かな道である。

敵を忘《わす》れるな

「信心の眼《まなこ》」を磨《みが》き抜《ぬ》け

いかに法華経《ほけきょう》をよむ読とも法華経のかたきとし知ろしめすべし。かたきをしら知ねば、かたきにたぼ誑らかされ候《そうろう》ぞ

（光日房御書《こうにちぼうごしょ》、新1255頁・全931頁）

【通解】（一切《いっさい》、南無妙法蓮華経と唱《とな》えない者《もの》は）どんなに法華経《ほけきょう》を読んでも法華経の敵《かたき》であると知っていくべきである。敵を知らなければ、敵にだまされてしまうのである。

建治《けんじ》2年（1276年）3月、安房国《あわのくに》（現在の千葉県南部）に住む光日尼《こうにちあま》に与《あた》えられた。光日尼には、先に日蓮大聖人《にちれんだいしょうにん》に帰依《きえ》していた弥四郎《やしろう》という息子がいたが、亡《な》くなってしまう。夫《おっと》を亡くした後、将来《しょうらい》を期待し、頼《たよ》りにしていた子どもまで失《うしな》った光日尼は、武士《ぶし》として人を死なせた息子が、地《じ》獄《ごく》に堕《お》ちて苦《くる》しんでいるのではないかと悩《なや》み、大聖人へお手紙を書く。本抄はその御返事である。

大聖人は光日尼の悲《かな》しみに同苦《どうく》され、妙法《みょうほう》を唱《とな》えれば母子《ははこ》共《とも》に必《かなら》ず成仏《じょうぶつ》できると大確信で励《はげ》まされた。そして、法華経《ほけきょう》の敵を見破《みやぶ》る大切《たいせつ》さを教えられている。

◇

なぜ大聖人は「法華経の敵を見極《みきわ》めよ！」と厳《きび》しく戒《いまし》められたのか。それは、一切衆生《いっさいしゅじょう》の成仏を説《と》く法華経に仇《あだ》をなす魔《ま》の働《はたら》きは、人々の幸せを根《ね》こそぎ奪《うば》うからである。

「**敵《かたき》と申《もう》す者は、わすれ《忘》させてねらう《狙》ものなり**」（四条金吾殿御返事《しじょうきんごどののごへんじ》、新1608頁・全1185頁）等と仰《おお》せの通り、広宣流布《こうせんるふ》の真《しん》の敵は、悟《さと》られないように近寄ってくる。油断《ゆだん》や隙《すき》があれば、魔の本性《ほんしょう》を見破り、責《せ》めるどころか、知らない間にこちらが食《く》い破《やぶ》られてしまう。

また、「御義口伝《おんぎくでん》」には、〝**自分の欠点《けってん》を隠《かく》し、徳《とく》を宣伝《せんでん》するのが増上慢《ぞうじょうまん》である**〟（新1000頁・全718頁、趣意）との妙楽大師《みょうらくだいし》の言葉が引かれている。法華経の敵となる憎上慢は、自分をよく見せて、世間《せけん》からも尊敬《そんけい》されているように振《ふ》る舞《ま》うのだ。

「善《ぜん》」と「悪」を厳《きび》しく見極めることのない、浅《あさ》はかな空気に支配された「五濁悪世《ごじょくあくせ》」の社会では、ともすれば容易《ようい》に増上慢を生み、増長《ぞうちょう》させてしまう。

そうした風潮《ふうちょう》に乗《じょう》じて、広布破壊《こうふはかい》を企《くわだ》てる仏敵《ぶってき》が、必ず出現する。だからこそ信心の利剣《りけん》を研《と》ぎすまして、広布を阻《はば》む魔の蠢動《しゅんどう》を見破ることである。

池田先生は「自《みずか》らの歴史《れきし》を晴《は》れ晴《ば》れと〝勝利〟の二字《にじ》で飾《かざ》るには、〝手抜《ぬ》き〟は許されない。小さな油断《ゆだん》から、人生に悔恨《かいこん》を残してはならない」と指導された。いかなる時も、敵を忘れず、善悪の本質を見破る「信心の眼《まなこ》」「妙法の眼」を磨《みが》き抜いていきたい。

三障四魔《さんしょうしま》

魔《ま》が競《きそ》い起《お》こってこそ正法《しょうほう》

> この法門《ほうもん》を申《もう》すには、必《かなら》ず魔《ま》出来《しゅったい》すべし。魔競《きそ》わずば、正法《しょうほう》と知《し》るべからず。第五《だいご》の巻《まき》に云《い》わく「行解《ぎょうげ》既《すで》に勤《つと》めぬれば、三《さん》障《しょう》四魔《しま》、紛然《ふんぜん》として競《きそ》い起《お》こる乃至《ないし》随《したが》うべからず、畏《おそ》るべからず。これに随えば、人《ひと》を将《ひき》いて悪《あく》道《どう》に向《む》かわしむ。これを畏るれば、正法を修《しゅ》することを妨《さまた》ぐ」等云々《うんぬん》
>
> （兄弟抄《きょうだいしょう》、新１４７９頁・全１０８７頁）

【通解】この法門《ほうもん》を説《と》けば、必《かなら》ず魔《ま》が現《あらわ》れる。魔が競《きそ》い起《お》こらなければ、正法《しょうほう》であると知ることができないのである。『摩訶止観《まかしかん》』第5巻には、「仏法《ぶっぽう》の修行《しゅぎょう》が進み、その理解《りかい》が深まれば、三障《さんしょう》四魔《しま》が入り乱れて競い起こる。（中略《ちゅうりゃく》）しかし、これに随《したが》ってはならない。恐《おそ》れてはならない。これに随えば、必ず人を悪道《あくどう》に向かわせる。これを畏《おそ》れるならば、正法を修行することを妨《さまた》げる」とある。

「兄弟抄《きょうだいしょう》」は、池上《いけがみ》兄弟の兄・宗仲《むねなか》が、父親から勘当《かんどう》されたことを受けて著《あらわ》された。当時の勘当は、社会的地位や経済的《けいざいてき》基盤《きばん》をすべて失《うしな》うことを意味した。日蓮大聖人《にちれんだいしょうにん》は、兄弟が心を合わせて苦難《くなん》

に立ち向かうよう指導されている。

◇

「三障四魔《さんしょうしま》」とは正法《しょうほう》の実践《じっせん》を邪魔《じゃま》する働《はたら》きで、修行《しゅぎょう》の妨《さまた》げとなる三障（煩悩障《ぼんのうしょう》、業障《ごうしょう》、報障《ほうしょう》）と、修行者の内側から生命力を奪《うば》う四魔（陰魔《おんま》、煩悩魔《ぼんのうま》、死魔《しま》、天子魔《てんしま》）である。「元品《がんぽん》の無明《むみょう》」（＝生命の根本的《こんぽんてき》な迷《まよ》い）から発する「第六天《だいろくてん》の魔王《まおう》」が、病《やまい》や死、また父母や権力者《けんりょくしゃ》の身《み》に入《はい》る形をとって、「紛然《ふんぜん》として」仏道《ぶつどう》修行を妨げる。「紛然」の「紛」とは、糸が絡《から》まって、乱《みだ》れることをいう。つまり三障四魔は先を争《あらそ》い、入り乱れて現《あらわ》れる。ゆえに、「魔を魔と見破《みやぶ》る」ことが重要《じゅうよう》である。

池田先生は「釈尊《しゃくそん》も絶《た》えず魔と戦った。『魔と戦い続ける』ことと『仏である』こととは、実は同じことと言っても過言《かごん》ではない」「魔は、内にも外にもいる。しかし、それに勝つか、負けるかは自分自身の一念《いちねん》です」と語られている。

大聖人は、この数カ月後にも、弟・宗長《むねなが》に「**いよいよ、強く仏の敵を責《せ》めていくべきである。たとえ命《いのち》に及《およ》ぶようなことがあっても、少しも恐《おそ》れてはならない**」（兵衛志殿御返事《ひょうえのさかんどのごへんじ》、新1484頁・全1090頁、通解）と、難に真正面《ましょうめん》から挑《いど》み、乗り越えよと教えられた。宗長は師の教え通り、信心を貫《つらぬ》く覚悟《かくご》を決めた。そして兄の勘当は許《ゆる》され、後《のち》には父の入信も勝ち取ったのだ。「**必《かなら》ず三障四魔と申《もう》す障《さわ》りいで《出》きたれば、賢者《けんじゃ》はよろこび愚者《ぐしゃ》は退《しりぞ》く、これなり**」（兵衛志殿御返事、新1488頁・全1091頁）——私たちも力強き賢者として、「難を乗り越える信心」を貫こう。

悪知識《あくちしき》の正体《しょうたい》

「善心《ぜんしん》を破《やぶ》る」敵を見抜《みぬ》け

悪知識《あくちしき》と申《もう》すは、甘《あま》くかたらい《語》、詐《いつわ》り媚《こ》び、言《ことば》を巧《たく》みにして、愚癡《ぐち》の人《ひと》の心《こころ》を取《と》って善心《ぜんしん》を破《やぶ》るということなり

（唱法華題目抄《しょうほっけだいもくしょう》、新10頁・全7頁）

【通解】悪知識《あくちしき》というのは、甘《あま》い言葉で語りかけ、いつわり、媚《こ》び、言葉巧《たく》みに、愚《おろ》かな人の心を取って、善心《ぜんしん》を破るということである。

文応《ぶんおう》元年（1260年）5月28日、日蓮大聖人《にちれんだいしょうにん》が39歳の時に記《しる》された。「十大部《じゅうだいぶ》」の一つ。念仏《ねんぶつ》破折《はしゃく》を通し、「**法華経《ほけきょう》の肝心《かんじん》である方便品《ほうべんぼん》、寿量品《じゅりょうほん》の一念三千《いちねんさんぜん》、久遠実成《くおんじつじょう》の法門《ほうもん》は、妙法《みょうほう》の二字《にじ》におさまる**」（新18頁・全13頁、通解）等と、妙法蓮華経の卓越性《たくえつせい》を説《と》かれている。

◇

悪知識《あくちしき》とは、甘《あま》い言葉と素振《そぶ》りで近づき、あたかも味方《みかた》のようなふりをして、人を悪道《あくどう》に引きずり込《こ》む人のことをいう。巧妙《こうみょう》に「善心《ぜんしん》を破《やぶ》る」悪知識こそ、幸福と成仏《じょうぶつ》への道を妨《さまた》げる最大の敵である。信心の眼《まなこ》で賢明《けんめい》に見破らねばならない。

悪知識に生命を食い破られることが、いかに恐《おそ》ろしいか。大聖人は本抄で、「悪象《あくぞう》（＝凶暴《きょうぼう》な象）」と対比《たいひ》しながら言及《げんきゅう》されている。〝**たとえ「悪象」によって身《み》を破られても心を破られることはない。ゆえに地獄《じごく》・餓鬼《がき》・畜生《ちくしょう》の三悪道《さんあくどう》には堕《お》ちない。しかし「悪知識」に負ければ、身だけでなく心も破られる。ゆえに死後、三悪道に堕ちてしまうのである**〟（新10頁・全7頁、趣意）

この御文を拝《はい》し、池田先生は語られた。

「『悪象に殺される』とは、今で言えば交通事故《こうつうじこ》などによる不慮《ふりょ》の死などにあたります。いわんや、広宣流布《こうせんるふ》の活動の途上《とじょう》で亡《な》くなった方《かた》が、大果報《だいかほう》を受けないはずがない。『転重軽受法門《てんじゅうきょうじゅほうもん》』（新1356頁・全1000頁）にも、そう仰《おお》せです。いわば殉教《じゅんきょう》です。人間として最高に尊貴《そんき》なる死なのです」と。

そして、「『信心』さえ燃《も》えていれば、『**須臾《しゅゆ》の間《ま》に**』（三世諸仏総勘文教相廃立《さんぜしょぶつそうかんもんきょうそうはいりゅう》、新728頁・全574頁）――すぐに――また広宣流布の陣列《じんれつ》に戻《もど》ってこられる」と述《の》べられている。さらに「（人間は）他人や世界と〝共《とも》にある〟という実感があれば、必《かなら》ず立ち上がることができる。それが生命のもっている力《ちから》です。だから、『善《よ》き縁《えん》』が大事なのです。仏法《ぶっぽう》でいう『善知識《ぜんちしき》』です」と語られた。

仏法は勝負である。勝ってこそ、悪知識をも善知識の働きに変えていける。創価の同志の「励《はげ》ましの連帯」こそ、最高の「善知識」であり、人生勝利の原動力《げんどうりょく》である。

信心の利剣《りけん》

「信《しん》」で「元品《がんぽん》の無明《むみょう》」と戦え

一念三千《いちねんさんぜん》も「信《しん》」の一字《いちじ》より起《お》こり、三世《さんぜ》の諸《しょ》仏《ぶつ》の成道《じょうどう》も「信」の一字より起こるなり。この「信」の字《じ》、元品《がんぽん》の無明《むみょう》を切《き》る利剣《りけん》なり。その故《ゆえ》は、「信」は、「疑《うたが》いなきを『信』と曰《い》う」とて、疑惑《ぎわく》を断破《だんぱ》する利剣なり

（御義口伝《おんぎくでん》、新1011頁・全725頁）

【通解】一念三千《いちねんさんぜん》も「信《しん》」の一字から起《お》こり、三世《さんぜ》の諸仏《しょぶつ》が成仏《じょうぶつ》したのも「信」の一字から起こったのである。この「信」の字こそ、元品《がんぽん》の無明《むみょう》を切る利剣《りけん》である。その理由は「信」は「疑《うたが》い無《な》きを信という」ということで、疑惑《ぎわく》を断《た》ち切る利剣なのである。

法華経信解品《ほけきょうしんげほん》第4についての「御義口伝《おんぎくでん》」である。日蓮大聖人《にちれんだいしょうにん》は、三世《さんぜ》の諸仏《しょぶつ》が成仏《じょうぶつ》を果《は》たした原因《げんいん》も、「信《しん》」の一字にあることを教えられた。

◇

人生は、何かを「信じる」ことから始まる。「私は何も信じない」という人は、食事一《ひと》つだってままならない。社会生活《しゃかいせいかつ》を営《いとな》むことも不可能だ。「生きる」とは、何かを「信じる」ことなのである。

なかんずく仏法《ぶっぽう》では「信」を最大に重《おも》んじる。釈尊《しゃくそん》の弟子の中で「智慧第一《ちえだいいち》」と讃《たた》えられた舎利《しゃり》弗《ほつ》ですら、仏《ほとけ》の智慧には、はるか遠《とお》く及《およ》ばない。「以信得入《いしんとくにゅう》（信を以《もっ》て入《い》ることを得《え》たり）」（譬喩品《ひゆほん》第3）と説《と》かれる通り、「信」がなければ、だれ人《びと》も成仏はできないのである。

成仏への道は「信」と「不信」との戦いである。信心がなく、疑《うたが》いながら祈《いの》っていても、たとえていえば〝風呂《ふろ》の栓《せん》を抜《ぬ》いて、水をためようとしている〟ようなものであり、なかなか福運《ふくうん》を積《つ》むことはできない。

大聖人は**〝「信」がなくて、この経を実践《じっせん》するのは、手を用《もち》いずに宝の山に入り、足を用いずに千里《せんり》の道を行こうとするようなものである〟**（法蓮抄《ほうれんしょう》、新1418頁・1045頁、趣意）と仰《おお》せになられた。

仏法では人間の不幸の根源《こんげん》を「元品《がんぽん》の無明《むみょう》」と呼ぶ。人間の生命にもともと潜《ひそ》む「根本的《こんぽんてき》な迷《まよ》い」のことであり、**「元品の無明は第六天《だいろくてん》の魔王《まおう》と顕《あらわ》れたり」**（治病大小権実違目《じびょうだいしょうごんじついもく》、新1331頁・全997頁）と仰せの通り、第六天の魔王の働《はたら》きにほかならない。この「元品の無明」を「信心の利剣《りけん》」で打《う》ち破《やぶ》ってこそ、成仏できるのだ。

池田先生は「どこまでも可能性を開き、向上しようとする特性《とくせい》が、生命にはある。その特性を、最大に発揮《はっき》させていくのが妙法《みょうほう》であり、真《しん》の宗教です。そして生命を開き、智慧を開くカギが『信』の一字にある」と語られている。信心根本の実践を貫《つらぬ》き、自身を無限《むげん》に向上させていきたい。

如説修行《にょせつしゅぎょう》の信心

勇気が試練《しれん》を財産《ざいさん》に変える

> **いよいよ信心《しんじん》をはげ《励》み給《たも》うべし。仏法《ぶっぽう》の道理《どうり》を人《ひと》に語《かた》らん者《もの》をば、男女僧尼《なんにょそうに》必《かなら》ずにく《憎》むべし。よしにく《憎》まばにくめ、法華経《ほけきょう》・釈迦仏《しゃかぶつ》・天台《てんだい》・妙楽《みょうらく》・伝教《でんぎょう》・章安《しょうあん》等の金言《きんげん》に身《み》をまか《任》すべし。「如説《にょせつ》修行《しゅぎょう》」の人《ひと》とは、これなり**
>
> （阿仏房尼御前御返事《あぶつぼうのあまごぜんごへんじ》、新1730頁・全1308頁）

【通解】ますます信心に励《はげ》んでいきなさい。仏法《ぶっぽう》の道理《どうり》を人に語ろうとする者を、謗法《ほうぼう》の男女や僧《そう》や尼《あま》は必《かなら》ず憎《にく》むであろう。よし、憎むなら憎むがよい。法華《ほけ》経《きょう》・釈迦仏《しゃかぶつ》・天台大師《てんだいだいし》・妙楽《みょうらく》大師・伝教《でんぎょう》大師・章安《しょうあん》大師等の金言《きんげん》に身《み》を任《まか》せるべきである。如説修行《にょせつしゅぎょう》の人とは、こういう人をいうのである。

日蓮大聖人《にちれんだいしょうにん》が身延《みのぶ》で著《あらわ》され、佐渡《さど》に住む阿仏房《あぶつぼう》の夫人・千日尼《せんにちあま》に与《あた》えられた御消息《ごしょうそく》である。阿仏房・千日尼夫妻は、もとは念仏《ねんぶつ》を信仰していたが、大聖人の佐渡流罪《るざい》中に入信。佐渡の信徒の中心となって弘教《ぐきょう》に励《はげ》んでいた。本抄で大聖人は、千日尼が抱《いだ》いていた〝過去《かこ》の謗法《ほうぼう》の罪《つみ》はどれほど重《おも》いのか〟という心配を晴らし、いっそう強く信心に励み、謗法を責《せ》めていくよう励まされている。

◇

「如説修行《にょせつしゅぎょう》」とは、説《せつ》の如《ごと》く修行する——すなわち法華経《ほけきょう》の経文《きょうもん》のままに実践《じっせん》することである。

末法《まっぽう》における如説修行の人とは、大聖人が「**受持《じゅじ》の者**」（如説修行抄《にょせつしゅぎょうしょう》、新605頁・全505頁）と仰《おお》せの通り、大聖人の仏法《ぶっぽう》を信受し、広宣流布《こうせんるふ》のために戦う人にほかならない。「如説」は〝師説《しせつ》〟であり、「修行」は〝弟子の実践〟である。「如説修行」には、師の教えをすべて実行していくという、師弟不二《ふに》の意義《いぎ》が込《こ》められているといえよう。

折伏《しゃくぶく》された謗法の人々は法華経の行者《ぎょうじゃ》を「必《かなら》ずにくむ」のであり、迫害《はくがい》は必然《ひつぜん》であると覚悟《かくご》するべきであると示されている。大聖人は「**如説修行の法華経の行者には、三類《さんるい》の強敵《ごうてき》打ち定《さだ》んで有《あ》るべしと知り給《たま》え**」（同、新604頁・全504頁）、「**いかに強敵重《かさ》なるとも、ゆめゆめ退《たい》する心なかれ、恐《おそ》るる心なかれ**」（同、新605頁・全504頁）、「**よ《善》からんは不思議《ふしぎ》、わ《悪》るからんは一定《いちじょう》とお《思》もえ**」（聖人御難事《しょうにんごなんじ》、新1620頁・1190頁）等と、必ず難に遭《あ》うことを繰《く》り返《かえ》し教えておられる。また「**大難来《だいなんきた》りなば、強盛《ごうじょう》の信心いよいよ悦《よろこ》びをなすべし。火に薪《たきぎ》をく《加》わえんに、さ《熾》かんなることなかるべしや**」（椎地四郎殿御書《しいじのしろうどのごしょ》、新1720頁・全1448頁）等と門下《もんか》を激励《げきれい》されている。

難を「薪」にして、「いよいよ！」と信心の「炎《ほのお》」を燃《も》やしていくのだ。難に勝つか負けるか。如説修行の人は、苦難の時こそ信心を深め、大きな成長と躍進《やくしん》の好機《チャンス》としていける。勇気の信心が、試練《しれん》をかけがえのない財産《ざいさん》に変えるのである。

破折精神《はしゃくせいしん》

大悪《だいあく》を責《せ》める人《ひと》が大善《だいぜん》

> **信心《しんじん》ふかき者《もの》も、法華経《ほけきょう》のかたき《敵》をばせめ《責》ず。いかなる大善《だいぜん》をつくり、法華経を千万部《せんまんぶ》読《よ》み書写《しょしゃ》し、一念三千《いちねんさんぜん》の観道《かんどう》を得《え》たる人《ひと》なりとも、法華経のかたき《敵》をだにもせめ《責》ざれば得道《とくどう》あり《有》がたし《難》**
>
> （南条兵衛七郎殿御書《なんじょうひょうえしちろうどのごしょ》、新1826頁・全1494頁）

【通解】（今日《こんにち》の世《よ》の姿《すがた》を見ると）信心の深い者であっても、法華経《ほけきょう》の敵《かたき》を責《せ》めようとはしない。どのような大善《だいぜん》をつくり、法華経を千万部《せんまんぶ》も読み、書《か》き写《うつ》し、一念《いちねん》三千《さんぜん》の観心《かんじん》の道を得《え》た人《ひと》であっても、法華経の敵を責めなければ、得道《とくどう》（成仏《じょうぶつ》）はできないのである。

文永《ぶんえい》元年（1264年）12月13日、日蓮大聖人《にちれんだいしょうにん》が43歳の時の御述作《ごじゅっさく》。駿河国《するがのくに》（現在の静岡県中央部）富士上方上野郷《ふじかみかたうえのごう》の武士で、病魔《びょうま》と闘《たたか》っていた南条兵衛七郎《なんじょうひょうえしちろう》（南条時光《ときみつ》の父）に与《あた》えられた。

この約1カ月前に起きた「小松原《こまつばら》の法難《ほうなん》」に触《ふ》れ、「**日蓮は日本第一の法華経《ほけきょう》の行者《ぎょうじゃ》なり**」（新1831頁・全1498頁）と述《の》べておられる。

◇

本抄で大聖人は、「法華経の敵《かたき》」を放置《ほうち》する罪《つみ》についても教えられた。
「たとえば朝廷《ちょうてい》に仕《つか》える人が、10年、20年と奉公《ほうこう》しても、主君《しゅくん》の敵を知りながら報告もせず、個人としても、その敵を憎《にく》みもせず、責《せ》めなければ、長年の奉公の功績《こうせき》も、みな消えてしまい、かえって罪《つみ》に問《と》われるようなものである」（新1826頁・全1494頁、通解）

仏敵《ぶってき》に対する破折《はしゃく》なくして、成仏《じょうぶつ》はないのだ。

また仏法《ぶっぽう》では、**「相手の謗法《ほうぼう》を知りながら、それを諫《いさ》める慈悲《じひ》の心もなく、詐《いつわ》り親《した》しむことは、その相手にとって怨《あだ》となる」**と説《と》かれる（開目抄《かいもくしょう》、新120頁・全237頁など）。破折の目的は、正《しょう》法《ほう》を護《まも》るためであると共《とも》に、謗法に染《そ》まった人々の生命を救《すく》うためでもある。悪を徹底的《てっていてき》に責め抜《ぬ》いてこそ、自他《じた》共に成仏への直道《じきどう》を歩むことができるのだ。

池田先生は、仏法破壊《はかい》の本質について指導された。

「堕落《だらく》した人間に惑《まど》わされることほど愚《おろ》かなことはない。要《よう》は、見抜けばいいのです。『師弟不二《ふに》』こそ法華経の魂《たましい》であり、日蓮大聖人の仏法の真髄《しんずい》です。その一番大事なものを壊《こわ》し、切り離《はな》そうとする。それが『魔《ま》＝奪命者《だつみょうしゃ》』の特徴《とくちょう》です。『不二の道』の否定《ひてい》は、十界互具《じっかいごぐ》の否定、人間の平等《びょうどう》に対する冒瀆《ぼうとく》にほかならない。この一点に、日顕宗《にっけんしゅう》の本質が現《あらわ》れている」

最大の「法華経の敵」は、広宣流布《こうせんるふ》の「師弟」を分断《ぶんだん》し、法華経の行者の生命力を奪《うば》おうとする。この「大悪《だいあく》」の蠢動《しゅんどう》を断《だん》じて見破《みやぶ》り、強く、鋭《するど》く責め抜く「大善《だいぜん》」の人生を歩みたい。

謗法《ほうぼう》を責《せ》め抜《ぬ》く

「悪人《あくにん》の敵《かたき》」となる勇者《ゆうしゃ》に

謗法《ほうぼう》を責《せ》めずして成仏《じょうぶつ》を願《ねが》わば、火《ひ》の中《なか》に水《みず》を求《もと》め、水の中に火を尋《たず》ぬるがごとくなるべし。はかなし、はかなし。いかに法華経《ほけきょう》を信じ給《たも》うとも、謗法あらば必《かなら》ず地獄《じごく》におつ《堕》べし。うるし《漆》千《せん》ばい《杯》に蟹《かに》の足《あし》一《ひと》つ入《い》れたらんがごとし。「毒気《どっけ》は深《ふか》く入って、本心《ほんしん》を失《うしな》えるが故《ゆえ》に」はこれなり

（曽谷殿御返事《そやどのごへんじ》、新1435頁・全1056頁）

【通解】謗法《ほうぼう》を責《せ》めないで成仏《じょうぶつ》を願《ねが》うことは、火《ひ》の中に水《みず》を求《もと》め、水の中に火を探《さが》し求めるようなものである。はかないことである。はかないことである。どれほど法華経《ほけきょう》を信じていても、謗法があれば必《かなら》ず地獄《じごく》に堕《お》ちるのである。千杯《せんばい》分の漆《うるし》の中に蟹《かに》の足を一つ入れたようなものである。「毒気《どっけ》が深《ふか》く入《はい》って本心《ほんしん》を失《うしな》ったからである」（法華経如来寿量品《にょらいじゅりょうほん》第16）とあるのは、このことである。

成仏《じょうぶつ》のための信行《しんぎょう》の根本《こんぽん》を示されている本抄は、別名を「成仏用心抄《じょうぶつようじんしょう》」という。建治《けんじ》2年（1276年）8月3日、日蓮大聖人《にちれんだいしょうにん》が55歳の時に、身延《みのぶ》から下総国《しもうさのくに》（今の千葉県北部など）の曽谷《そや》教信《きょうしん》か、その一族のだれかに与《あた》えられた御手紙である。

本抄では、たとえ正法《しょうほう》を信じていても、謗法《ほうぼう》を責《せ》めなければ、師弟共《とも》に無間地獄《むけんじごく》に堕《お》ちてしまうと、厳《きび》しく戒《いまし》められている。

◇

どれほど仏道修行《ぶつどうしゅぎょう》を積《つ》んでも、「法華経《ほけきょう》の敵《かたき》」を見過《みす》ごし、戦わなければ、自身の成仏は絶対にあり得《え》ない。

「漆《うるし》千杯《せんばい》に蟹《かに》の足一《あしひと》つ」と仰《おお》せのように、大量《たいりょう》の漆《うるし》も、蟹の足を一つ入れただけで、漆の効能《こうのう》は全部なくなってしまう。少しの謗法もあってはいけないとの譬《たと》えである。

〝仏法破壊《ぶっぽうはかい》の悪は微塵《みじん》も許《ゆる》さない〟との正義の闘争《とうそう》がなければ、真《しん》の仏弟子ではない。大聖人は、悪と戦わない臆病者《おくびょうもの》や傍観者《ぼうかんしゃ》は、弟子失格《しっかく》であるだけではなく、「**仏法の中の怨**《あだ》」（頼基陳状《よりもとちんじょう》、新1577頁・全1156頁）とまで厳《きび》しく断《だん》じておられる。

邪悪《じゃあく》を責《せ》め抜《ぬ》き、打《う》ち倒《たお》してこそ「善《ぜん》」であり、「正義」である。この仏法の真髄《しんずい》のままに、峻厳《しゅんげん》な精神闘争を貫《つらぬ》いてきたのが、創価の歴史《れきし》である。

牧口先生は叫《さけ》ばれた。「悪人の敵になり得《う》る勇者《ゆうしゃ》でなければ善人の友とはなり得《え》ぬ」

戸田先生は喝破《かっぱ》された。「悪と戦う根性《こんじょう》のない意気地《いくじ》なしは戸田の弟子ではない！」

池田先生も「勝つか負けるかである。最後まで、悪には、とどめを刺《さ》さなければいけない」と訴《うった》えられた。三代会長の後継者《こうけいしゃ》として、堂々《どうどう》と仏法の正義を語り切り、極悪《ごくあく》を打《う》ち破《やぶ》っていきたい。

師子身中の虫《しししんちゅうのむし》

仏弟子《ぶつでし》によって仏法《ぶっぽう》は破《やぶ》られる

外道《げどう》・悪人《あくにん》は如来《にょらい》の正法《しょうほう》を破《やぶ》りがたし。仏弟子《ぶつでし》等、必《かなら》ず仏法《ぶっぽう》を破《やぶ》るべし。「師子身中《しししんちゅう》の虫《むし》の師子《しし》を食《は》む」等云々《うんぬん》。大果報《だいかほう》の人《ひと》をば他《た》の敵《かたき》やぶ《破》りがたし、親《した》しみより破るべし

（佐渡御書《さどごしょ》、新1286頁・全957頁）

【通解】仏教以外の教えや悪人《あくにん》は、仏が説《と》いた正法《しょうほう》を破《やぶ》ることはできない。仏弟子《ぶつでし》らが必《かなら》ず仏法《ぶっぽう》を破るのである。「師子《しし》身中《しんちゅう》の虫《むし》が師子を内から食う」と説かれる通りである。大果報《だいかほう》を受けている人《ひと》を、外の敵が倒すことはできない。身内によって破られるのである。

文永《ぶんえい》9年（1272年）3月20日、51歳の時に佐渡《さど》の塚原《つかはら》で著《あらわ》され、門下一同《もんかいちどう》に与《あた》えられた。日蓮大聖人《にちれんだいしょうにん》は、この前月に起きた二月騒動《そうどう》（＝北条一門《ほうじょういちもん》の内乱）が、「立正安国論《りっしょうあんこくろん》」で予言《よげん》された自界叛逆難《じかいほんぎゃくなん》であることを指摘《してき》。**〝法華経《ほけきょう》の通りに実践《じっせん》した日蓮がいなければ、釈尊《しゃくそん》の教えは妄語《もうご》**（＝ウソ）**になっていた〟**（新1289頁・全959頁、趣意）と、御自身の正義を明《あき》らかにされ、臆病《おくびょう》な門下を厳《きび》しく戒《いまし》められた。

最高無二《さいこうむに》の正法《しょうほう》の世界は、外部から破壊《はかい》されることはない。必《かなら》ず内部から食《く》い破《やぶ》られる。法華経で説《と》かれる「悪鬼入其身《あっきにゅうごしん》」の原理によって、「**第六天《だいろくてん》の魔王《まおう》が智者《ちしゃ》の身《み》に入《い》って善人《ぜんにん》をた《誑》ぼらかす**」（兄弟抄《きょうだいしょう》、新1472頁・全1082頁）のだ。仏法《ぶっぽう》の歴史《れきし》には、釈尊にとっての提婆達多《だいばだった》の存在など、仏弟子《ぶつでし》が広宣流布《こうせんるふ》を破壊しようとしてきた事実がある。

◇

戸田先生の逝去《せいきょ》直後、池田先生は、学会創立以来の広宣流布の展望《てんぼう》を、7年ごとの節目《ふしめ》で表した「七つの鐘《かね》」の構想《こうそう》を発表。同志に希望と勇気を送り、学会を厳然《げんぜん》と護《まも》られた。池田先生の、まさしく「師子奮迅《ししふんじん》」「不惜身命《ふしゃくしんみょう》」の大闘争《とうそう》で、学会は名実共《めいじつとも》に「日本一」の教団になった。

しかし、「第7の鐘」が鳴《な》り終わる昭和54年（1979年）の4月24日、池田先生は第3代会長の辞任《じにん》を余儀《よぎ》なくされる。保身《ほしん》と謀略《ぼうりゃく》の輩《やから》が、師弟の道を壊《こわ》そうとしたのだ。

私たち本門《ほんもん》の池田門下は、もう二度と、弟子が師匠を護れなかった歴史を繰《く》り返《かえ》すまい。

先生は「『師弟』があるから学会は伸びた。ここまできたのである。仏法を根本《こんぽん》にした『師弟』を外《はず》せば、あとは何も残《のこ》らないであろう」、また「『真実《しんじつ》の創価学会』は、師弟に生き抜《ぬ》いた『わが心の中』にある」と語《かた》られた。

師弟の世界を破壊する「内部の敵」の動きを断じて見過《みす》ごしてはならない。弟子が師匠を護り抜いてこそ、学会は永遠《えいえん》に勝《か》ち栄《さか》えるのである。

一凶《いっきょう》を禁《きん》ぜよ

「根本悪《こんぽんあく》」を見破《みやぶ》り、責《せ》めよ

しかず、彼《か》の万祈《ばんき》を修《しゅ》せんよりは、この一凶《いっきょう》を禁《きん》ぜんには

（立正安国論《りっしょうあんこくろん》、新33頁・全24頁）

【通解】（災難を根絶するには）多くの祈禱《きとう》を行《おこな》うよりも、「一凶《いっきょう》」である法然《ほうねん》の謗法《ほうぼう》を禁《きん》ずることが最《もっと》も大事である。

「立正安国論《りっしょうあんこくろん》」は、文応《ぶんおう》元年（1260年）7月16日、日蓮大聖人《にちれんだいしょうにん》が39歳の時、当時の実質的な最高権力者《さいこうけんりょくしゃ》である北条時頼《ほうじょうときより》に提出された「国主諫暁《こくしゅかんぎょう》の書」。「立正安国論に始まり立正安国論に終わる」と言われるように、日蓮仏法《ぶっぽう》の根幹《こんかん》の一書である。

大聖人は当時、法然《ほうねん》が「選択集《せんちゃくしゅう》」で説《と》いた、仏法《ぶっぽう》の本義《ほんぎ》を歪《ゆが》める排他的《はいたてき》な念仏信仰《ねんぶつしんこう》を「一凶《いっきょう》」と断《だん》じ、言論戦《げんろんせん》の火ぶたを切られた。

◇

「この世から悲惨《ひさん》の二字《にじ》をなくしたい」――この戸田先生の悲願《ひがん》こそ、創価学会が社会変革《しゃかいへんかく》のために戦う原点である。広宣流布《こうせんるふ》とは、社会的な次元《じげん》でとらえれば、この一言《ひとこと》の実現にほかならない。

悲惨をなくすためには、悲惨を生み出す「根本悪《こんぽんあく》」の思想――すなわち「一凶」を打《う》ち破《やぶ》ることだ。人も、社会も、その「根本」が狂《くる》っていたら、どれほど努力しても無益《むえき》になるからだ。

では、その「一凶」「根本悪」とは何か。池田先生は明快に語られている。

「それは『正法正義《しょうほうしょうぎ》への誹謗《ひぼう》』である。仏《ほとけ》の大願《だいがん》である『広宣流布』への敵対《てきたい》である。万人《ばんにん》の尊《そん》極《ごく》の生命を輝《かがや》かせ、生命尊厳《そんげん》の平和な社会の実現を目指《めざ》す『根本の善《ぜん》』に対して嫉妬《しっと》し、違背《いはい》する。そして、権力《けんりょく》と結託《けったく》し、正しい哲理《てつり》を踏《ふ》みにじり、正義の人を迫害《はくがい》する。この魔性《ましょう》の働《はたら》きこそ『一凶』であり『根本悪』である。現代でいえば、まさに日顕《にっけん》の罪業《ざいごう》が、その典型《てんけい》である」

安国論で大聖人は、「**もし善比丘《ぜんびく》**（仏法の修行者《しゅぎょうしゃ》）**がいて、仏法を破《やぶ》る者《もの》を見て、それを放置《ほうち》して、呵責《かしゃく》**（相手の非《ひ》を責《せ》める）、**駈遣《くけん》**（悪人を追放《ついほう》）、**挙処《こしょ》**（罪《つみ》を挙《あ》げ糾明《きゅうめい》）**しなければ、まさにこの人は仏法の中の怨《あだ》である**」（新36頁・全26頁、通解）との涅槃経《ねはんぎょう》の一節《いっせつ》などを引かれ、〝仏敵《ぶってき》を責め抜《ぬ》いてこそ真《しん》の弟子〟と教えられた。

また安国論は、主人が客に対して〝**共《とも》に語り合おうではないか**〟（新25頁・全17頁、趣意）と呼びかけ、客の迷妄《めいもう》を晴《は》らしていく「対話の書」である。そして客が「**ただ我が信ずるのみにあらず、また他《た》の誤《あやま》りをも誡《いまし》めんのみ**」（新45頁・全33頁）と、今後の誓《ちか》いを述《の》べる場面で終わる。

「一凶」を打ち破り、心の変革を促《うなが》すのは、一対一の対話である。対話こそが最強《さいきょう》の「平和実現の武器《ぶき》」なのだ。

畜生《ちくしょう》の如《ごと》き法師《ほっし》

「権威《けんい》の宗教《しゅうきょう》」を打《う》ち破《やぶ》れ

仏法《ぶっぽう》を学《がく》し謗法《ほうぼう》の者《もの》を責《せ》めずして、いたずらに遊戯《ゆげ》・雑談《ぞうだん》のみして明《あ》かし暮《く》らさん者は、法師《ほっし》の皮《かわ》を着《き》たる畜生《ちくしょう》なり。法師の名《な》を借《か》りて世《よ》を渡《わた》り身《み》を養《やしな》うといえども、法師となる義《ぎ》は一《ひと》つもなし。法師という名字《みょうじ》をぬす《盗》める盗人《ぬすびと》なり

（松野殿御返事《まつのどのごへんじ》、新1993頁・全1386頁）

【通解】仏法《ぶっぽう》を学んでいても、謗法《ほうぼう》の者《もの》を責《せ》めず、いたずらに遊《あそ》び戯《たわむ》れて雑談《ざつだん》のみに明かし暮《く》らす者は、法師《ほっし》の皮《かわ》を着《き》た畜生《ちくしょう》である。法師という名を借《か》りて、世《よ》を渡《わた》り、身《み》を養《やしな》っていても、法師としての意義《いぎ》は何一つない。法師という名字《みょうじ》を盗《ぬす》んだ盗人《ぬすっと》である。

建治《けんじ》2年（1276年）12月9日、身延《みのぶ》で執筆《しっぴつ》され、松野六郎左衛門《まつのろくろうざえもん》に送られた。松野殿は駿河国《するがのくに》（現在の静岡県中央部）松野郷《ごう》の人。

「聖人《しょうにん》が唱《とな》えられる題目《だいもく》の功徳《くどく》と、我々《われわれ》が唱える題目の功徳とでは、どれほどの違《ちが》いがあるのでしょうか」との質問に対して、日蓮大聖人《にちれんだいしょうにん》は「**勝劣《しょうれつ》あるべからず**」（新1987頁・全1381頁）と、聖人でも凡夫《ぼんぷ》でも、題目の功徳自体《じたい》に差別《さべつ》はないことを教えられている。

◇

「ただ正直《しょうじき》にして少欲知足《しょうよくちそく》たらん僧《そう》こそ真実《しんじつ》の僧なるべけれ」（曽谷殿御返事《そやどののごへんじ》、新1434頁・全1056頁）と仰《おお》せの通り、本来、高潔《こうけつ》、質素《しっそ》であるべきなのが僧侶だ。だが、正反対に腐敗《ふはい》・堕落《だらく》し、〝法師《ほっし》の皮《かわ》を着《き》た畜生《ちくしょう》〟と成《な》り下《さ》がった悪坊主《あくぼうず》が、大聖人の時代にも、現代にも現《あらわ》れた。その最《さい》たる例が日顕《にっけん》だ。

日顕は平成2年（1990年）、「C作戦」と呼ばれる創価学会分離《ぶんり》作戦を謀議《ぼうぎ》し、同年12月、一方的に池田先生の法華講総講頭職《ほっけこうそうこうとうしょく》を罷免《ひめん》。翌年11月には学会を〝破門《はもん》〟した。

世界広宣流布《こうせんるふ》の最大の功労者《こうろうしゃ》である池田先生に対する、忘恩《ぼうおん》と嫉妬《しっと》に狂《くる》った大暴挙《だいぼうきょ》であり、破《は》和合僧《わごうそう》の大罪《たいざい》を犯《おか》したのである。

その結果は、どうか。日顕宗は、これまで信徒の上にあぐらをかき、供養《くよう》を湯水《ゆみず》のごとく使って遊び狂《くる》っていた〝法盗人《ほうぬすっと》〟の正体が、すべて暴《あば》かれた。

「重罪《じゅうざい》は、目には見えざれども、積《つ》もりて地獄《じごく》に堕《お》つる」（新1993頁・全1386頁）との御聖訓《ごせいくん》の通り、衰滅《すいめつ》の一途《いっと》をたどっている。

一方、〝衣《ころも》の権威《けんい》〟を断《た》ち切《き》った創価の人間主義の連帯《れんたい》は、今や、世界192カ国・地域に広がった。畜生にも劣《おと》る悪侶《あくりょ》の惨敗《ざんぱい》の末路《まつろ》を悠然《ゆうぜん》と見下《みお》ろしながら、私たちは正義の大道《だいどう》を歩んでいきたい。

悪侶《あくりょ》への布施《ふせ》を止《とど》む

極悪《ごくあく》は根《ね》から断《た》ち切れ

全《まった》く仏子《ぶっし》を禁《いまし》むるにはあらず、ただひとえに謗《ほう》法《ぼう》を悪《にく》むなり。夫《そ》れ、釈迦《しゃか》の以前《いぜん》、仏教《ぶっきょう》はその罪《つみ》を斬《き》るといえども、能忍《のうにん》の以後《いご》、経説《きょうせつ》は則《すなわ》ちその施《せ》を止《とど》む

（立正安国論《りっしょうあんこくろん》、新42頁・全30頁）

【通解】（私が念仏者《ねんぶつしゃ》を断《だん》ぜよというのは）まったく仏子《ぶっし》を戒《いまし》めるのではない。ただひとえに謗法《ほうぼう》を非難《ひなん》するのである。釈迦以前《しゃかいぜん》の仏教においては、謗法《ほうぼう》の罪ある者を斬《き》り殺《ころ》すといっても、能忍《のうにん》（＝釈尊《しゃくそん》）以後《いご》の経《きょう》に説《と》かれているのは、布施《ふせ》を止《とど》めることである。

立宗宣言《りっしゅうせんげん》（建長《けんちょう》5年＝1253年）から7年後、日蓮大聖人《にちれんだいしょうにん》は「立正安国論《りっしょうあんこくろん》」を完成された。

当時、鎌倉《かまくら》は正嘉《しょうか》の大地震《おおじしん》（正嘉元年＝1257年）をはじめ、災害《さいがい》や疫病《えきびょう》が頻繁《ひんぱん》に起こり、多数の死者が出ていた。大聖人は民衆《みんしゅう》の惨状《さんじょう》を目《ま》の当たりにされ、災難《さいなん》の原因《げんいん》と根本的《こんぽんてき》な解決法《かいけつほう》を思索《しさく》された。そして文応《ぶんおう》元年（1260年）7月16日、当時の実質的な最高権力者《さいこうけんりょくしゃ》である北条時頼《ほうじょうときより》に対して、客と主人の問答形式《もんどうけいしき》による安国論を提出。思想の乱《みだ》れが国土《こくど》の混迷《こんめい》を引き起こすことを訴《うった》え、本格的な民衆救済《きゅうさい》の闘争《とうそう》を始められた。
主人の道理《どうり》を尽《つ》くした問答を通して、客はついに主人の意見を受け入れ、法然《ほうねん》の念仏《ねんぶつ》の誤《あやま》りを理解した。そして、〝謗法《ほうぼう》の輩《やから》を断《だん》ずる〟とは「斬罪《ざんざい》する」ことか、と問《と》いかけた。主人は、釈尊《しゃくそん》以《い》降《こう》は「布施《ふせ》を止《とど》める」ことをもって具体的《ぐたいてき》に謗法を対治《たいじ》すべきだと答えたのである。同時期に書かれた「災難対治抄《さいなんたいじしょう》」にも、「**施《せ》を留《とど》めて対治《たいじ》すべし**」（新458頁・全85頁）と記《しる》されている。

◇

当時、念仏が広く流行《りゅうこう》した原因の一つは、念仏者が幕府《ばくふ》の権力者と癒着《ゆちゃく》し、帰依《きえ》、寄進《きしん》などを通して庇護《ひご》されていたことにあった。「施《せ》を止《とど》む」とは、そうした宗教と政治の癒着を断《た》ち切《き》り、為《い》政者《せいしゃ》の自覚《じかく》を促《うなが》されたものといえよう。

しかし、為政者のみが布施を止めればよいというわけではない。続けて大聖人は、「**四海万邦《しかいばんぽう》、一切《いっさい》の四衆《ししゅ》、その悪に施《ほどこ》さず**」（新42頁・全30頁）と仰《おお》せになられた。すなわち、万人《ばんにん》が正邪《せいじゃ》を知り、謗法の輩に布施を一切行わないことが、正義が栄《さか》え、安穏《あんのん》な社会をつくる条件なのである。

池田先生は、この一節《いっせつ》を拝《はい》し、「生命連帯《れんたい》の輪《わ》、平和共戦の民衆の団結を拡大していくことが、『反民衆』『反平和』の邪悪《じゃあく》な魔《ま》の勢力《せいりょく》や、民衆を不幸にする目に見えない敵《てき》を孤立《こりつ》させ、その力《ちから》を奪《うば》っていくことになるといえよう」と指導された。正義の言論で悪の正体を暴《あば》き、悪を孤立させる。その戦いこそが「施を止《とど》」めさせ、悪の「根《ね》を断《た》つ」ことになるのだ。

7章 人間革命

妙法《みょうほう》は精進行《しょうじんぎょう》

創価の師弟に脈打《みゃくう》つ魂《たましい》

一念《いちねん》に億劫《おくごう》の辛労《しんろう》を尽《つ》くせば、本来無作《ほんらいむさ》の三身《さんじん》念々《ねんねん》に起《お》こるなり。いわゆる南無妙法蓮華経は精《しょう》進行《じんぎょう》なり

（御義口伝《おんぎくでん》、新1099頁・全790頁）

【通解】億劫《おくごう》（という、きわめて長遠《ちょうおん》の時）にわたって尽《つ》くすべき辛労《しんろう》を、わが一念《いちねん》に尽くしていくならば、もともと自分の身《み》に具《そな》わっている無作三身《むささんじん》という仏《ほとけ》の生命《せいめい》が、瞬間瞬間《しゅんかん》に現《あらわ》れてくる。南無妙法蓮華経というのは精進行《しょうじんぎょう》である。

法華経《ほけきょう》従地涌出品第15《じゅうじゆじゅっぽん》の「昼夜《ちゅうや》に常《つね》に精進《しょうじん》す　仏道《ぶつどう》を求《もと》めんが為《た》めの故《ゆえ》なり」の一節《いっせつ》に対する「御義口伝《おんぎくでん》」。

日蓮大聖人《にちれんだいしょうにん》は経文の後半の「仏道を求めんが為めの故なり」を、「仏道を求めたること、もとよりなり」と読み直されている。すなわち、私たちが〝昼夜に常に精進していること自体が、すでに仏道を成就《じょうじゅ》していることである〟と示《しめ》されたのである。日蓮仏法《ぶっぽう》において、仏界《ぶっかい》は「いつか開ける」のではない。「今」「ここで」「この身《み》のままで」涌現《ゆげん》するのである。◇

「この御書だけは命《いのち》に刻《きざ》んでおきなさい。学会の闘士《とうし》になるためには、この御書は忘れてはならない」——戸田先生は、入信間《ま》もない池田先生に、この一節を贈《おく》られた。

昭和25年（1950年）から翌年の初頭《しょとう》にかけての時期を、池田先生は『一念《いちねん》に億劫《おくごう》の辛労《しんろう》を尽くした』時代」と述懐《じゅっかい》されている。敗戦後《はいせんご》の経済不況《ふきょう》などから、戸田先生は事業《じぎょう》が行き詰《づ》まり、学会の理事長を辞任《じにん》。若き池田先生にとって「言語《げんご》に絶《ぜっ》する」苦闘《くとう》の日々であった。

師を裏切《うらぎ》る者《もの》も多かった。池田先生は嵐《あらし》を一身《いっしん》に受け止め、阿修羅《あしゅら》のごとく、事業再建《さいけん》へと奔《ほん》走《そう》。「誠実《せいじつ》」の二字で苦境《くきょう》をこじ開け、徐々《じょじょ》に状況《じょうきょう》は好転《こうてん》し、ついに昭和26年（1951年）5月3日、戸田先生は第2代会長に就任されたのである。

瞬間《しゅんかん》瞬間の生命に「億劫の辛労」を尽くして南無妙法蓮華経と唱《とな》えれば、わが一念に仏《ほとけ》の生命がわき上がる。「精進」の「精」は混《ま》じり気《け》のないこと、「進」は絶《た》え間《ま》のないことである。池田先生は、この御聖訓《ごせいくん》通り、透徹《とうてつ》した祈《いの》りと純粋《じゅんすい》かつ不断《ふだん》の闘争《とうそう》で師匠を護《まも》り切ったのである。

池田先生はこの御文を拝《はい》して、青年に呼びかけられた。

「創価の正義を未来へ広げゆくには、師と心を合わせて弟子が妙法《みょうほう》を朗々《ろうろう》と唱え抜《ぬ》き、『一念に億劫の辛労』を尽くす以外にない。広宣流布《こうせんるふ》は、一閻浮提《いちえんぶだい》に開きゆく、師と青年との〝勝利の共同作業〟であることを宣言《せんげん》しておきます」

億劫の辛労を尽くす「師弟一体の祈《いの》り」こそ、広宣流布を無限《むげん》に開くのだ。

自身を磨《みが》く鍛錬《たんれん》

苦難《くなん》が人間を偉大《いだい》にする

鉄《くろがね》は炎《きた》い打《う》てば剣《つるぎ》となる。賢聖《けんしょう》は罵詈《めり》して試《こころ》みるなるべし

（佐渡御書《さどごしょ》、新1288頁・全958頁）

【通解】鉄《てつ》は鍛《きた》え打《う》てば剣《つるぎ》となる。賢人《けんじん》、聖人《しょうにん》は罵《ののし》られて（本物であるかどうかを）試《ため》されるものである。

日蓮大聖人《にちれんだいしょうにん》が佐渡流罪《さどるざい》中の文永《ぶんえい》9年（1272年）3月20日、51歳の時、門下一同《もんかいちどう》に与《あた》えられた御手紙である。

鎌倉《かまくら》に残った大聖人門下の中には、竜《たつ》の口《くち》の法難《ほうなん》以後、疑《うたが》いを起こし、退転《たいてん》する者が続出《ぞくしゅつ》していた。

本抄で大聖人は、「**世間《せけん》の浅《あさ》いことには命《いのち》を失《うしな》うことはあっても、大事な仏法《ぶっぽう》のために命を捨《す》てることは難《むずか》しい。それゆえ、仏《ほとけ》になる人もいないのである**」（新1285頁・全956頁、通解）等と述《の》べられ、門下の臆病《おくびょう》を厳《きび》しく戒《いまし》めておられる。

◇

鉄《てつ》は炎《ほのお》に焼《や》かれ、何度も打たれることによって、不純物《ふじゅんぶつ》が追い出され、強靭《きょうじん》な鋼《はがね》となる。同じように、仏法者である私たちも、難《なん》と戦い抜《ぬ》くなかで、宿命転換《しゅくめいてんかん》を成《な》し遂《と》げていけるのである。

広布《こうふ》を進める人に難は必然《ひつぜん》である。困難《こんなん》に直面《ちょくめん》した時に、〝今こそ自分の真価《しんか》を発揮《はっき》する時だ〟と決意し、戦う人こそ賢人《けんじん》、聖人《しょうにん》なのだ。

たとえば大聖人は、四条金吾《しじょうきんご》に対しては、一歩《いっぽ》外に出れば敵《てき》に狙《ねら》われていた時期に、「**ただ世間《せけん》の留難来《るなんきた》るともとり《取》あえ《合》給《たも》うべからず。賢人《けんじん》・聖人《しょうにん》もこのことはのがれ《逃》ず。ただ女房《にょうぼう》と酒《さけ》うち《打》の《飲》みて、南無妙法蓮華経ととなえ《唱》給《たま》え**」（四条金吾殿御返事《しじょうきんごどのごへんじ》、新1554頁・全1143頁）等と、一喜一憂《いっきいちゆう》せず、悠然《ゆうぜん》たる境涯《きょうがい》で信心に励《はげ》むよう指導されている。

戸田先生は戦時中の弾圧《だんあつ》の際《さい》、師匠である牧口先生に仕《つか》え抜き、牢獄《ろうごく》にまでお供《とも》された。

昭和25年（1950年）、その戸田先生の事業《じぎょう》が破綻《はたん》した際《さい》、ふだんは「戸田先生のため」と口《くち》にしていた人間たちが、手のひらを返したように悪口罵詈《あっくめり》し、去《さ》っていった。しかし池田先生は、給《きゅう》料《りょう》も遅配《ちはい》するなか、事態《じたい》の解決のために奔走《ほんそう》し、師匠を徹《てっ》して守り抜かれたのである。

先生は「今こそ、師匠と心を一つに戦おう！　今、戸田先生をお守りすることが、広宣流布《こうせんるふ》の未来を開くのだ！」との思いで戦ったと語られている。

どんな苦境《くきょう》に立たされても、「**いまだこり《懲》ず候《そうろう》**」（曽谷殿御返事《そやどのごへんじ》、新1435頁・全1056頁）との決然《けつぜん》たる信心で、師と共《とも》に戦う本物の弟子が、広宣流布を実現してきたのだ。苦難が人間を強くする。偉大《いだい》にする。この最高の鍛錬《たんれん》の道に続くのが、創価の青年の使命である。

境涯《きょうがい》の変革《へんかく》

広布《こうふ》の組織《そしき》の中で鍛《きた》え抜《ぬ》け

例《れい》せば、餓鬼《がき》は恒河《ごうが》を火《ひ》と見《み》る、人《ひと》は水《みず》と見る、天人《てんにん》は甘露《かんろ》と見る。水は一《いち》なれども、果報《かほう》に随《したが》って別々《べつべつ》なり

（曽谷入道殿御返事《そやにゅうどうどのごへんじ》、新1411頁・全1025頁）

【通解】たとえば餓鬼《がき》は恒河《ごうが》（ガンジス河《がわ》）を火と見る。人《ひと》は水と見る。天人《てんにん》は甘露《かんろ》と見る。水は一つのものであるが、果報《かほう》にしたがって別々《べつべつ》なのである。

文永《ぶんえい》12年（1275年）3月、日蓮大聖人《にちれんだいしょうにん》が54歳の時、身延《みのぶ》で認《したた》められた。千葉方面の有力な信徒・曽谷教信《そやきょうしん》に与《あた》えられた御消息《ごしょうそく》。法華経《ほけきょう》の一文字《ひともじ》一文字が仏《ほとけ》の生命そのものであると強調《きょうちょう》されている。また、環境《かんきょう》に左右され、移《うつ》ろいやすい「自身の心を師とする」のではなく、妙法《みょうほう》への信によって「自身の心の師」となることこそ、正しく仏法《ぶっぽう》を実践《じっせん》する要諦《ようてい》であると教えられた。

◇

同じ川の水でも、見る人によって、どのようにも見える。ここで譬《たと》えられた〝見方《みかた》の違《ちが》い〟は、現実《げんじつ》の出来事《できごと》を見る人間の〝境涯《きょうがい》の違い〟によるといえる。

悩《なや》みや苦しみの多い「人生の現実」に対して、単《たん》に〝気《き》の持《も》ちよう〟などと気休《きやす》めを説《と》くのは、真《しん》の力《ちから》ある宗教ではない。現実を変革《へんかく》していく力を持ってこそ真の宗教であり、それが大聖人の仏法である。**〝地獄《じごく》も仏も我《われ》ら自身の生命のことである〟**（十字御書《むしもちごしょ》、新2036頁・全1491頁、趣意）と仰《おお》せのように、仏界《ぶっかい》も、地獄界《じごくかい》も、ほかならぬ自分の生命の内《うち》に具《そな》わっている。ゆえに、仏界の生命を開くか、地獄の生命に落ち込《こ》むか、その鍵《かぎ》は自身の「境涯革命」にある。

境涯の変革――簡単《かんたん》に言えば、「心」を変えることだが、これほど難《むずか》しいことはない。

人間は、人間の中でしか磨《みが》かれない。仏の同志が集《つど》う学会の組織《そしき》の中で、友と語り合い、広布《こうふ》前進への挑戦《ちょうせん》を繰《く》り返《かえ》すなかで、自身の境涯も高められていく。何よりも、師匠を求め、師匠の教え通りに戦い、「師弟」に生き抜《ぬ》くなかでこそ、境涯の変革が実現できるのである。

池田先生は「現実を離《はな》れて仏法はない。信心したからといって、悩みの『汚泥《おでい》』がなくなるわけではない。『悩みに負けない生命力』が出るということです。むしろ、悩みをいっぱいもっていくことだ。それらの悩みにどれだけ挑戦できるかを楽しみにできるような境涯になることです」と指導されている。

悩みに負けそうになる自身の弱き生命を粘《ねば》り強く鍛え、人間革命の坂を登りつつ、堂々《どうどう》たる境涯を築《きず》き上げていきたい。

「心《こころ》の師《し》」となる

紛動《ふんどう》されない自己《じこ》をつくれ

相構《あいかま》えて相構えて心《こころ》の師《し》とはなるとも心を師とすべからずと仏《ほとけ》は記《しる》し給《たま》いしなり

（義浄房御書《ぎじょうぼうごしょ》、新1197頁・全892頁）

【通解】よくよく心して、わが心に対する師《し》とはなっても、自分の心を師としてはならない、と釈尊《しゃくそん》は（六波羅蜜経《ろっぱらみつきょう》に）記《しる》されている。

文永《ぶんえい》10年（1273年）5月28日、日蓮大聖人《にちれんだいしょうにん》が52歳の時、佐渡《さど》の一谷《いちのさわ》で認《したた》められ、安房国《あわのくに》（現在の千葉県南部）の清澄寺《せいちょうじ》の義浄房《ぎじょうぼう》に与《あた》えられた。義浄房は、浄顕房《じょうけんぼう》と共《とも》に、大聖人の修行時代《しゅぎょうじだい》の兄弟子《あにでし》である。

本抄は、義浄房からの、法門《ほうもん》についての質問に対する御返事。結《むす》びには、不惜身命《ふしゃくしんみょう》の決意で仏道《ぶつどう》修行に邁進《まいしん》するよう、綴《つづ》られている。

◇

自分の弱い心に負けてしまうか。それとも、その弱さに打ち勝って、信念の道を歩み通すか――。

人生は、この一点で大きく変わってくる。自分のわがままな心や、臆病《おくびょう》な心に従《したが》って、一喜一憂《いっきいちゆう》するのが「心を師とする」生き方である。

人の心ほど、移《うつ》ろいやすいものはない。大聖人は「**人の心は時に随《したが》って移《うつ》り、物《もの》の性《しょう》は境《きょう》に依《よ》って改《あらた》まる**」（立正安国論《りっしょうあんこくろん》、新43頁・全31頁）と仰《おお》せである。

ゆえに「心を師とする」生き方では、人生に勝利することはできない。自《みずか》らが自身の「心の師」となり、何事《なにごと》にも紛動《ふんどう》されない自分自身をつくらなければならない。

そのために不可欠《ふかけつ》なのが、正しい信心を教えてくれる「師匠」の存在《そんざい》である。広宣流布《こうせんるふ》のために、どこまでも師匠と共に戦い抜《ぬ》く。その闘争《とうそう》のなかで、いかなる苦難《くなん》にも動《どう》じない確固《かっこ》たる自己《じこ》を築《きず》いていくことができるのだ。

池田先生は、「自分の弱い心や感情に翻弄《ほんろう》されることなく、本来の自分らしく、尊《とうと》き使命に生きるのだ！　その最《もっと》も自分らしい人生の羅針盤《らしんばん》が『信心』だ。そしてまた、正義に生きゆく学会と共に、広宣《こうせん》に戦いゆく師弟の大道《だいどう》を生き抜くことだ。これを外《はず》れて、信心はない。勝利はない。幸福もないからだ」と綴られている。

学会の歴史《れきし》は、名もなき庶民《しょみん》が、自分自身の宿命《しゅくめい》に打ち勝った勝利の歴史である。

池田先生は、青年部に呼びかけられた。「自分に勝て！　『どうだ！　わが勝利を見よ！』と胸《むね》を張《は》れる歴史をつくるのだ」と。この心意気で、創価の勝利の歴史に続いていきたい。

八風《はっぷう》に負《ま》けない

何事《なにごと》にも動《どう》じない人《ひと》が賢人《けんじん》

賢人《けんじん》は、八風《はっぷう》と申《もう》して八つのかぜ《風》におかされ《侵》ぬを、賢人と申すなり

(四条金吾殿御返事《しじょうきんごどのごへんじ》、新1565頁・全1151頁)

【通解】賢人《けんじん》は、「八風《はっぷう》」といって、八種《はっしゅ》の風《かぜ》に侵《おか》されない人を賢人というのである。

別名「八風抄《はっぷうしょう》」。建治《けんじ》2年(1276年)9月ごろ、四条金吾《しじょうきんご》に越後《えちご》(現在の新潟県《にいがたけん》)への領地替《りょうちが》えの話が起《お》こった。金吾は、領地替えの内命《ないめい》を受け入れず、主君《しゅくん》の側近《そっきん》たちに〝主君を軽《かろ》んじている〟と中傷《ちゅうしょう》される。日蓮大聖人《にちれんだいしょうにん》は本抄で、毀誉褒貶《きよほうへん》(さまざまな評判《ひょうばん》)に動《どう》じない人が「賢人《けんじん》」であり、「**決して、おどおどして悪《わる》びれてみえてはいけない**」(新1567頁・全1152頁、通解)と励《はげ》まされる。

◇

正義感の強い金吾は、主君の江間氏《えまし》を訴《うった》えようと思い、大聖人に相談した。親子二代にわたって仕《つか》えてきた主君に対してのことである。金吾には、よほどの決意があったのだろう。しかし、大聖人は、主君を理不尽《りふじん》に恨《うら》んではならないと戒《いまし》められる。

これまで金吾を重《おも》んじてきた主君は、金吾の味方であったといえる。竜《たつ》の口《くち》の法難《ほうなん》などの際《さい》、金吾に迫害《はくがい》が直接及《ちょくせつおよ》ばなかったのも主君のおかげだ。金吾を排除《はいじょ》したがっている本当の敵《てき》は、むしろ側近や同僚《どうりょう》である。つまり、彼らの讒言《ざんげん》に主君が騙《だま》されている可能性があった。この場合、訴えを起こしても、敵が喜《よろこ》び、かえって金吾が不利になることは明《あき》らかだ——大聖人は、この緊張関係《きんちょうかんけい》を鋭《するど》く見極《みきわ》められ、金吾が人間として大成《たいせい》することを願われたのである。

「八風」とは「四順《しじゅん》」（利《うるおい》＝利益を得《え》る、誉《ほまれ》＝誉《ほ》められる、称《たたえ》＝讃《たた》えられる、楽《たのしみ》＝楽しい）と「四違《しい》」（衰《おとろえ》＝損《そん》をする、毀《やぶれ》＝非難《ひなん》される、譏《そしり》＝譏《そし》られる、苦《くるしみ》＝苦《くる》しむ）。さまざまな毀誉褒貶のことだ。大聖人は「**この八風に侵《おか》されない人を、必《かなら》ず諸天善神《しょてんぜんじん》は守る**」（新1565頁・全1151頁、通解）と仰《おお》せである。

戸田先生は、「ほめられたからといってうれしがることもなければ、悪口をいわれて驚《おどろ》くこともない。われわれの信仰は、ただ一途《いちず》の信仰でなければならない」と語られた。

「なぜ創価学会が、これだけの大難《だいなん》の連続のなか、日本一、世界一の大発展を遂《と》げることができたのか。それは、皆さまが御聖訓《ごせいくん》通り、八風に侵されず、真《ま》っすぐな信心を貫《つらぬ》いてこられたからである。だから、諸天から厳然《げんぜん》と守られたのである」——これが池田先生の確信である。

八風に心を動かされない「賢人」とは、勇敢《ゆうかん》かつ賢明《けんめい》に信心を貫く学会員にほかならない。真面《まじ》目《め》に信心根本《こんぽん》の実践《じっせん》を貫く人こそ、満足と勝利の人生を飾《かざ》るのだ。

人《ひと》の振《ふ》る舞《ま》い

「誠実《せいじつ》」こそ人生勝利の王道《おうどう》

> **一代《いちだい》の肝心《かんじん》は法華経《ほけきょう》、法華経の修行《しゅぎょう》の肝心は不《ふ》軽品《きょうほん》にて候《そうろう》なり。不軽菩薩《ふきょうぼさつ》の人《ひと》を敬《うやま》いしは、いかなることぞ。教主釈尊《きょうしゅしゃくそん》の出世《しゅっせ》の本懐《ほんかい》は人の振《ふ》る舞《ま》いにて候《そうら》いけるぞ**
>
> （崇峻天皇御書《すしゅんてんのうごしょ》、新1597頁・全1174頁）

【通解】釈尊《しゃくそん》が生涯《しょうがい》に説《と》いた教えの肝心《かんじん》は法華経《ほけきょう》である。その法華経の、修行《しゅぎょう》の肝心が説かれているのは不軽品《ふきょうほん》である。不軽菩薩《ぼさつ》がすべての人《ひと》を敬《うやま》ったというのは、どういうことを意味するのであろうか。教主釈尊《きょうしゅしゃくそん》がこの世に出現された究《きゅう》極《きょく》の目的は、人としてどのように振《ふ》る舞《ま》うべきかを示すことにあったのである。

建治《けんじ》3年（1277年）9月11日、四条金吾《しじょうきんご》に与《あた》えられた御手紙である。当時、金吾は主君《しゅくん》・江《え》間《ま》氏《し》の信頼を回復しつつあった。こと細《こま》かに指導される日蓮大聖人《にちれんだいしょうにん》の思いを胸《むね》に、強盛《ごうじょう》な信心を貫《つらぬ》くなかで、状況《じょうきょう》が好転《こうてん》したのである。だが、主君が金吾を手厚《てあつ》く用《もち》いるようになれば、同僚《どうりょう》の嫉《しっ》妬《と》が増《ま》すことは必至《ひっし》。そうした時、大聖人は愛弟子《まなでし》に〝人間として偉大《いだい》であれ〟と教えられた。

◇

本抄で大聖人は、嫉妬の攻撃《こうげき》に対する備《そな》えと注意《ちゅうい》を何重《なんじゅう》にも示されている。そのうえで〝仏法《ぶっぽう》の正義は、人としての具体的《ぐたいてき》な言動《げんどう》に現《あらわ》れる〟と結論され、不軽《ふきょう》菩薩《ぼさつ》の実践《じっせん》に学べと訴《うった》えられた。そして、どんな相手に対しても敬《うやま》う心を持ち続ける「人の振《ふ》る舞《ま》い」こそ、「仏《ほとけ》が最《もっと》も説《と》きたかったこと」である、とまで仰《おお》せになられた。

不軽菩薩の「人を敬う」実践の本質は、自分も他人も、共《とも》に必《かなら》ず仏性《ぶっしょう》があることを信じ切ることにほかならない。その信念があってこそ、仏法が弘《ひろ》まるのである。

創価学会の勝利の「因《いん》」もまた、池田先生を中心とする「不軽」「誠実」の言動である。日々、無私《むし》の行動を貫《つらぬ》く学会員の姿《すがた》を通して、その胸中《きょうちゅう》にある仏法の偉大さを感じていくのだ。ゆえに、生活や仕事がいい加減《かげん》でも、信心は立派《りっぱ》――など、ありえない。御書に反《はん》する振る舞いとなる。

池田先生は語っている。

「要《よう》するに仏法と言っても、究極《きゅうきょく》は『人格《じんかく》』です。立派な『人格』をつくるための仏法です。立派な人格の人は、謙虚《けんきょ》です。そして焼《や》きもちを焼かない」「仏法は、徹頭徹尾《てっとうてつび》、『人間の世界』だ。だから、『人間が人間を満足《まんぞく》させる』ことが、仏法の修行《しゅぎょう》なのです。皆が何を今、求《もと》めているのか。疲《つか》れていないか。おなかはすいていないか。何か言いたいこと、聞いてもらいたいことがあるのではないか――敏感《びんかん》すぎるくらい敏感でなければならない」

わが地域で、わが職場で、きょうも「人生勝利の王道」――「誠実」の行動に徹《てっ》していきたい。

不軽菩薩《ふきょうぼさつ》の礼拝行《らいはいぎょう》

相手の仏性《ぶっしょう》を信じ抜《ぬ》け

不軽菩薩《ふきょうぼさつ》の四衆《ししゅ》を礼拝《らいはい》すれば、上慢《じょうまん》の四衆の具《そな》うるところの仏性《ぶっしょう》もまた不軽菩薩を礼拝するなり。鏡《かがみ》に向《む》かって礼拝をなす時《とき》、浮《う》かべる影《かげ》また我《われ》を礼拝するなり

（御義口伝《おんぎくでん》、新1071頁・全769頁）

【通解】不軽菩薩《ふきょうぼさつ》は、（迫害《はくがい》のなか）慢心《まんしん》の四衆《ししゅ》（僧《そう》・尼《あま》・在家《ざいけ》の男女）に対しても、仏性《ぶっしょう》があると礼拝《らいはい》した。その時、慢心の人々の仏性も、不軽菩薩を礼拝したのである。これはちょうど、鏡《かがみ》に向かって礼拝すれば、映《うつ》った姿もまた、自分を礼拝しているようなものである。

日蓮大聖人《にちれんだいしょうにん》は「御義口伝《おんぎくでん》」において、不軽菩薩《ふきょうぼさつ》の成仏《じょうぶつ》が説《と》かれた「常不軽菩薩品《じょうふきょうぼさつほん》」を30項目《こうもく》にわたって講義《こうぎ》されている。この一節《いっせつ》は、その一つであり、折伏《しゃくぶく》・弘教《ぐきょう》の根本精神《こんぽんせいしん》を説かれた御文である。

◇

不軽菩薩は「不屈《ふくつ》」の菩薩である。その実践《じっせん》は、法華経《ほけきょう》で次のように説かれている。

「私は深く、あなた方を敬《うやま》います。決して軽《かろ》んじたり、慢《あなど》ったりしません。なぜなら、あなた方は皆、菩薩道《ぼさつどう》の修行《しゅぎょう》をすれば、必《かなら》ず仏《ほとけ》になることができるからです」――このように語りながら、会う人々、皆を礼拝《らいはい》した。この言葉は漢文《かんぶん》で二十四文字なので「二十四字の法華経」とも呼ばれる。

不軽菩薩は「悪口罵詈《あっくめり》」「杖木瓦石《じょうもくがしゃく》」の迫害《はくがい》にも屈《くっ》せず、「**一切衆生《いっさいしゅじょう》に仏性《ぶっしょう》あり**」（松野殿御返事《まつのどのごへんじ》、新1987頁・全1382頁）との思いで、生涯《しょうがい》にわたってこの礼拝行に徹《てっ》した。そして寿命《じゅみょう》を延《の》ばして、成仏の大道《だいどう》を歩み抜《ぬ》いたのである。

折伏とは、相手を心から尊敬《そんけい》し、その仏界《ぶっかい》を礼拝する実践である。

池田先生は「なにか〝強引《ごういん》〟であることが折伏だと思い込《こ》んでいるとすれば、それは大変な勘違《かんちが》いであり、誤《あやま》りです。折伏とは『真実《しんじつ》を語る』ことです」と述《の》べられている。「あなたにも必ず仏の生命がある」――この真実を、真剣《しんけん》に語り抜くのだ。

ゆえに、少しでも常識《じょうしき》に反《はん》したり、無礼《ぶれい》や傲慢《ごうまん》な振《ふ》る舞《ま》いがあってはならない。丁寧《ていねい》に、ある時は厳父《げんぷ》のような情愛《じょうあい》をもって語ることだ。その時、相手の仏界は、鏡《かがみ》のようにこちらの誠実《せいじつ》な姿《すがた》を映《うつ》し、礼拝し返す。相手を仏のごとく尊重《そんちょう》すれば、相手の仏性も、こちらを敬うのである。

これは、「いつかそうなる」のではない。生命の次元《じげん》においては、その瞬間《しゅんかん》瞬間に因果《いんが》が刻《きざ》まれる。そして時と共《とも》に、はっきりと表れてくる。相手の仏性を信じ抜く強さが、わが生命を豊かにしていく。折伏は、自身の人間革命を懸《か》けた真剣勝負の挑戦なのである。

自他共《じたとも》の幸福

「利他《りた》の炎《ほのお》」は自身も照《て》らす

人《ひと》に物《もの》をほどこ《施》せば、我《わ》が身《み》のたすけ《助》となる。譬《たと》えば、人のために火《ひ》をとも《点》せば、我がまえ《前》あき《明》らかなるがごとし

（食物三徳御書《しょくもつさんとくごしょ》、新2156頁・全1598頁）

【通解】人《ひと》に物《もの》を施《ほどこ》せば（それがかえって）わが身《み》を助けることになる。たとえば、人のために灯《ひ》をともせば、（その人の前が明るくなるのと同時に）自分の前も明るくなるようなものである。

御述作《ごじゅっさく》の年月や経緯《けいい》は不明だが、「食《しょく》」に具《そな》わる徳《とく》や、紙《かみ》について述《の》べられていることから、門下《もんか》が日蓮大聖人《にちれんだいしょうにん》に食べ物や紙などを御供養《ごくよう》した際《さい》の、御礼《おれい》の御手紙であると考えられる。

◇

「**人のためによる《夜》火をとも《点》せば、人のあか《明》るきのみならず、我が身もあか《明》し**」（衣食御書《えじきごしょ》、新2150頁）

とも仰《おお》せである。

人のために尽《つ》くした献身《けんしん》の行動は、自分自身の善業《ぜんごう》となる。なかんずく、人々を妙法《みょうほう》へ導《みちび》く功徳《くどく》は限《かぎ》りなく大きい。逆《ぎゃく》に人を苦しめた場合には自身の悪業《あくごう》となり、いつか必《かなら》ず、その報《むく》いを受ける。これが厳粛《げんしゅく》な因果《いんが》の理法《りほう》である。

大聖人の御遺命《ごゆいめい》に反《はん》し、破和合僧《はわごうそう》の暴挙《ぼうきょ》に出た者《もの》は、まさに「還著於本人《げんちゃくおほんにん》(=還《かえ》って本人に著《つ》きなん)」の現証《げんしょう》に苦《くる》しむのである。

次のような話がある。

地獄《じごく》では、皆が食事を前に食べられないで苦しんでいる。箸《はし》が自分の手よりも長く、口《くち》に食べものを入れられないのだ。一方、仏《ほとけ》がいる場所でも、同じく箸は手よりも長い。しかし皆が満足《まんぞく》して食べていた。なぜか。お互《たが》いに相手の口に入れてあげていたのである。

人のために尽くした分、自分の生命に福運《ふくうん》が積《つ》まれる――この菩薩行《ぼさつぎょう》の原理《げんり》について、池田先生は指導された。

「利他《りた》だけを言うと、傲慢《ごうまん》になる。人を救《すく》ってあげているという偽善《ぎぜん》になる。自分のためにもなっていることを自覚《じかく》してはじめて、『修行《しゅぎょう》させてもらっている』という謙虚《けんきょ》さが出る。自他不二《じたふに》です。ゆえに菩薩道《ぼさつどう》しかないのです」と。

大聖人は妙法の功徳について、「**百千万年《ひゃくせんまんねん》の間、暗《くら》かった所《ところ》にも、燈《ともしび》を入れれば明るくなる**」(妙《みょう》法尼御前御返事《ほうあまごぜんごへんじ》、新2100頁・全1403頁、通解)ように、どんな人も即身成仏《そくしんじょうぶつ》できると断言《だんげん》された。

きょうも「利他の炎《ほのお》」を明々《あかあか》と燃《も》やし、自他共《じたとも》の成仏のために勇《いさ》んで戦いたい。

善知識《ぜんちしき》

切磋琢磨《せっさたくま》する善《よ》き友を持《も》て

夫《そ》れ、木《き》をうえ《植》候《そうろう》には、大風《おおかぜ》ふき《吹》候《そうら》えども、つよき《強》すけ《助》をかい《支》ぬればたおれ《倒》ず。本《もと》より生《お》いて候《そうろう》木なれども、根《ね》の弱《よわ》きはたおれぬ。甲斐《かい》なき者《もの》なれども、たすくる者強《つよ》ければたおれ《倒》ず。すこし健《けな》げの者も、独《ひと》りなれば悪《あ》しきみち《道》にはたおれ《倒》ぬ

（三三蔵祈雨事《さんさんぞうきうのこと》、新1940頁・全1468頁）

【通解】そもそも、木を植《う》えた場合、大《おお》風《かぜ》が吹《ふ》いたとしても、強い支柱《しちゅう》で支えておけば倒《たお》れない。もともと生《は》えていた木であっても、根《ね》が弱いものは倒れてしまう。不甲斐《ふがい》ない者であっても、助ける者が強ければ倒れない。少し強い者であっても、独《ひと》りであれば、悪い道では倒れてしまう。

本抄で日蓮大聖人《にちれんだいしょうにん》は、真言破折《しんごんはしゃく》を通し、広宣流布《こうせんるふ》において「現証《げんしょう》」――現実の結果を出す重要《じゅうよう》性《せい》を教えておられる。

◇

一人だと倒《たお》れてしまう場合も、支《ささ》えがあれば倒れない。強い人でも一人きりだと、思わぬつまずきに苦《くる》しみ倒れてしまう——大聖人は、樹木《じゅもく》の譬《たと》えなどを引きながら、仏道修行《ぶつどうしゅぎょう》を成就《じょうじゅ》することの難《むずか》しさと、いかに善知識《ぜんちしき》（＝善《よ》き友、すぐれた友）が尊《とうと》い存在《そんざい》なのかを強調された。

さらに続けて、「**仏《ほとけ》になる道は善知識に勝《まさ》るものはない。自分の智慧《ちえ》は、何の役に立つだろうか**」「**この善知識にめぐりあうことが一番《いちばん》難しいことなのである**」（新1940頁・全1468頁、通解）とも仰《おお》せである。

また、人生を旅に譬え、「**法華経《ほけきょう》（御本尊《ごほんぞん》）は、三世《さんぜ》の諸仏《しょぶつ》の発心《ほっしん》の杖《つえ》である**」「**日蓮を杖・柱《はしら》とも頼《たの》まれるがよい。険《けわ》しい山、悪い道でも、杖をつくならば倒れない。ことに、手を引かれるならば、転《ころ》ぶことはない**」（弥源太殿御返事《やげんたどのごへんじ》、新1699頁・全1227頁、通解）と、力強く励《はげ》まされている。

現代においては、大聖人直結の信心で進む学会こそ、最高の善知識の集まりである。

池田先生は「『孤独《こどく》』になってはいけない。人を『孤独』にしてもいけない。悩《なや》みに寄《よ》りそって、その苦しい『心音《しんおん》』に耳を傾《かたむ》けてあげなければ。そうすることによって、じつは自分自身が癒《いや》されていくのです。人を受け入れ、励ますことによって、自分の心が励まされ、開かれていくのです」と指導されている。

悩みを分かち合い、切磋琢磨《せっさたくま》し合える「善き友」を得《え》て、自分自身も人々の「善き友」となっていく——学会の組織《そしき》の中で信心に励むことこそ、人生の勝利を開く秘訣《ひけつ》である。

蘭室《らんしつ》の友

相手を包《つつ》み込《こ》む慈悲《じひ》の対話

悦《よろこ》ばしいかな、汝《なんじ》、蘭室《らんしつ》の友《とも》に交《まじ》わって麻畝《まほ》の性《しょう》と成《な》る

（立正安国論《りっしょうあんこくろん》、新43頁・全31頁）

【通解】悦《よろこ》ばしいことに、あなたは蘭室《らんしつ》の友《とも》（蘭の香《かお》りのように人徳《じんとく》の薫《かお》り高い人）に交《まじ》わって感化《かんか》を受け、蓬《よもぎ》のように曲《ま》がっていた邪信《じゃしん》が、麻畑《あさばたけ》で正されたように、真《ま》っすぐに正法を求めることができた。

文応《ぶんおう》元年（1260年）7月16日に北条時頼《ほうじょうときより》に提出《ていしゅつ》された「立正安国論《りっしょうあんこくろん》」の一節《いっせつ》。安国論は日《にち》蓮大聖人《れんだいしょうにん》の仏法《ぶっぽう》の根幹《こんかん》の書であり、大聖人は御入滅《ごにゅうめつ》される前まで「立正安国論」の講義《こうぎ》をされた。この一節で大聖人は、宗教といっても豊《ゆた》かな人間性によって弘《ひろ》まることを示された。

◇

池田先生は、この「蘭室《らんしつ》の友」の原理《げんり》を通して指導された。

「対話は、慈悲《じひ》の香《かお》りが相手を包《つつ》み込《こ》むようでありたい。弘教《ぐきょう》は押しつけでもなければ、組織《そしき》のためでもない。弘教は、相手の仏界《ぶっかい》を礼拝《らいはい》することだから、最高に相手を尊敬《そんけい》する行為《こうい》なのです。

『気《き》の毒《どく》だという気持ちが折伏《しゃくぶく》の根本《こんぽん》である』と戸田先生は言われていた。慈悲が根本だということです。相手を論破《ろんぱ》しようとしたり、こちらの勢力《せいりょく》に取り込もうとするような対立的《たいりつてき》な心で弘教するのではないのです」

安国論で説《と》かれる主人は、客の〝狭《せま》い心〟を〝慈悲の心〟で大きく包容《ほうよう》し、迷《まよ》いの闇《やみ》を晴《は》らした。友人に信心の素晴らしさを伝える王道《おうどう》は、粘《ねば》り強く誠実《せいじつ》な対話以外にないのである。

この「蘭室の友」の原理は、家庭にもあてはまる。未入会の家族がいる場合も、一人が真剣《しんけん》に信心に立ち上がり、一家の柱《はしら》となれば、蘭の香りが皆を包み込むように、一家を幸福と希望の方向へ導《みちび》いていける。

学会の「永遠《えいえん》の五指針」の最初は「一家和楽の信心」である。家庭が生活の土台《どだい》だ。真《しん》の仏法者は、一家を繁栄《はんえい》させていく、よき家庭人でなければならない。

家族は互《たが》いに善知識《ぜんちしき》の存在《そんざい》となる。大聖人は、「**今度のちぎり《契》こそまこと《真》のちぎりのおとこ《夫》よ。そのゆえ《故》は、おとこ《夫》のすすめ《勧》によりて法華経《ほけきょう》の行者《ぎょうじゃ》とならせ給《たま》えば、仏《ほとけ》とおがま《拝》せ給《たも》うべし**」（上野《うえの》殿後家尼御返事《どののごけあまごへんじ》、新1832頁・全1504頁）とも仰《おお》せである。入会・未入会を問わず、和楽の家族を築《きず》いてこそ、真の仏法の実践《じっせん》となる。

また、この「蘭室の友」の原理は、万人《ばんにん》に向けたものでなければならない。私たちは毅然《きぜん》とした信心、良識《りょうしき》ある行動、そして粘り強い対話で、縁《えん》する人々が仏法を求めるように導き、幸福にできる力《ちから》をもった「蘭室の友」でありたい。

友情を貫《つらぬ》く

「誠実《せいじつ》の人《ひと》」が「信頼《しんらい》の人《ひと》」

友《とも》におう《合》て礼《れい》あれとは、友達《ともだち》の一日に十度二十度来《きた》れる人《ひと》なりとも、千里《せんり》二千里来れる人のごとく思《おも》うて、礼儀《れいぎ》いささかおろ《疎》かに思うべからず

（上野殿《うえのどの》御消息《ごしょうそく》、新1850頁・全1527頁）

【通解】友に会ったら礼儀《れいぎ》正しくあれ、というのは、友達で一日に10回、20回と訪《たず》ねてくる人であっても、千里《せんり》、二千里の遠《とお》くから訪ねてきた人のように思って、少しも礼儀をおろそかにしてはならない。

建治《けんじ》元年（1275年）、日蓮大聖人《にちれんだいしょうにん》が54歳の時、身延《みのぶ》で著《あらわ》され、17歳の南条時光《なんじょうときみつ》に送られた御手紙である。

時光は7歳の時に父を亡《な》くし、強信《ごうしん》の母に支《ささ》えられ、若くして亡き父の地頭職《じとうしょく》を継《つ》いだ。大聖人は時光の成長を期待され、こまやかな激励《げきれい》を続けられた。本抄で大聖人は、儒教《じゅきょう》で説《と》く四徳《しとく》と仏法《ぶっぽう》の四恩《しおん》について教えられ、法華経《ほけきょう》を受持《じゅじ》することは即《そく》、四恩を報《ほう》ずることになると述《の》べられた。ここでは〝友に会う時には礼儀《れいぎ》を尽《つ》くせ〟という、四徳の一つについて示されている。

◇

「その人を知るには、その人の友を見よ」という言葉がある。「朱《しゅ》に交《まじ》われば赤くなる」ともいう。善《よ》きにつけ悪《あ》しきにつけ、友情は人生に大きな影響《えいきょう》を与《あた》える。

牧口先生は、友情には3種類あると教えられた。「物《もの》や金《かね》でつながった交際《こうさい》は、下《げ》の友情である。就職《しゅうしょく》の世話《せわ》をしたり、仲良くするのは、中《ちゅう》の交際。友人のために悪《あく》（不幸の原因）を取《と》り除《のぞ》き、忠《ちゅう》告《こく》できるのが、上《じょう》の友情である」。私たちは〝上の友情〟を目指《めざ》したい。

本抄を拝《はい》して、池田先生は次のように指導された。

「身近《みぢか》な人が大切《たいせつ》である。その人を宝《たから》のごとく大事にすることである。そして、だれに対しても誠《せい》実《じつ》に、礼節《れいせつ》をわきまえて接《せっ》することである。誠実ほど強いものはない。私も世界に友人をつくった。『誠実』ひとつでつくったのである。誠実で築《きず》いたものは、壊《こわ》れない。策《さく》でつくったものは、やがて崩《くず》れる」。また先生は、「『御本尊《ごほんぞん》』と『戸田先生』と『誠実』が、私の『三つの宝』である」とも。

誠実こそ、人間として光る条件である。ひとたび結んだ友情を生涯《しょうがい》、大切にする「誠実の人」が、社会で「信頼《しんらい》の人」と輝《かがや》くのだ。

広宣流布《こうせんるふ》も「友情」で進む――池田先生が世界を舞台《ぶたい》にして示された方程式《ほうていしき》である。私たちも、誠実一路《いちろ》で友情を広げていきたい。

知恩《ちおん》・報恩《ほうおん》

恩《おん》を忘れて仏法《ぶっぽう》はない

仏法《ぶっぽう》を学《がく》せん人《ひと》、知恩《ちおん》・報恩《ほうおん》なかるべしや。仏弟《ぶつで》子《し》は必《かなら》ず四恩《しおん》をしって知恩・報恩をいたすべし

（開目抄《かいもくしょう》、新58頁・全192頁）

【通解】仏法《ぶっぽう》を学ぶ人が、恩《おん》を知り、恩に報《むく》いないことがあるだろうか。ないはずである。仏弟子《ぶつでし》は、必《かなら》ず四恩《しおん》を知って、知恩《ちおん》・報恩《ほうおん》するべきである。

「開目抄《かいもくしょう》」は文永《ぶんえい》9年（1272年）2月、佐渡流罪《さどるざい》の渦中《かちゅう》に著《あらわ》された。日蓮大聖人《にちれんだいしょうにん》が一切衆生《いっさいしゅじょう》を救《すく》う主《しゅ》・師《し》・親《しん》の三徳を具《そな》えた末法《まっぽう》の御本仏《ごほんぶつ》であることを明かされた書《しょ》であり、「観心本尊抄《かんじんのほんぞんしょう》」と並ぶ重書《じゅうしょ》中の重書である。

本抄で大聖人は、一切衆生を救う法華経《ほけきょう》の恩《おん》に報《むく》いない仏弟子《ぶつでし》は「**不知恩**《ふちおん》」（新75頁・全204頁）であり、「**才能《さいのう》ある畜生《ちくしょう》**」（新90頁・全215頁）であると綴《つづ》られている。

◇

大聖人は、御書の数多くの個所《かしょ》で「恩」に報いることの重要性《じゅうようせい》を教えられた。「四恩抄《しおんしょう》」や「上《うえ》野殿《のどの》御《ご》消息《しょうそく》」では、「一切衆生の恩」「父母《ふぼ》の恩」「国王（国主）の恩」「三宝《さんぽう》の恩」の「四恩」を挙《あ》げ（新1215頁・全937頁、新1851頁・全1527頁）、「報恩抄《ほうおんしょう》」では「一切衆生の恩」に代わって「**師匠《ししょう》の恩**」（新253頁・全323頁）を示し、旧師《きゅうし》・道善房《どうぜんぼう》への報恩の念《ねん》を記《しる》されている。

大聖人は、大難に次ぐ大難を勝ち越え、報恩を貫《つらぬ》かれた。そして、妙法《みょうほう》が未来にわたって流布《るふ》し、人々を潤《うるお》す功徳《くどく》が出家の際の師である故・道善房の身に集まるとまで仰《おお》せになっている。

それにも関わらず、「知恩《ちおん》」「報恩」を繰《く》り返《かえ》し強調《きょうちょう》される大聖人の御精神《ごせいしん》に背《そむ》き、恩を忘れ、恩を仇《あだ》で返した日顕宗《にっけんしゅう》。その所業《しょぎょう》がどれほどの悪行《あくぎょう》であるかを心に刻《きざ》みたい。

池田先生は恩について、「仏の願い、師匠の願いは、ただ『広宣流布《こうせんるふ》』にある。ゆえに弘教《ぐきょう》に走ることが、それこそが師匠への『報恩』になるのです。恩を忘れて仏法《ぶっぽう》はない。いな人道《じんどう》はない。仏法は『人間の生き方』を教えたものです。ゆえに、仏法者は、だれよりも『知恩の人』『報恩の人』でなければならない」と指導された。

大聖人、そして恩師《おんし》・戸田先生の願業《がんぎょう》である「世界広宣流布」のために、半世紀《はんせいき》を超《こ》える不惜《ふしゃく》身命《しんみょう》の激闘《げきとう》を続けてこられた池田先生は、最高峰《さいこうほう》の報恩の人である。

いかなる難をも勝ち越える、広宣流布の闘争《とうそう》こそ、師匠への最高の「報恩の道」と胸《むね》に刻み、戦っていきたい。

親孝行《おやこうこう》

信心が最高の恩返《おんがえ》しに

親《おや》によき物《もの》を与《あた》えんと思《おも》って、せめてすることなくば、一日に二・三度え《笑》みて向《む》かえとなり

（上野殿御消息《うえのどのごしょうそく》、新1850頁・全1527頁）

【通解】親《おや》に良い物を贈ろうと思っても、何もできない時は、せめて一日に2、3度、笑顔を見せてあげなさい。

建治《けんじ》元年（1275年）、日蓮大聖人《にちれんだいしょうにん》が54歳の時、17歳の若き南条時光《なんじょうときみつ》に与《あた》えられた御手紙。身《み》近《ぢか》なところから親孝行《おやこうこう》をするよう教えられ、法華経《ほけきょう》を持《たも》つ功力《くりき》によって「四恩《しおん》」（一切衆生《いっさいしゅじょう》の恩、父《ふ》母《ぼ》の恩、国王《こくおう》〈国主〉の恩、三宝《さんぽう》の恩。報恩抄では、「一切衆生の恩」に代わって「師匠の恩」を示されている）を報《ほう》じることができると説《と》かれた。

◇

本抄で大聖人は、「**人となりて仏教を信ずれば、まずこの父と母との恩を報ずべし**」（新1851頁・全1527頁）と、人として、仏法者《ぶっぽうしゃ》として、まず父母の恩に報《むく》いるよう教えておられる。

親孝行を重《おも》んじられた御書は、**「ただ私一人だけが成仏《じょうぶつ》するのではなく、父母もまた即身《そくしん》成仏することが、第一の孝養《こうよう》なのである」**（始聞仏乗義《しもんぶつじょうぎ》、新1328頁・全984頁、通解）、**「一切の善根《ぜんこん》の中に、孝養父母は第一にて候《そうろう》」**（窪尼御前御返事《くぼのあまごぜんごへんじ》、新1975頁・全1481頁）など数多くある。**「我《われ》を生める父母等には、いまだ死せざる已前《いぜん》にこの大善《だいぜん》を進《まい》らせん」**（顕仏未来記《けんぶつみらいき》、新612頁・全509頁）との一節《いっせつ》も、〝親が生きている間に信心させたい〟という心を教えてくださっていると拝《はい》せよう。

親孝行の根本《こんぽん》は、正しい仏法を実践《じっせん》し抜《ぬ》き、自分自身が成仏という最高の幸福境涯《きょうがい》を得《え》ることである。大聖人は**「自分自身が仏《ほとけ》にならなければ、父母をも救《すく》うことは難《むずか》しい。まして他人を救うことなどできない」**（盂蘭盆御書《うらぼんごしょ》、新2025頁・全1429頁、通解）、**「一切のことは、親に随《したが》うべきではあるが、成仏の道だけは、親に随わないことが孝養の根本であろうか」**（兄弟抄《きょうだいしょう》、新1476頁・全1085頁、通解）と門下《もんか》に教えられた。

池田先生は「青年は、親孝行であってもらいたい。将来《しょうらい》、偉《えら》くなって、母を大切《たいせつ》にし、世界一、幸せにしてみせるという決心《けっしん》をもってもらいたい」と、折《おり》あるごとに親孝行の重要性《じゅうようせい》を強調《きょうちょう》されている。

親が未入会であったり、信心への理解がなかったりする場合もある。しかし、親がいたからこそ自分は生まれたのであり、その恩に報いてこそ仏法者である。そして、信心を貫《つらぬ》けば必《かなら》ず、最高の親孝行ができる境涯になっていくのである。

「心」で決《き》まる

人間性豊《ゆた》かな振《ふ》る舞《ま》いを

わざわい《禍》は口《くち》より出《い》でて身《み》をやぶる《破》。さいわい《幸》は心《こころ》よりいで《出》て我《われ》をかざる《飾》

（十字御書《むしもちごしょ》、新2037頁・全1492頁）

【通解】災《わざわ》いは口《くち》から出て、身《み》を破《やぶ》る。幸《さいわ》いは心から出て、自身を飾《かざ》る。

南条時光《なんじょうときみつ》の姉である重須殿女房《おもすどのにょうぼう》が、十字《むしもち》（＝蒸餅《むしもち》）や果物《くだもの》を御供養《ごくよう》したことに対する御返事。身延《みのぶ》で著《あらわ》されたが、御述作《ごじゅっさく》年は不明である。本抄で日蓮大聖人《にちれんだいしょうにん》は、「**法華経《ほけきょう》を信ずる人は、さいわい《幸》を万里《ばんり》の外《そと》よりあつむ《集》べし**」（新2037頁・全1492頁）と重須殿女房の信心を讃《たた》えられた。

◇

幸福は外からやってくるものではなく、自分自身の「心から出て」、わが身を飾《かざ》る。逆《ぎゃく》に、自分に災《わざわ》いをなす言葉もまた、自分の心から生《しょう》ずる。

この〝生命の法則《ほうそく》〟は、「**草木《そうもく》は雨ふれ《降》ばさかう《栄》。人は善根《ぜんこん》をなせば必《かなら》ずさかう《栄》**」（上野殿御返事《うえのどのごへんじ》、新1897頁・全1562頁）とも仰《おお》せのように、万人《ばんにん》に当てはまる真理《しんり》である。

なぜ〝心〟から生ずるのか。

仏法《ぶっぽう》では「十界互具《じっかいごぐ》」を説《と》き、どのような衆生《しゅじょう》も仏界《ぶっかい》の生命を顕《あらわ》して成仏《じょうぶつ》できることを明かした。十界の生命（地獄界《じごくかい》、餓鬼界《がきかい》、畜生界《ちくしょうかい》、修羅界《しゅらかい》、人界《にんかい》、天界《てんかい》、声聞界《しょうもんかい》、縁覚界《えんがくかい》、菩薩界《ぼさつかい》、仏界）がすべて、わが生命に本来、具《そな》わっているのである。

本抄で大聖人は、この法理を次のように教えておられる。「**そもそも地獄と仏《ほとけ》とは、いずこの場所にあるのだろうかと探究《たんきゅう》したとき、あるいは（地獄は）地《ち》の下にあるという経文もあり、あるいは（仏は）西方等《さいほうとう》におられるという経もある。しかしながら、詳細《しょうさい》に探究してみると、実《じつ》は、私たちのこの五尺《ごしゃく》の身《み》の内《うち》に（地獄も仏も）存在《そんざい》すると説かれている**」（新2036頁・全1491頁、通解）

しかし、**〝私たち凡夫《ぼんぷ》は、目に近すぎる睫毛《まつげ》と、遠《とお》すぎる大空の彼方《かなた》は見ることはできないように、わが心の内に仏の生命が具わっていることを知らないのである〟**（同頁、趣意）と仰せである。

池田先生は、「（仏界という）大いなる永遠の生命を、小さな我《わ》が身の上に顕現《けんげん》する――涌現《ゆげん》する――以外にないのです。そのためには、全存在をかけた自己浄化《じこじょうか》が必要です。それが仏道修行《ぶつどうしゅぎょう》です」と語られた。

幸福の源泉《げんせん》は、すべてわが「心」にある。信心を根本《こんぽん》にした日々の学会活動で、仏の生命をわき立たせ、人間性豊《ゆた》かに振《ふ》る舞《ま》う。その実践《じっせん》が自身を飾り、福徳《ふくとく》を「万里の外」から集めるのである。

「心《こころ》の財《たから》」が第一

「絶対的幸福《ぜったいてきこうふく》」の人生を目指《めざ》せ

蔵《くら》の財《たから》よりも身《み》の財すぐれ《勝》たり、身の財より心《こころ》の財第一《だいいち》なり。この御文《おんふみ》を御覧《ごらん》あらんよりは、心の財をつま《積》せ給《たも》うべし

(崇《す》峻《しゅん》天皇御書《てんのうごしょ》、新1596頁・全1173頁)

【通解】「蔵《くら》の財《たから》」(=物質的な財産)よりも、「身の財《たから》」(=立場や健康・身につけた技能など)がすぐれている。「身の財」よりも、「心の財」(=心の強さや豊かさ、境涯)が第一である。この手紙を御覧《ごらん》になってからは、「心の財」を積んでいきなさい。

主君《しゅくん》の側近《そっきん》や同僚《どうりょう》から中傷《ちゅうしょう》を受ける四条金吾《しじょうきんご》に対して与《あた》えられた御消息《ごしょうそく》である。建治《けんじ》3年(1277年)9月11日の御述作《ごじゅっさく》。別名を「三種財宝御書《さんしゅざいほうごしょ》」という。

当時、金吾は命《いのち》すら狙《ねら》われる身《み》であった。日蓮大聖人《にちれんだいしょうにん》は、金吾の短気《たんき》な性格や行動に至《いた》るまでこまやかに気にかけられた。厳《きび》しくも温《あたた》かい指導で、愛弟子《まなでし》を導《みちび》いていかれたのである。

◇

「蔵《くら》の財《たから》」は、経済的《けいざいてき》な繁栄《はんえい》を指《さ》す。「身《み》の財」は、目には見えないが、自分の身に関する財産のこと。

地位《ちい》や才能《さいのう》、健康などである。

では、「心《こころ》の財」とは何か。

本抄で大聖人が仰《おお》せになっているのは、窮地《きゅうち》の金吾が、主君や世間《せけん》の疑念《ぎねん》を晴《は》らしていくための「誠実《せいじつ》な振《ふ》る舞《ま》い」であり、その振る舞いを支《ささ》える「信心」である。

「蔵の財」は、自分の外にある。いつ何時《なんどき》、事故《じこ》や災害《さいがい》などで失《うしな》ってしまうかわからない。「身の財」は「蔵の財」よりは長く続くが、永遠《えいえん》のものではない。

また「蔵の財」や「身の財」だけを求める人生は、自分以上に「財」を持つ人を、常にうらやむものだ。真《しん》の満足感《まんぞくかん》は得《え》られないだろう。はかない「相対的《そうたいてき》な幸福」を追い求める生き方なのだ。

「絶対的《ぜったいてき》な幸福」を得るためにこそ、「心の財」が大事となるのである。

「何が確実《かくじつ》といって、『死』ほど確実なものはない」と、池田先生は語られている。

「だから、今、ただちに、三世永遠にわたる『心の財』を積《つ》むことです。その一番大事なことを『あと回し』にし、『先送《さきおく》り』して生きている人が人類《じんるい》の大半《たいはん》なのです。生死一大事《しょうじいちだいじ》というが、生死ほどの『一大事』は人生にない。この一番の大事に比べれば、あとはすべて小さなことです。そのことは『臨終《りんじゅう》』のときに実感するにちがいない」とも。

「心の財」を積んでこそ「蔵の財」も「身の財」も生かすことができる。日々、信心に励《はげ》み、わが生命に「絶対的幸福」を確立《かくりつ》していきたい。

今《いま》こそ勝負

人生の正念場《しょうねんば》で断《だん》じて勝て

構《かま》えて構えて、所領《しょりょう》を惜《お》しみ、妻子《さいし》を顧《かえり》み、また人《ひと》を憑《たの》んであやぶ《危》むことなかれ。ただひとえに思《おも》い切《き》るべし。今年《ことし》の世間《せけん》を鏡《かがみ》とせよ。そこばくの人の死《し》ぬるに、今《いま》まで生《い》きて有《あ》りつるは、このことにあわ《遇》んためなりけり。これこそ宇治川《うじがわ》を渡《わた》せし所《ところ》よ。これこそ勢多《せた》を渡せし所よ。名《な》を揚《あ》ぐるか、名をくだ《下》すかなり。人身《じんしん》は受《う》け難《がた》く、法華経《ほけきょう》は信《しん》じ難しとは、これなり

（弥三郎殿御返事《やさぶろうどのごへんじ》、新2085頁・全1451頁）

【通解】心して覚悟《かくご》を決め、領地《りょうち》を惜《お》しんだり、妻子《さいし》を顧《かえり》みたり、また人を頼《たの》みにして不安になり、恐《おそ》れることがあってはならない。ただひとえに思い切りなさい。今年の世間《せけん》の様子《ようす》を鏡《かがみ》としなさい。多くの人が死んだのに、今まで自分が生き永《なが》らえてきたのは、このこと（法華経《ほけきょう》の法論《ほうろん》）にあわんがためである。この今の戦いこそ、宇治川《うじがわ》の渡《わた》しであり、勢多川《せたがわ》の渡しである。名《な》を上《あ》げるか、名を下《くだ》すか、（人生を決する）境目《さかいめ》である。人間として生まれることは難《むずか》しく、法華経は信じ難《がた》いとは、このことである。

建治《けんじ》3年（1277年）8月4日、日蓮大聖人《にちれんだいしょうにん》が56歳の時、弥三郎《やさぶろう》に与《あた》えられたとされる。

念仏者《ねんぶつしゃ》からの論難《ろんなん》に、どう立ち向かうかについて指導を仰《あお》ぐ弥三郎。大聖人は、具体的《ぐたいてき》な指示と共《とも》に、「『**釈迦《しゃか》仏・多宝《たほう》仏・十方《じっぽう》の仏《ほとけ》よ、集《つど》い来《きた》って、わが身《み》に入りかわり、我《われ》を助けたまえ**』**と祈《き》念《ねん》しなさい**」（新2085頁・全1451頁、通解）と、猛然《もうぜん》たる祈《いの》りを根本《こんぽん》にするよう教えられた。

◇

本抄にある「宇治川《うじがわ》」「勢多《せた》（瀬田《せた》）川」の一帯《いったい》は、古来《こらい》、京都をめぐる攻防戦《こうぼうせん》の要衝《ようしょう》であった。

大聖人は弥三郎に対して、自《みずか》ら信じる法が勝つか負けるかの勝負所を、この川を挟《はさ》んだ決戦に譬《たと》え、〝恐《おそ》れてはならない〟〝あなたがこの世に生《せい》を受けたのは、今この時、仏法《ぶっぽう》の正義を護《まも》るためだったのだ〟と、渾身《こんしん》の激励《げきれい》を送られたのである。

人生の途上《とじょう》には、必《かなら》ず勝負をかけるべき「いざ！」という時がある。

その時に、持てる力《ちから》のすべて、いや、それ以上のものを注《そそ》ぎ込《こ》めるかどうか——信心は、その正《しょう》念場《ねんば》を逃《のが》さぬ眼《まなこ》を磨《みが》き、無限《むげん》の生命力を満々《まんまん》と漲《みなぎ》らせる、最強の源泉《げんせん》である。

法華経《ほけきょう》の行者《ぎょうじゃ》を迫害《はくがい》する輩《やから》は「悪鬼入其身《あっきにゅうごしん》」である。その魔《ま》の蠢動《しゅんどう》に対して、大聖人は、いわば〝諸仏入其身《しょぶつにゅうごしん》〟の信心で臨《のぞ》めと励《はげ》まされた。諸仏を「動かす」どころか、「わが身に諸仏を入れよ」と仰《おお》せなのである。そうなれば、仏の所従《しょじゅう》（＝家来）である諸菩薩《しょぼさつ》・諸天《しょてん》等も、わが身に従《したが》う。

広宣流布《こうせんるふ》の〝勝負を決する時〟には、満々《まんまん》たる「仏の生命」を沸騰《ふっとう》させて戦うのだ。

8章 仏法即社会

立正安国《りっしょうあんこく》

社会のため、民衆《みんしゅう》のために

汝《なんじ》、すべからく一身《いっしん》の安堵《あんど》を思《おも》わば、まず四表《しひょう》の静謐《せいひつ》を禱《いの》るべきものか

（立正安国論《りっしょうあんこくろん》、新44頁・全31頁）

【通解】自身の安心を考えるなら、あなたはまず社会全体の静穏《せいおん》を祈ることが必要ではないか。

39歳の若き日蓮大聖人《にちれんだいしょうにん》が、文応《ぶんおう》元年（1260年）7月16日、当時の実質的な最高権力者《さいこうけんりょくしゃ》である北条時頼《ほうじょうときより》に提出した諫暁《かんぎょう》の書。当時、疫病《えきびょう》や飢饉《ききん》、相次《あいつ》ぐ天変地異《てんぺんちい》のため、民衆《みんしゅう》は苦《くる》しみの底《そこ》に沈《しず》んでいた。大聖人は、社会が安穏《あんのん》であってこそ、一人一人の真《しん》の幸福もあると説《と》かれた。

◇

社会に真正面《ましょうめん》から向き合い、現実を変えていく。ここに日蓮仏法《ぶっぽう》の実践《じっせん》があり、使命がある。

大聖人は本抄の提出について、こう仰《おお》せである。「**国のため、法のため、人のために言うのであって、自分のために言っているのではない**」（安国論御勘由来《あんこくろんごかんゆらい》、新49頁・全35頁、通解）。自《みずか》らのためではない。国のため、正法《しょうほう》のため、民衆のために、やむにやまれぬ思いから執筆《しっぴつ》されたのだ。

戸田先生は、「社会の不幸に目をつぶって、宗教の世界に閉《と》じこもり、安閑《あんかん》とただ題目《だいもく》を唱《とな》えているだけなら、大聖人の立正安国《りっしょうあんこく》の御精神に反《はん》している」と断《だん》じられた。大聖人が、この一節で仰せの通り、社会の安穏を実現しなければ、人々の真の幸福はないからだ。

創価学会が社会のあらゆる分野に積極的《せっきょくてき》にかかわる原点が、ここにある。現実のうえで人々を何としても幸福にしたいという「人間への責任感」が「社会への責任感」へと広がり、具体的な行動につながっていくのだ。

草創期《そうそうき》から、学会員は民衆の真《ま》っただなかに飛び込《こ》み、自分のことは後回《あとまわ》しにしてでも、友のため、社会のためにと行動してきた。そのなかで、政治にも参加してきたのは自然であり、当然のことである。政治を民衆の手に取り戻し、平和で幸福な社会を建設したいとの熱き使命感からである。

池田先生は、次のように語られている。

「『権力《けんりょく》と一体化《いったいか》して権力者を助ける』のでもなく、『政治から身《み》を引くことによって権力者を助ける』のでもない、第三の道。それが日蓮大聖人の『立正安国』です。正法という〝永遠《えいえん》の真理《しんり》〟の側《がわ》から、現実へつねに『向かっていく』『かかわっていく』『変革《へんかく》していく』。これこそが、権力の奴隷《どれい》にならない唯一《ゆいいつ》の宗教の道なのです。だからこそ、この道には弾圧《だんあつ》がある。難《なん》がある。だから本物なのです」

「立正安国」の精神を現代に蘇《よみがえ》らせ、社会のために戦う実践こそ、私たちの使命である。

日本の柱《はしら》とならん

「誓《ちか》い」は果《は》たしてこそ「誓い」

種々《しゅじゅ》の大難《だいなん》出来《しゅったい》すとも、智者《ちしゃ》に我《わ》が義《ぎ》やぶられずば用《もち》いじとなり。その外《ほか》の大難、風《かぜ》の前《まえ》の塵《ちり》なるべし。我《われ》日本《にほん》の柱《はしら》とならん、我日本の眼目《がんもく》とならん、我日本の大船《たいせん》とならん等とちかい《誓》し願《ねが》いやぶる《破》べからず

（開目抄《かいもくしょう》、新114頁・全232頁）

【通解】「種々《しゅじゅ》の大難《だいなん》が起《お》こってこようとも、智者《ちしゃ》に私（日蓮《にちれん》）の正しい法義が破《やぶ》られるのでない限《かぎ》り、そのような言い分を決して受け入れることはない。その他のどんな大難も私にとっては、風の前の塵《ちり》のような、とるに足りないものである。私は日本の柱《はしら》となろう。私は日本の眼目《がんもく》となろう。私は日本の大船《たいせん》となろう」などと誓《ちか》った大願《だいがん》は、断《だん》じて破るまい。

佐渡流罪《さどるざい》の渦中《かちゅう》、筆舌《ひつぜつ》に尽《つ》くせぬ艱難《かんなん》のなかで著《あらわ》された本抄は、現在の暦《こよみ》でいえば12月から3月という寒《さむ》さが最《もっと》も厳《きび》しい時期に執筆《しっぴつ》された。文永《ぶんえい》9年（1272年）2月、門下一同《もんかいちどう》に送られた。

◇

32歳で立宗《りっしゅう》を宣言《せんげん》されて以来、数限《かずかぎ》りない悪口罵詈《あっくめり》、卑劣《ひれつ》な謀略《ぼうりゃく》、竜《たつ》の口《くち》の法難《ほうなん》、2度に及《およ》ぶ流《る》罪《ざい》――吹《ふ》き荒《あ》れる、いかなる障魔《しょうま》の嵐《あらし》も、日蓮大聖人《にちれんだいしょうにん》の広宣流布《こうせんるふ》の炎《ほのお》を消《け》すことはできなかった。

それらの大難《だいなん》も、大聖人は、「風《かぜ》の前《まえ》の塵《ちり》」であると、悠々《ゆうゆう》と見下《みお》ろされていた。

大聖人は、烈々《れつれつ》たる気迫《きはく》で、「主師親《しゅししん》の三徳《さんとく》」の誓《ちか》いを宣言《せんげん》される。

「我《われ》日本の柱《はしら》とならん」――大難にも揺《ゆ》るがず、国を支える精神《せいしん》の柱となろう（主の徳）。

「我日本の眼目《がんもく》とならん」――善悪《ぜんあく》を見抜《みぬ》く眼《まなこ》となり、民衆《みんしゅう》を導《みちび》いていこう（師の徳）。

「我日本の大船《たいせん》とならん」――苦難に翻弄《ほんろう》される民《たみ》を、希望の港へと運《はこ》びゆこう（親の徳）。

この三つの誓願《せいがん》には、一切衆生《いっさいしゅじょう》を「絶対に幸せにしてみせる」との烈々《れつれつ》たる御決意が漲《みなぎ》る。

日蓮仏法《ぶっぽう》は、「誓願の仏法」である。そして、御本仏《ごほんぶつ》の「ちかい《誓》し願《ねが》いやぶ《破》るべからず」の精神のまま、広宣流布への誓願を立て、成就《じょうじゅ》し抜いてきたのが創価学会の歴史《れきし》である。

戸田先生は「75万世帯の折伏《しゃくぶく》」を誓い、成《な》し遂《と》げられた。池田先生は恩師《おんし》の構想《こうそう》の実現を誓い、ことごとく達成。そして、「世界広宣流布」の御聖訓《ごせいくん》を現実のものとされた。

池田先生は、この一節《いっせつ》を拝《はい》して語られている。

「この誓願の人生を歩むうえで最《もっと》も不可欠《ふかけつ》な要件《ようけん》は一体《いったい》何でしょうか。それは『不退《ふたい》の心』です。誓願は、貫《つらぬ》き果《は》たしてこそ、真《しん》の誓願です」

創価の三代会長に続き、「不退の心」で、御本尊《ごほんぞん》への誓い、師匠への誓いを果たしていきたい。

仏法《ぶっぽう》は道理《どうり》

納得《なっとく》の言論戦《げんろんせん》を堂々《どうどう》と

仏法《ぶっぽう》と申《もう》すは道理《どうり》なり。道理と申すは主《しゅ》に勝《か》つものなり

（四条金吾殿御返事《しじょうきんごどのごへんじ》、新1590頁・全1169頁）

【通解】仏法《ぶっぽう》というものは道理《どうり》である。道理というものは、主君《しゅくん》という権力者《けんりょくしゃ》にも勝つものである。

建治《けんじ》3年（1277年）、日蓮大聖人《にちれんだいしょうにん》が56歳の時の御述作《ごじゅっさく》。四条金吾《しじょうきんご》が同僚《どうりょう》から妬《ねた》まれ、信仰をやめよと主君《しゅくん》の江間氏《えまし》から迫《せま》られて最大の苦境《くきょう》に陥《おち》っていた時、大聖人が確信をもって励《はげ》まされた一節《いっせつ》である。別名「世雄御書《せおうごしょ》」。

この後、主君も同僚たちも、当時流行《りゅうこう》していた病《やまい》に倒《たお》れた。医療《いりょう》の心得《こころえ》があった金吾は、主君の病を治《なお》す。そして、主君の信用も以前より増《ま》し、新たな所領《しょりょう》を賜《たま》わるという大勝利の実証《じっしょう》を示した。

◇

仏法《ぶっぽう》は道理《どうり》である。大聖人は、信心の福徳《ふくとく》について次のように仰《おお》せになられた。

「花は開いて（やがて）実《み》となり、月は出て必《かなら》ず満《み》ち、灯《ともしび》は油《あぶら》をさせば光を増し、草木《そうもく》は雨が降《ふ》れ

ば栄《さか》える。（それと同じように）**人は善根《ぜんこん》を積《つ》めば必ず栄える**」（上野殿御返事《うえのどのごへんじ》、新1897頁・1562頁、通解）。「信心」強き人は、最後は必ず勝つ。必ず栄えてゆく。ゆえに「持続《じぞく》」こそ重要《じゅうよう》なのである。

また、「道理」「筋《すじ》の通った話」は、どのような権威《けんい》、権力《けんりょく》も抑《おさ》えることはできない。これは、大聖人が門下《もんか》に繰《く》り返《かえ》し教えられた精神《せいしん》である。

大聖人御自身が、権力者に対し、本抄で仰せ通りの言論戦を貫《つらぬ》かれた。金吾も、この精神で主君に語り抜《ぬ》き、逆境《ぎゃっきょう》を乗り越えたのである。どれほど正しい道理も、語らなければ伝わらない。

法華経《ほけきょう》と他宗の正邪《せいじゃ》を説《と》かれた大聖人は、「**心ある人は、世間《せけん》の道理をもって推察《すいさつ》しなさい**」（法《ほっ》華初心成仏抄《けしょしんじょうぶつしょう》、新693頁・全549頁、通解）と、世間のだれもが納得《なっとく》できる具体的《ぐたいてき》な譬喩《ひゆ》を数多く示された。このような御本仏《ごほんぶつ》の智慧《ちえ》は、御書の随所《ずいしょ》に拝《はい》することができる。

また大聖人は、「**たとえ公《おおやけ》の場で道理にかなった法門《ほうもん》を申したからといって、悪口《あっこう》したり、粗暴《そぼう》な言葉を吐《は》いたり、自慢気《じまんげ》な様子《ようす》を人に見せてはならない。それは、あさましいことである**」（教《きょう》行証御書《ぎょうしょうごしょ》、新1677頁・全1283頁、通解）と、仏法者は振《ふ》る舞《ま》いも道理にかない、立派《りっぱ》であれと教えておられる。

日蓮仏法は、三世永遠《さんぜえいえん》の生命の法則を説いた〝最高の道理〟である。

「信《しん》なき言論、煙《けむり》のごとし」（戸田先生）である。中傷《ちゅうしょう》など、相手ではない。妙法《みょうほう》への深き「信」を根本《こんぽん》に、道理を尽《つ》くして仏法を語り、人々を納得へと導《みちび》く、正々堂々《せいせいどうどう》の言論戦を展開したい。

仏罰《ぶつばち》は厳然《げんぜん》

仏法《ぶっぽう》破壊《はかい》の悪《あく》は必《かなら》ず滅《ほろ》びる

過去《かこ》・現在《げんざい》の末法《まっぽう》の法華経《ほけきょう》の行者《ぎょうじゃ》を軽賤《きょうせん》する王《おう》臣《しん》・万民《ばんみん》、始《はじ》めは事《こと》なきようにて、終《つい》にほろ《滅》びざるは候《そうら》わず

（聖人御難事《しょうにんごなんじ》、新1619頁・全1190頁）

【通解】過去《かこ》も現在《げんざい》も、末法《まっぽう》の法華経《ほけきょう》の行者《ぎょうじゃ》を軽蔑《けいべつ》し、いやしめる王や家臣、そして国中の人々は、初めは何事《なにごと》もないようであっても、最後は滅《ほろ》びない者《もの》はない。

弘安《こうあん》2年（1279年）10月1日、日蓮大聖人《にちれんだいしょうにん》が58歳の時の御執筆《ごしっぴつ》。大聖人門下《もんか》への本格的な法《ほう》難《なん》となった「熱原《あつはら》の法難」の渦中《かちゅう》に認《したた》められた。法華経《ほけきょう》の行者《ぎょうじゃ》を弾圧《だんあつ》した者《もの》は、一人残らず敗北《はいぼく》の末路《まつろ》をたどることを示され、難に立ち向かうよう励《はげ》まされている。

◇

広宣流布《こうせんるふ》の前進を阻《はば》む輩《やから》の最後は哀《あわ》れであり、必《かなら》ず滅亡《めつぼう》するとの御本仏《ごほんぶつ》の御断言《ごだんげん》である。

大聖人と門下を迫害《はくがい》した者の末路はどうなったか――。

「熱原の法難」の首謀者《しゅぼうしゃ》であった平左衛門尉《へいのさえもんのじょう》は、14年後の永仁《えいにん》元年（1293年）4月、屋敷《やしき》を幕府《ばくふ》の軍勢《ぐんぜい》に囲《かこ》まれ、最期《さいご》を遂《と》げた。自分の長男・宗綱《むねつな》によって、「幕府に反逆《はんぎゃく》する陰謀《いんぼう》」を密告《みっこく》されたのである。

かつて、平左衛門尉が熱原の農民門下を拷問《ごうもん》し処刑《しょけい》したのは自らの屋敷だったが、熱原の農民に矢を放《はな》って苦しめた二男・資宗《すけむね》もろとも自害《じがい》して果《は》てたのもまた、自らの屋敷であった。父を密告した長男も、その後、佐渡《さど》に配流《はいる》になった。

現代も、しかり。大聖人の御遺命《ごゆいめい》に背《そむ》いて学会を一方的に「破門《はもん》」し、破和合僧《はわごうそう》の大罪《たいざい》を犯《おか》した日顕宗《にっけんしゅう》は、信者数が、かつての2％にまで激減《げきげん》。権勢《けんせい》を誇《ほこ》った一族が、跡形《あとかた》もなく滅《ほろ》んだのである。

日顕本人も最高裁で2度も断罪された。その日顕宗と結託《けったく》し、学会への中傷《ちゅうしょう》に狂《くる》った輩も皆、最後は無残《むざん》である。裁判でも悪事《あくじ》が暴《あば》かれ、繰《く》り返《かえ》し断罪《だんざい》。

いつの時代も、「法華経の行者を軽賤《きょうせん》する」連中《れんちゅう》がたどる敗北の末路は同じだ。

池田先生は、「この峻厳《しゅんげん》な御金言《ごきんげん》には、一つの例外《れいがい》もない」と断《だん》じられている。

戸田先生は「学会への反逆は、大聖人への師敵対《してきたい》だ。その仏罰《ぶつばち》の最後の姿を見ればわかる」と断言された。

「仏の敵を一人あますな」――これが戸田先生の遺訓《いくん》であり、永遠《えいえん》の学会精神である。

忘恩《ぼうおん》、反逆の輩に対しては、徹して悪の正体《しょうたい》を鋭《するど》く暴き、責《せ》め続けようではないか。

恐《おそ》れない心

〃歯《は》を食《く》いしばって〃道を開け

> **ごうじょう《強盛》にはがみ《歯噛》をして、たゆむ《弛》心《こころ》なかれ。例《れい》せば、日蓮《にちれん》が平左衛門尉《へいのさえもんのじょう》がもとにてうちふる《打振》まい《舞》い《言》いしがごとく、すこしもへる《謙》心なかれ**
>
> （兄弟抄《きょうだいしょう》、新1475頁・全1084頁）

【通解】信心強盛《ごうじょう》に歯《は》をくいしばって、たゆむ心があってはならない。たとえば日蓮が平左衛門尉《へいのさえもんのじょう》のところで、堂々《どうどう》と振《ふ》る舞《ま》い、言い切ったように、少しもへりくだる心があってはならない。

「兄弟抄《きょうだいしょう》」は武蔵国《むさしのくに》池上《いけがみ》（現在の東京都大田区内）に住む池上宗仲《むねなか》・宗長《むねなが》兄弟に与《あた》えられた御手紙である。池上兄弟は、父親から信心を反対されながらも、純粋《じゅんすい》な信心を貫《つらぬ》いていた。ところが、極《ごく》楽寺良観《らくじりょうかん》らの圧迫《あっぱく》が強くなり、父は、信仰を理由に兄の宗仲を勘当《かんどう》してしまう。

良観は、日蓮大聖人《にちれんだいしょうにん》との祈雨《きう》の勝負に敗《やぶ》れた真言律宗《しんごんりっしゅう》の僧《そう》。良観は、敗北《はいぼく》したことを逆恨《さかうら》みし、大聖人を陥《おとしい》れようと画策《かくさく》。しかし大聖人が微動《びどう》だにせず、流罪《るざい》からも赦免《しゃめん》されたことに業《ごう》を煮《に》やし、門下《もんか》の切り崩《くず》しをはかる。その邪悪《じゃあく》な矛先《ほこさき》が、池上家《け》にも向けられたのだ。

当時の勘当とは、親子関係が断絶《だんぜつ》されるだけでなく、経済的《けいざいてき》にも社会的にも抹殺《まっさつ》されるに等《ひと》しいものであった。大聖人は、父から勘当を受《う》けた兄・宗仲よりも、信心をやめれば兄に代わって家督《かとく》を継《つ》ぐ立場《たちば》にあった弟・宗長の信心が動揺《どうよう》することを案《あん》じられた。

本抄の後にも、宗長を重《かさ》ねて激励《げきれい》されている。その後、兄弟は力《ちから》を合わせて信心を貫き、ついに弘安《こうあん》元年（1278年）、父は大聖人に帰依《きえ》するのである。

◇

大聖人は本抄で、兄弟の不退《ふたい》の信心を心から喜《よろこ》ばれ、**「未来までのものがたり**《物語》**、なに事《ごと》かこれにすぎ**《過》**候《そうろう》べき」**（新1477頁・全1086頁）と仰《おお》せである。

どんな困難《こんなん》に直面《ちょくめん》しても断固《だんこ》、信心を貫く――それは、竜《たつ》の口《くち》の頸《くび》の座《ざ》にも烈々《れつれつ》たる気迫《きはく》で臨《のぞ》まれた大聖人の闘魂《とうこん》を、わが胸中《きょうちゅう》に燃《も》やすことにほかならない。

池田先生は、「私どもの広宣流布《こうせんるふ》の前進にあっても、多くの先達《せんだつ》の方々が、見事に戦い、使命を全《まっと》うし、生涯《しょうがい》を捧《ささ》げていかれた。それは、硬《かた》い岩盤《がんばん》に爪《つめ》を立てるような、必死の闘争《とうそう》の連続であった。心ない批判中傷《ひはんちゅうしょう》を受けながら、ただ後継《こうけい》の人々のためにと、歯《は》を食いしばって耐《た》え抜《ぬ》き、断《だん》固《こ》として妙法《みょうほう》を弘《ひろ》められたのである」と、草創《そうそう》の同志を讃《たた》えられた。

私たちもまた、青年らしく、恐《おそ》れる心なく正々堂々《せいせいどうどう》と創価の正義を語り、広布史《こうふし》に輝《かがや》く「師弟の物語」を綴《つづ》っていこう。

大悪《だいあく》を大善《だいぜん》に

大難《だいなん》と戦い変毒為薬《へんどくいやく》の実証《じっしょう》を

大事《だいじ》には小瑞《しょうずい》なし。大悪《だいあく》おこ《起》れば大善《だいぜん》きた《来》る。すでに、大謗法《だいほうぼう》、国《くに》にあり。大正法《だいしょうほう》、必《かなら》ずひろ《広》まるべし

（大悪大善御書《だいあくだいぜんごしょ》、新2145頁・全1300頁）

【通解】大きな出来事《できごと》の起《お》こる前には小さな瑞相《ずいそう》はない。大悪《だいあく》が起これば大善《だいぜん》が来るのである。すでに大謗法《だいほうぼう》が国に充満《じゅうまん》しているのであるから、大正法《だいしょうほう》は必《かなら》ず弘《ひろ》まるであろう。

御述作《ごじゅっさく》の年代や、だれに与《あた》えられた御手紙かは不明。内容から、日蓮大聖人《にちれんだいしょうにん》が身延《みのぶ》に入られて以降《いこう》、迫害《はくがい》に遭《あ》った門下《もんか》への激励《げきれい》のために、認《したた》められた御手紙と推察《すいさつ》される。

大謗法《だいほうぼう》が国に充満《じゅうまん》し、大聖人門下に厳《きび》しい迫害が競《きそ》い起《お》こっている現実（大悪《だいあく》）は、必《かなら》ず大正《だいしょう》法《ほう》が弘《ひろ》まること（大善《だいぜん》）の前兆《ぜんちょう》であるから、嘆《なげ》いてはならないと激励されている。

◇

大聖人は、「**大悪は大善の来《きた》るべき瑞相《ずいそう》なり**」（滅劫御書《げんこうごしょ》、新1969頁・全1467頁）とも仰《おお》せだ。「大悪」が競い起こった時こそ、わが生命に善根《ぜんこん》を積《つ》む「チャンス到来《とうらい》」なのである。

「信心」を奮《ふる》い起《お》こし、喜《よろこ》び勇《いさ》んで戦い、勝てば、大悪を「大善」に変えることができる。「変毒《へんどく》為薬《いやく》」を成《な》し遂《と》げられるのである。

大聖人はこの御文の後、こう続けられる。

「おのおの、何を嘆《なげ》いておられるのか。迦葉尊者《かしょうそんじゃ》でなくとも、舞《まい》をも舞《ま》いなさい。舎利弗《しゃりほつ》でなくても、立って踊《おど》りなさい。上行菩薩《じょうぎょうぼさつ》が大地から出現された時には、踊って出現されたのである」

（新2145頁・全1300頁、通解）

大聖人は、命《いのち》に及《およ》ぶ大難《だいなん》に遭われても、ますます欣喜雀躍《きんきじゃくやく》されながら戦われた。そして、〝わが弟子も続け〟と呼びかけられた。この大確信に、弟子たちがどれほど勇気づけられたことであろう。喜び勇んで広布《こうふ》に邁進《まいしん》していったにちがいない。

池田先生は、次のように指導された。

「何も苦《くる》しみがないのが幸福なのではない。どんな苦しみをも喜びに変えられる自分自身の境涯《きょうがい》に幸福はある。その鍛《きた》えのなかに充実《じゅうじつ》があり、価値《かち》がある。苦労《くろう》が大きい分だけ、成長も大きい。悩《なや》みが深い分だけ、乗り越えた喜びも大きい。難《なん》は即悟《そくさと》りであり、大難即仏界《だいなんそくぶっかい》である」

人生の途上《とじょう》で、いかなる「大悪」に遭おうと、強盛《ごうじょう》な「信心」で挑戦して勝ち越え、見事に「大善」へと転換《てんかん》していきたい。

「最大のピンチ」こそ、実は境涯革命の「最高のチャンス」なのである。

智者《ちしゃ》の行動《こうどう》

仏法《ぶっぽう》はどこまでも現実の中に

智者《ちしゃ》とは、世間《せけん》の法《ほう》より外《ほか》に仏法《ぶっぽう》を行《おこな》わず。世間の治世《ちせい》の法を能《よ》く能く心《こころ》えて候《そうろう》を、智者とは申《もう》すなり

（減劫御書《げんこうごしょ》、新1968頁・全1466頁）

【通解】智者《ちしゃ》とは、社会の営みから離れて仏法《ぶっぽう》を実践《じっせん》することはない。世間において世を治める法を十分《じゅうぶん》に心得《こころえ》ている人を、智者というのである。

建治《けんじ》2年（1276年）ごろ、日蓮大聖人《にちれんだいしょうにん》が身延《みのぶ》で著《あらわ》されたとされる。駿河国《するがのくに》（現在の静岡県中央部）の門下《もんか》である高橋六郎兵衛《たかはしろくろうひょうえ》の死後、その縁者《えんじゃ》に送られたものと思われる。末法《まっぽう》こそ、万人《ばんにん》を救《すく》いゆく大法《だいほう》が広宣流布《こうせんるふ》する時であるとの大確信を示されている。

◇

現実の「社会」から離《はな》れて、仏法《ぶっぽう》はない。

現実の「生活」で勝つために、信心はある。

法華経《ほけきょう》では「世法即仏法《せほうそくぶっぽう》」と説《と》く。社会の中で、世間《せけん》の道理《どうり》や幸福に生きるための哲学《てつがく》を深く心《こころ》得《え》て、現実に自他共《じたとも》の幸福を実現してゆく人こそ、真《しん》の〝智者《ちしゃ》〟である。

大聖人は、殷《いん》の紂王《ちゅうおう》を倒《たお》して民《たみ》の嘆《なげ》きを救《すく》った太公望《たいこうぼう》や、善政《ぜんせい》を行《おこな》った張良《ちょうりょう》など、古代中国の名指導者について、「**これらは、仏法已前《いぜん》なれども、教主釈尊《きょうしゅしゃくそん》の御使《おんつか》いとして民をたすけ《助》しなり**」（新1968頁・全1466頁）、「（彼らは）**内心では仏法の智慧《ちえ》を含《ふく》みもっていたのである**」（同頁、通解）と讃《たた》えられた。苦しむ人々を救うために、リーダーが世間の法を駆使《くし》して実際にどう「行動」したのか――厳《きび》しく公正に見つめておられたのである。

仕事や経済的《けいざいてき》な悩《なや》み。家族や子育ての悩み。病気や介護《かいご》の悩み。将来への不安……。だれしも、悩みや苦しみがある。

熾烈《しれつ》な人生の〝戦場《せんじょう》〟で、いかに勝つか。その究極《きゅうきょく》の方途《ほうと》を説いているのが、日蓮仏法である。

池田先生は語られた。

「ひとたび太陽が顔を出せば、大地がサーッと明るくなるように、妙法《みょうほう》を持《たも》つ者は世法を知らなくてはならない。自分がどうすれば勝利できるのか、ありありと見える智慧《ちえ》の太陽を昇《のぼ》らせるのが信心です」

〝日々の生活の一瞬《いっしゅん》一瞬が、すべて仏道修行《ぶつどうしゅぎょう》〟との気概《きがい》で、社会で勝ち抜《ぬ》いていきたい。そう決意した時に、現実のさまざまな問題と格闘《かくとう》する日々にあって、私たちは「仏法の智慧」によって、前途《ぜんと》を照《て》らしていくことができるのである。

信頼《しんらい》を築《きず》け

「あの人《ひと》を見よ！」との模範《もはん》に

強盛《ごうじょう》の大信力《だいしんりき》をいだ《出》して、「法華宗《ほっけしゅう》の四条金吾《しじょうきんご》、四条金吾」と、鎌倉中《かまくらじゅう》の上下万人《じょうげばんにん》、乃至日本国《ないしにほんこく》の一切衆生《いっさいしゅじょう》の口《くち》にうた《謳》われ給《たま》え。あし《悪》き名《な》さえ流《なが》す。いわんやよ《善》き名をや。いかにいわんや法華経《ほけきょう》ゆえの名をや

（四条金吾殿御返事《しじょうきんごどのごへんじ》、新1522頁・全1118頁）

【通解】強盛《ごうじょう》の大信力《だいしんりき》を出して、法華宗《ほっけしゅう》の四条金吾《しじょうきんご》、四条金吾と、鎌倉中《かまくらじゅう》の上下万人《じょうげばんにん》、さらには日本国の一切衆生《いっさいしゅじょう》の口《くち》にうたわれていきなさい。人は、悪い名《な》さえ流すものである。まして、善《よ》き名を流すのは当然である。ましてや、法華経《ほけきょう》のゆえの名であるなら、言うまでもないことである。

日蓮大聖人《にちれんだいしょうにん》が、激《はげ》しい弾圧《だんあつ》、迫害《はくがい》の嵐《あらし》と戦っていた四条金吾《しじょうきんご》を激励《げきれい》された御手紙。〝「法華宗《ほっけしゅう》の四条金吾」と日本中の人々からうたわれる存在《そんざい》になっていきなさい〟と、万感《ばんかん》の期待を込《こ》められている。

◇

大聖人は、難《なん》に直面している金吾に対して、「法華宗の四条金吾」として賞讃《しょうさん》されるようになりなさい、と教えられている。堂々《どうどう》と正義を語り、誠実《せいじつ》に人格を磨《みが》き、社会で信頼を勝ち取っていくことが、何よりも大事なのである。

大聖人は金吾に対して、**「あなたは主君《しゅくん》のためにも、仏法《ぶっぽう》のためにも、世間的《せけんてき》な心根《こころね》も非常に立派《りっぱ》であったと、鎌倉《かまくら》の人々に言われるようになりなさい」**（崇《す》峻《しゅん》天皇《てんのう》御書《ごしょ》、新1596頁・全1173頁、通解）とも仰《おお》せである。

現代で言えば、学会員として「あの人は素晴らしい」と、だれからも讃《たた》えられる、模範《もはん》の存在《そんざい》となることである。自分の姿《すがた》、振《ふ》る舞《ま》いを通して、仏法の偉大《いだい》さ、創価学会の正義を満天下《まんてんか》に示す人こそ真《しん》の勝利者なのだ。

金吾は、強盛《ごうじょう》な信心を貫《つらぬ》いたゆえに、主君や同僚《どうりょう》からさまざまな迫害《はくがい》を受けた。しかし、逆境《ぎゃっきょう》に一歩《いっぽ》も引かず、大聖人の限《かぎ》りない励《はげ》ましを抱《だ》きしめて戦い抜《ぬ》いた。

〝どんな苦難があろうとも、断じて逃《に》げない。負けない〟〝今いる場所で勝利の実証《じっしょう》を示してみせる〟との弟子の闘争《とうそう》のなかに、「師弟不二《ふに》」の実践《じっせん》があるのだ。

「私は創価学会員です」「私は池田先生の弟子です」との誇《ほこ》りも高く、わが地域で、職場で、信頼と友好の輪を広げていきたい。

社会で実証《じっしょう》

妙法《みょうほう》は社会を照《て》らす太陽《たいよう》

天《てん》晴《は》れぬれば地《ち》明《あき》らかなり。法華《ほっけ》を識《し》る者《もの》は世《せ》法《ほう》を得《う》べきか

（観心本尊抄《かんじんのほんぞんしょう》、新146頁・全254頁）

【通解】天《てん》が晴《は》れたならば、地《ち》はおのずから明《あき》らかとなる。法華経《ほけきょう》を知る者は、（太陽《たいよう》が大地を照《て》らすように）世間《せけん》の法《ほう》もおのずから得《え》るであろう。

文永《ぶんえい》10年（1273年）4月25日、52歳の時、佐渡《さど》・一谷《いちのさわ》で認《したた》められた「観心本尊抄《かんじんのほんぞんしょう》」の一節《いっせつ》。

この御文の直前で日蓮大聖人《にちれんだいしょうにん》は、**〝正法《しょうほう》・像法《ぞうほう》の時代になかった大きな天変地夭《てんぺんちよう》がいま起《お》こっていることは、地涌《じゆ》の菩薩《ぼさつ》が出現する兆《きざ》しである〟**（新146頁・全254頁、趣意）との確信を述《の》べておられる。真《しん》の仏法者《ぶっぽうしゃ》は、世《よ》の中《なか》の動きからその社会の本質《ほんしつ》をつかむことができると、「仏法即社会《ぶっぽうそくしゃかい》」の原理《げんり》を説《と》かれた一節である。

◇

わが胸中《きょうちゅう》に妙法《みょうほう》の〝太陽《たいよう》〟が昇《のぼ》れば、現実の〝大地《だいち》〟で何をなすべきかも、おのずから明《あき》らかになる。そして努力を貫《つらぬ》けば、必《かなら》ず信心の実証《じっしょう》を示すことができる。

戸田先生はこの御文を拝《はい》して厳《きび》しく指導された。

「御本尊《ごほんぞん》を受持《じゅじ》したものは、自分の生活を、どう改善《かいぜん》し、自分の商売《しょうばい》を、どう発展《はってん》させたら良いかが、わかるべきだとのおおせである。それを、わかろうともせず、研究《けんきゅう》もせず、苦心《くしん》もしない。されば、その人の生活上の世法《せほう》を識《し》らないがために、自分の商売が悪くなっていくのを、御本尊に功《く》徳《どく》がないように考えたり、世間《せけん》に考えさせたりするのは、謗法《ほうぼう》と断《だん》ずる以外《いがい》には無《な》い」

「われら御本尊を受持する者は、その不景気《ふけいき》を嘆《なげ》くだけであってはならない。偉大《いだい》な生命力を発揮《はっき》して、さてどうしたら良いかと考え、かつまた苦心をなして、この苦しい経済界《けいざいかい》を切《き》り抜《ぬ》けるならば、これこそ地明《ちあき》らかなりとも、世法を識るともいうべきであろう」

「仏法即社会」とは、〝信心しているから大丈夫〟という油断《ゆだん》と慢心《まんしん》とは正反対の考えだ。それはまた、学会のリーダーが常《つね》に心すべき原則でもある。多くの友が、生老病死《しょうろうびょうし》にわたる多種多様《たしゅたよう》な悩《なや》みと奮闘《ふんとう》している。仏法は、たとえ今どんな境遇《きょうぐう》にあろうと、その人の成長を妨《さまた》げる〝心のトゲ〟を抜き、苦悩《くのう》の〝闇《やみ》〟を晴《は》らすことのできる最強《さいきょう》の力《ちから》である。だからこそ創価のリーダーは、会えば相手の心が、太陽が昇ったように明るく、軽《かろ》やかに、輝《かがや》いていくような存在へと、自身を鍛《きた》えていくことだ。

時には友のために、家族への激励《げきれい》、配慮《はいりょ》が欠かせない場合や、専門的《せんもんてき》な知識《ちしき》を学ぶことが必要な場合などもある。私たちは誠実に、真剣《しんけん》に日々の仏道修行《ぶつどうしゅぎょう》に励《はげ》み、「さすが、信心している人は違《ちが》う」と讃《たた》えられる信頼の実証を示していきたい。

信心と仕事

職場《しょくば》の「第一人者《だいいちにんしゃ》」と輝《かがや》け

御宮《おんみや》づかい仕《し》を法華経《ほけきょう》とおぼしめせ思《おぼ》。「一切世間《いっさいせけん》の治生産業《ちせいさんぎょう》は、皆実相《みなじっそう》と相違背《あいいはい》せず」とは、これなり

（檀越某御返事《だんおつぼうごへんじ》、新1719頁・全1295頁）

【通解】あなたが主君《しゅくん》に仕《つか》える仕事が、そのまま法華経《ほけきょう》の修行《しゅぎょう》であると思いなさい。法華経に「社会全般《ぜんぱん》の政治・経済などの諸活動や日常の生活は、すべて法華経の真実《しんじつ》（妙法《みょうほう》）と相反《あいはん》することはない」と説《と》かれているのは、このことである。

「信心即《そく》生活」の実践《じっせん》で、社会で実証《じっしょう》を示すよう教えられた御消息《ごしょうそく》。弘安《こうあん》元年（1278年）4月11日、日蓮大聖人《にちれんだいしょうにん》が57歳の時、身延《みのぶ》での御述作《ごじゅっさく》である。

◇

「自分が今いる場所で勝つ」のが仏法《ぶっぽう》である。

仕事についても、そうだ。〝わが職場《しょくば》こそ使命の場〟と決め、その職場の発展《はってん》を祈《いの》って、真剣《しんけん》に、誠実《せいじつ》に努力する——それでこそ法華経《ほけきょう》の行者《ぎょうじゃ》である。

牧口先生は「社会には3種類《しゅるい》の人間がいる」と言われた。

①いてもらいたい人、②いてもいなくてもいい人、③いては困《こま》る人、である。「あの人には、ぜひ、いてもらいたい」と信頼されるよう、自己を磨《みが》くことだ。「信心即生活」である。現実に勝つための仏法である。真剣に祈り、努力する。最高の智慧《ちえ》を発揮《はっき》して、仕事でも実証を示していきたい。学会活動で頑張《がんば》っていれば、仕事も何とかなるだろうという甘《あま》えた考えは、大聖人の仏法とは相反《あいはん》するものである。

どんな会社に就職《しゅうしょく》しても、自分の好きな仕事ができるとは限《かぎ》らない。実際《じっさい》に働《はたら》いてみると、描《えが》いていたイメージとは異《こと》なり、落胆《らくたん》することもある。人間関係で悩《なや》むこともある。しかし、そこで逃《に》げるだけなら敗北《はいぼく》だ。

池田先生は、この御聖訓《ごせいくん》を拝《はい》しながら、次のように述《の》べられた。

「仕事に勝ち、職場の第一人者《だいいちにんしゃ》になることが、信心の実証である。単《たん》に賃金《ちんぎん》のためにはたらくのであれば、金《かね》の奴隷《どれい》であろう。職場は、自身を磨き、鍛《きた》える、人間修行《しゅぎょう》のわが道場《どうじょう》である」

池田先生ご自身も、戸田先生の事業が窮地《きゅうち》に立たされた時、編集長を務《つと》めていた少年雑誌が廃刊《はいかん》となり、「性《しょう》に合わない」金融《きんゆう》の仕事をすることになった。しかし、その時、池田先生は、〝今が正念場《しょうねんば》だ。最高の働きをしよう。これは新しい力《ちから》をつけるチャンスだ!〟と奮起《ふんき》し、戦われたのだ。

仕事で実証を示し、職場の第一人者となって輝《かがや》き、信頼を広げることが、仏法の偉大《いだい》さの証《あかし》にもなるのである。

今《いま》いる場所で戦う

宿命《しゅくめい》から逃《に》げない人《ひと》が勝つ

法華経《ほけきょう》を持《たも》ち奉《たてまつ》る処《ところ》を、「当詣道場《とうけいどうじょう》」と云《い》うなり。ここを去《さ》ってかしこに行くにはあらざるなり。「道場」とは、十界《じっかい》の衆生《しゅじょう》の住所《じゅうしょ》を云うなり。今《いま》、日蓮《にちれん》等の類《たぐ》い、南無妙法蓮華経と唱《とな》え奉る者《もの》の住所は、山谷曠野《せんごくこうや》、皆《みな》、寂光土《じゃっこうど》なり。これを「道場」と云うなり

(御義口伝《おんぎくでん》、新1086頁・全781頁)

【通解】法華経《ほけきょう》を受持《じゅじ》し修行《しゅぎょう》する、その場所を「当詣道場《とうけいどうじょう》」というのである。すなわち、この娑婆世界《しゃばせかい》を去《さ》って、極楽《ごくらく》浄土《じょうど》という他土《たど》に行くのではない。道場とは十界《じっかい》の衆生《しゅじょう》の住む所をいうのである。今、日蓮及《にちれんおよ》び門下《もんか》として南無妙法蓮華経と唱える者の住む所は、それが山であり、谷であり、広野《こうや》であっても、いずこであれ、すべて寂光土《じゃっこうど》、すなわち仏国土《ぶっこくど》である。これを道場というのである。

法華経普賢菩薩勧発品第28《ほけきょうふげんぼさつかんぼっぽん》の「当《まさ》に道場《どうじょう》に詣《いた》りて」という一節《いっせつ》についての「御義口伝《おんぎくでん》」である。「『道場』とは、十界《じっかい》の衆生《しゅじょう》の住所《じゅうしょ》を云《い》うなり」と仰《おお》せの通り、〝私たちが今いる場所こそ、仏道《ぶつどう》修行《しゅぎょう》の道場である〟との精神《せいしん》を教えておられる。

◇

人間革命のための修行の場所。それは、どこか離《はな》れた場所ではない。今、自分がいる、まさにその場所である。宿命《しゅくめい》にぶつかった時、勝つ根本《こんぽん》は、「ここで変わる！」と、まず腹《はら》を決めることだ。

自身の生命を変革《へんかく》する挑戦《ちょうせん》をせず、職場《しょくば》や住《す》まいなどの環境《かんきょう》だけを変えても、問題は根本的には解決《かいけつ》しない。同様《どうよう》の悩《なや》みが、かたちを変えてついてまわる場合が多い。環境から逃《に》げても、自分の宿命からは逃げられないからだ。

「ここを去《さ》ってかしこに行くにはあらざるなり」の一言を噛《か》みしめたい。

日蓮大聖人《にちれんだいしょうにん》は「**心地《しんじ》を九識《くしき》にもち《持》、修行《しゅぎょう》をば六識《ろくしき》にせよ**」（上野殿後家尼御返事《うえのどのごけあまごへんじ》、新1835頁・全1506頁）との教えを引かれている。題目《だいもく》を唱《とな》え抜《ぬ》いて心の根底《こんてい》（＝心地）は仏界《ぶっかい》（＝九識）に置《お》き、苦悩《くのう》に満《み》ちた現実《げんじつ》（＝六識）に打って出て修行するのである。その行動のすべてが、成仏《じょうぶつ》への道となるのだ。

まさしく、私たちの日々の学会活動こそ、最高の人間修行であり、仏道修行の場である。

池田先生は、この御文を拝《はい》して、こう指導されている。

「大聖人の仏法《ぶっぽう》の真髄《しんずい》は『今いるこの場所で、必《かなら》ず幸福になる』信心である」「現実を離れて、遠《とお》い理想郷《りそうきょう》を求《もと》めるのではない。この世界で妙法《みょうほう》を広宣流布《こうせんるふ》して、立正安国《りっしょうあんこく》を進める。そしてわが国土《こくど》を、光《ひか》り輝《かがや》く寂光土《じゃこうど》としていくのである」

まず自身に勝つ。そして、わが地域を幸福の理想郷に！　これこそ創価の青年の使命である。

普賢菩薩《ふげんぼさつ》の力《ちから》

智勇兼備《ちゆうけんび》の闘士《とうし》たれ

この法華経《ほけきょう》を閻浮提《えんぶだい》に行《ぎょう》ずることは、普賢菩薩《ふげんぼさつ》の威神《いじん》の力《ちから》に依《よ》るなり

（御義口伝《おんぎくでん》、新1085頁・全780頁）

【通解】この法華経《ほけきょう》を全世界に行《ぎょう》ずるということは、普賢菩薩《ふげんぼさつ》の威神《いじん》の力《ちから》によるのである。

法華経《ほけきょう》普賢菩薩勧発品《ふげんぼさつかんぼっぽん》第28の経文《きょうもん》「若《も》し法華経の閻浮提《えんぶだい》に行《おこ》なわるるを受持《じゅじ》すること有《あ》らば、応《まさ》に此《こ》の念《ねん》を作《な》すべし、『皆《み》な是《こ》れ普賢の威神《いじん》の力《ちから》なり』と」との一節《いっせつ》について述《の》べられた「御義《おんぎ》口伝《くでん》」である。

◇

普賢菩薩とは、法華経の説法《せっぽう》の場に登場し、末法《まっぽう》の法華経の行者《ぎょうじゃ》の守護《しゅご》を誓《ちか》った菩薩である。

「普《ふ》」とは普遍《ふへん》、遍満《へんまん》のこと。「賢《けん》」とは智慧《ちえ》を意味する。すなわち、全世界、全宇宙に及《およ》んで尽《つ》きることのない、仏の生命の智慧が「普賢」である。この「普《あまね》く賢《かしこ》い」英知《えいち》を体現《たいげん》して、実際《じっさい》に人々を護《まも》りゆく慈悲《じひ》の行動を貫《つらぬ》く菩薩が普賢菩薩なのである。

「広宣流布《こうせんるふ》は、必《かなら》ず普賢菩薩の英知の力によってなされる」――この御本仏《ごほんぶつ》が示された仏法《ぶっぽう》の方《ほう》程式《ていしき》通りに、世界広布《こうふ》を実現したのが創価学会であり、なかんずく池田先生である。

世界の大学・学術機関が、先生の偉業《いぎょう》を顕彰《けんしょう》する名誉学術《めいよがくじゅつ》称号《しょうごう》も、知性《ちせい》と良識《りょうしき》の守護《しゅご》の証《あかし》にほかならない。

真《しん》の英知とは、どこまでも民衆《みんしゅう》のために行動《こうどう》する知性である。

池田先生は語られている。

「忘れてならないことは、戦後の焼《や》け野原《のはら》の時代から、学会を死にもの狂《ぐる》いでつくってきたのは、絶対にインテリではないということです。庶民《しょみん》のなかの庶民がつくったのです。〝病人《びょうにん》と貧乏人《びんぼうにん》の集まり〟と蔑《さげす》まれた民衆が、世界に広がる、今の平和・文化・教育の大集団《だいしゅうだん》を築《きず》いたのです」

何のために学ぶのか。自分の地位や名誉のためではない。それは、学ぶ機会に恵《めぐ》まれなかった民衆のため――これこそ、仏法の哲学を掲《かか》げる若き学究者《がっきゅうしゃ》の使命である。

また、池田先生は「法華経に説《と》かれた普賢菩薩の知性とは、抽象論《ちゅうしょうろん》でも観念論《かんねんろん》でもない。仏法の知性とは、邪悪《じゃあく》を破折《はしゃく》し、正義を勝利せしめゆく、真髄《しんずい》の知力《ちりょく》なのである」とも指導されている。

真剣《しんけん》に英知を磨《みが》き、民衆の幸福のために戦い、勝つ！ 共々《ともども》に智勇兼《ちゆうけん》備《び》の広宣流布の闘士《とうし》に成長したい。

主な御書名索引

※太字は五大部

主な門下への御手紙索引

※家族あても含む

※太字の御文は１２３選

装幀／大星拓也
本文レイアウト／安藤　聡
イラスト／吉岡潤一・間瀬健治
写真提供／聖教新聞社

御書をひもとく——要文123選

2009年 3 月 16 日　初版第 1 刷発行
2021年 3 月 16 日　初版第 37 刷発行
2022年 11 月 18 日　改訂版 第 1 刷発行
2024年 9 月 8 日　改訂版 第 3 刷発行

編　者　創《そう》価《か》学会《がっかい》男《だん》子《し》部《ぶ》教学室《きょうがくしつ》

発行者　松本義治

発行所　株式会社　第三文明社
東京都新宿区新宿 1-23-5
郵便番号　160-0022
電話番号　03(5269)7144（営業代表）
03(5269)7145（注文専用）
03(5269)7154（編集代表）
URL　https://www.daisanbunmei.co.jp
振替口座　00150-3-117823

印刷・製本　藤原印刷株式会社

ISBN 978-4-476-06208-3